李永平 魏月爱 主编

陕西文化概论

西安交通大学出版社
XI'AN JIAOTONG UNIVERSITY PRESS

图书在版编目(CIP)数据

陕西文化概论/李永平,魏月爱主编. —西安:
西安交通大学出版社,2015.12
ISBN 978 - 7 - 5605 - 8078 - 4

Ⅰ.①陕…　Ⅱ.①李…　②魏…　Ⅲ.①文化史-陕西省
Ⅳ.①K294.1

中国版本图书馆 CIP 数据核字(2015)第 267034 号

书　　名	陕西文化概论	
主　　编	李永平　魏月爱	
责任编辑	赵怀瀛	

出版发行　西安交通大学出版社
　　　　　(西安市兴庆南路 10 号　邮政编码 710049)
网　　址　http://www.xjtupress.com
电　　话　(029)82668357　82667874(发行中心)
　　　　　(029)82668315(总编办)
传　　真　(029)82668280
印　　刷　西安建科印务有限责任公司

开　　本　710mm×1000mm　1/16　印张 12.125　字数 208 千字
版次印次　2016 年 7 月第 1 版　　2016 年 7 月第 1 次印刷
书　　号　ISBN 978 - 7 - 5605 - 8078 - 4/K·136
定　　价　28.00 元

前　言

　　2011 年我接手了"陕西历史文化"的课程,开设陕西文化网络教学。以目力所见,市面上一本囊括陕西文化的通论性教材并不多,遂萌生了编写一本陕西文化教材的想法。于是在授课之余拟出体例和章节,和同乡挚友介永强教授切磋。介教授是文化史行家,提出了很多宝贵意见,形成了本书最早的提纲。

　　2012 年春天我和西安市职业中专长期从事"陕西文化概论"教学的魏月爱老师开始着手编写,先后参阅了多种与陕西文化相关的书籍和论文,对前辈时贤的成果也多有引用。因为不是学术著作,所以没有一一列举所引书籍和论文,在书后主要参考文献中给予体现。

　　我的研究生刘莹华、李英、奥建东、刘雅慧、白文静、王旭、潘小妹、徐丝丝、吴双、李娥仙、冯晶晶、吉珺琴、者粉兰等负责撰写和修订了部分章节。

　　2014 年 8 月底赴美做高级访问学者前的一个偶然的机会,西安交通大学出版社的赵怀瀛编辑看了书稿,有意出版书稿,于是我抽出时间排版装订好书稿,对其进行了仔细的校对、补充。在这个过程中,赵怀瀛编辑以饱满的工作热情,对部分章节作了补充和剪裁,使书稿增色不少。

　　岁月荏苒,三年前编写时的"雄心壮志"如在眼前,原本要写十一讲,命名为"陕西历史文化十一讲",后来考虑到现在的"××讲"之类的书籍很多,于是定名为《陕西文化概论》。

作　者

2016 年初夏于大唐古都明德门三谛楼

目录 Contents

第一章

人文初祖　华夏根脉
——陕西历史文化渊源

　　中国的地理版图就似一只雄鸡,如果我们将这只雄鸡的四个极点位置去掉,然后再折叠的话,我们会惊人地发现,折点就在陕西境内。也许这样的地理位置是陕西省在几千年中华文明历史中一直扮演主角的重要原因。我们可以这样推测,正是由于这样的地理原因,因此陕西的气候和地形条件比较优越。做这样的假设也是有依据的,在古代文明时期,人们对自然的依赖程度特别高,而气候条件和地形都处于过渡地带的陕西,物产丰富,恰恰能提供给人们更多的食物和其他生活所用的物质。再加上地形位于第二级阶梯,以高山作为屏障,以平原作为开发方向,退则可守,进也可攻,非常适合人类居住。所以,一目万顷的八百里秦川,物华天宝,人杰地灵,人类历史上许多文明遗址都出现在陕西境内,中国许多朝代定都西安。这样的殊荣并不是偶然的,而是偶然中包含的一种必然性。

　　自新中国成立以来,大量的民族发展通史、全史、断代史、地方史撰写完成,各少数民族也开始注意民族史的研究工作,就目前来看,已经取得了比较可观的成就。而陕西也同样在不断地完善自己的地方志、地方史。这样的工作对于我们进一步了解陕西和中华民族的起源问题,对于提高陕西特别是西安在整个中华民族历史发展进程中的地位,有着极其重要的意义。

　　那么研究中华民族渊源,追溯民族发展的足迹,还有什么意义呢? 在此,笔者引用人民日报载《简明中国历史读本》序言里面的一段话来表述:

　　"一个民族的历史深刻影响着一个民族的现在和未来。今天的中国从历史的中国发展而来。我们国家和民族的发展史,包含着治国安邦的深刻道理,也揭示了今天我国发展道路的历史必然性。要夺取改革开放和社会主义现代化建设的成功,我们不仅应该懂得中国的今天,而且还应该懂得中国的昨天和前天。多读读中华民族发展史,可以使我们加深民族感情、增强民族自信心,更加信心百倍地投身坚持和发展中国特色社会主义、实现中华民族的伟大复兴的历史使命中。"

— 1 —

第一节 蓝田人和半坡人

古代中国、古代印度、古代巴比伦、古代埃及被称为世界四大文明古国。中华民族在其漫长的历史发展过程中,形成了自己优秀的民族传统文化。与其他三个文明古国相比,我们国家的古文明具有突出的特点:历史记载最完整,保留的历史遗迹最丰富,历史传承也最完整。我国是唯一一个称得上历史没有中断的文明古国。陕西的远古文明在中华文明起源上地位独特,意义深远。

一、中国人的起源和远古文明

1963 年在陕西省蓝田县陈家窝村厚 30 米的红色土层底部发现了一个老年女性的下颌骨化石和牙齿 10 余枚。1964 年 5 月,又在蓝田县城东 20 公里的公王岭红土层底部的钙质结核土中,发现了一个基本完好的中年女性头骨化石和一批古生物化石、旧石器等。两者因都属蓝田,又是亚洲人种,按照国际科学命名惯例,定为直立人蓝田亚种,我们通常将其称为"蓝田猿人"或"蓝田人"。

蓝田人生活的年代现在学术界经过不断的求证,最后得出的结论是蓝田人应生活在距今约 115 万年前到 70 万年前,属于旧石器时代。

蓝田人头骨有许多明显的原始性状。眉嵴硕大粗壮,在眼眶上方几乎形成一条直的横嵴,两侧端明显向外侧延展。眉嵴与额鳞之间的部位明显缩窄。额骨非常低平。头肌骨壁极厚,同北京人、爪哇人头骨相比较,蓝田人头骨各部分的厚度基本上都位于它们的变异范围的上限,有些甚至超过最大数值。蓝田人属于直立人类。

蓝田猿人的文化遗存,主要是打制的石器,共 50 余件,分尖状器、砍砸器和刮削器,器物以单面加工为主,手法极为粗糙。蓝田人当时生活的自然条件十分艰苦。蓝田人活动时期在更新世中期,其时尚属于猿人阶段。猿人仅能以采集为生,距离从事生产活动为时尚远。蓝田人以采集为主要活动,必然会完全受到当时自然环境的局限和影响。公王岭蓝田人化石出土地点还发现了一些哺乳动物化石及植物孢粉。其中发现的哺乳动物有大猫熊、猎豹、剑齿虎、貘、毛冠鹿、水鹿等,都是我国南方及亚洲南部更新世时期的动物,而剑齿虎和貘也曾经出现在涝池河的哺乳动物群中。值得注意的是,这些带有南方动物群色彩的动物在这一地区的出现,标志着当时这里的气候是温暖的。和我国北方已知的几个比较典型的更新世地点比较,蓝田的地理位置比较偏近南方,冬季(一月份)的平均温度比北京至少高

6℃。在更新世某些时期,当整个华北的气候较温暖的时候,有一些热带或亚热带动物的分布可以达到陕西南部地区。据孢粉分析,这一时期这里的气候是半干旱而温暖的间冰期气候。

那么蓝田古人类的发现有什么重大的意义呢?这一重大的考古发现有助于学术界把握中国古人类的发展轨迹,从而间接地研究人类文明的起源问题以及发展问题。而对于陕西西安来说,又能够提高它在整个中华民族文化中的地位。最后回归到蓝田县城,又能够增加该地的历史底蕴。

如果说陕西省蓝田县发掘的蓝田人遗址因为文献和考古发掘资料的稀少使得整个历史的研究无法深入的话,那么,随后过渡到的半坡文化,可以说是将中国的文明逐步推到一个新的程度。这时期的文明程度之高令人诧异、感慨。根据考古的发掘,再加上学者们的进一步研究,半坡文化呈现出的是一个系统而又完整的文化类型。

半坡遗址位于陕西省西安市东郊灞桥区浐河东岸,是黄河流域一处典型的原始社会母系氏族村落遗址,属新石器时代,距今 6000 年左右。半坡遗址于 1952 年发现,1954—1957 年进行发掘,面积约 5 万平方米,已发掘出四十多座房屋、二百多个窖穴、六座陶窑遗址、二百五十座墓葬,出土生产工具和生活用品约一万件,还有粟、菜籽遗存。半坡遗址是我国首次大规模发掘的一处新石器时代村落遗址。

半坡类型的房子,有圆形、方形和长方形,有的是半地穴式建筑,有的是地面建筑。每座房子在门道和居室之间都有泥土堆砌的门坎,房子中心有圆形或瓢形灶坑,周围有 1～6 个不等的柱洞。居住面和墙壁都用草拌泥涂抹,并经火烤以使坚固和防潮。圆形房子直径一般在 4～6 米,墙壁是密集地在小柱上编篱笆并涂以草拌泥做成。方形或长方形房子面积小的有 12～20 平方米,中型的有 30～40 平方米,最大的复原面积达 160 平方米。储藏东西的窖穴分布于各房子之间,形状多为口小底大圆袋状。两个畜饲养圈栏均为长方形。

半坡村落中心是一座约 160 平方米的大房子,进门后,前面是活动空间,后面则分为三个小间。前面的空间是供氏族成员聚会、议事的场所;后面三个小间,是氏族公社最受尊重的老祖母或氏族首领的住所,同时,也是老人和儿童的“集体宿舍”。笔者认为让老人和小孩以及女首领居住在村落的中心,四周为青壮年男子居住的房屋,这样的布局有利于保护首领和老人以及小孩,也体现出当时已经萌生了尊老爱幼的观念。这也反映出当时公正平等的社会面貌。

在半坡一座房子里发现其中的罐、瓮中都盛放着粟,另一座房子里发现了粟子壳,特别是有一个窖穴里发现的粟达到数斗之多。在半坡的一个陶罐里还发现已经炭化的白菜或芥菜之类的菜籽。从中我们可以看出母系氏族公社时期农业已经相当发达。半坡遗址出土的猎获动物骨骼较多，有水鹿、斑鹿、野兔、羚羊等。我们也通过这些动物化石可以了解当时的气候。这些捕猎物的种类多，而且有水鹿等动物，水鹿是热带、亚热带地区的物种，说明了当时的气候暖热，降雨量较多。

同时期，在半坡还出土了当时的一件陶盆。盆的内壁上，相对地画着两个人面，都是一样的圆圆的脸形，头上戴着尖顶带毛的帽子，双眼眯成一条线，倒丁字形的鼻子，嘴里叼着一条大鱼形的东西，耳朵两侧还各有一条小鱼，像正在往他的脑袋里钻，又像他梦见了鱼。两个人面之间的空间，另画着两条大鱼，两人两鱼各自相对，形成十字形布局。这个彩陶盆是一件7000年前的文物，它属于仰韶文化半坡类型。半坡类型陶器中许多盛食物的钵、装水的盆、汲水的尖底瓶、藏谷物的罐上，用黑彩或红彩画着写实的鱼纹、鹿纹、蛙纹、人面纹和花叶纹，还有由三角纹、波折纹组成的古朴而美丽的几何图案装饰带。有些纹饰十分简朴，只在钵的边缘画一周黑色的宽带，把这个饱满的圆强调出来，有些像当代家家还在使用的蓝边碗，有些则显得十分神秘，比如上面提到的那件彩陶盆。另外，从陶器上发现二十二种符号，可能是一种原始文字。

半坡成人死后埋入公共墓地，常随葬陶器及骨珠等装饰品。遗址有两座同性合葬墓，分别埋着两个男子和四个女子，一般认为是母系氏族社会的葬俗。死亡儿童埋在居住区，多采用瓮棺葬。一座女孩土坑墓中随葬品精致丰富，表明当时对女孩的敬重。

第二节　华胥氏与女娲

中华民族有文字记载的历史，从华胥氏开始。华胥氏生伏羲、女娲。伏羲、女娲兄妹同婚而生少典，少典生炎、黄二帝。从此，中华民族繁衍开来。因此，华胥氏是华夏之根、民族元母。陕西是华胥氏一生的主要生活地，也是女娲的主要生活地，所以，中华民族的根脉在陕西。

一、华胥氏的主要生活地

《春秋世谱》中说："华胥生男名伏羲，生女名女娲。"近年来，经过从人类学、考古学、民俗学等多方面的反复考证，学术界有了一个比较一致的看法：华胥氏是我国上古时代母系氏族社会的一位女首领，是伏羲、女娲的生身之母，是华夏族的元母。近年来在陕西蓝田举行的全球华人祭祀华胥氏大典得到了海内外华人的倾情关注和积极参与。

1.华胥氏生活的大致年代

根据各种文献记载的情况来看,华胥氏生活的时代距今大约 5000 年。主要有以下依据:一是华胥氏生伏羲、女娲,伏羲、女娲兄妹同婚而生少典,少典生炎、黄二帝。从华胥氏到黄帝,历经三代,约一百多年。二是黄帝出生的时代大约在公元前 29 世纪。

2.华胥氏生活地的初步断定

陕西蓝田县华胥村周围已发现、发掘新石器时代的古人类遗址多处,其中重要的有半坡遗址、姜寨遗址、米家崖遗址、康家遗址和客省庄遗址等。遗址密度之大,在全国范围内实属罕见。这些遗址距离华胥村近的只有几公里,最远的也不过二三十公里。从延续性来看,蓝田县华胥村很可能就是华胥氏的生活地。至今,蓝田县保留的历史遗迹有华胥氏履巨人足迹的雷泽所在地雷庄,还有华胥沟、华胥窑、华胥河、华胥陵等。

位于秦岭西端的大地湾遗址是一处规模较大的新石器时代遗址,遗址总面积为 110 万平方米。大地湾最早距今 7800 年,最晚距今 4800 年,有 3000 年的文化连续,其规模之大、内涵之丰富,在我国考古史上亦属罕见。从时间上看,这里也可能是华胥氏的生活地。

二、女娲的主要生活地

女娲是上古传说中的女神,是中华民族的圣母。她不仅制笙簧、正姓氏、通媒妁,开中华文明之先河,而且斗猛兽、炼石补天,救民于水火,树立了千古不朽的精神丰碑。大量的文献记载、民间传说、历史遗迹和考古结果证实,陕西是女娲的主要生活地。

1.女娲的主要生活地

成书于东晋(354 年)的《华阳国志·汉中志》记载:"右三郡,在汉中之东,故蜀汉谓之'东三郡'——又有作道,九君抟土作人处。"专家考证"九君"二字的小篆体与"女娲"相似,认为是传写中的讹误;其中所说的"作道"在陕西平利县。《华阳国志》是我国现存最早的、最完整的一部地方志。史学界称该书为"信史",所记史实,近年来被考古发现——证实。《华阳国志·汉中志》关于平利为女娲故里的记载比其他文献关于女娲生于成纪的记载要早三百多年。明确记载平利女娲山就是女娲治所的还有南宋史学家罗泌的杂史著作《路史》。该书明确记载:"女娲始治于中皇山,继兴于骊山之下,中皇山即女娲山,有天台鼎峙,今建女娲庙。"

夏代在女娲山始建宝灵寺,后改为中皇庙、女娲庙,香火极盛。唐宋以来,女娲庙历经修葺扩建,尤其是清乾隆元年重修后,拥有正殿四重,房屋百余间,是当时平利最大的寺院。平利境内还有女娲山、伏羲山,两山之间有女娲庙、高皇庙、三皇庙等古代遗址。

2.女娲的主要神话传说

任何一个民族的历史,必然和神话联系在一起,这些口口相传的神话中或多或少地包含华夏早期的祖先谱系。女娲在民间流传有大量关于"女娲造人""补天""斗洪水""女娲伏羲兄妹成婚繁衍人类"的神话故事,还保留有农历正月初七、十月初四和腊八等关于女娲民间祭祀的习俗。

往古之时,四极废,九州裂,天不兼覆,地不周载;火燼(làn)焱而不灭,水浩洋而不息;猛兽食颛民,鸷鸟攫老弱。于是女娲炼五色石以补苍天,断鳌足以立四极,杀黑龙以济冀州,积芦灰以止淫水。苍天补,四极正;淫水涸,冀州平;狡虫死,颛民生;背方州,抱圆天。(出自《淮南子·览冥篇》)

俗说开天辟地,未有人民。女娲抟黄土作人。剧务,力不暇供,乃引絚(gēng,粗绳索)于泥中,举以为人。故富贵者,黄土人;贫贱者,引絚人也。(出自《风俗通义》)

第三节 黄帝和炎帝

王通谈史,有感而言:"大哉,中国。五帝三皇所自立也,衣冠礼义所自出也。故圣贤景慕焉。"(《文中子中说·述史篇》)中国自立于文明之世,泱泱乎迄今近五千载,衣冠礼仪,制度典章,天文历法,音律文章,医药卫生,播道以广,莫不与黄帝肇造大一统的国家之制紧密联系。其实,关于黄帝和炎帝的文献资料很多,包括司马迁的《史记》在内都提到过黄帝和炎帝,并对他们的身世族群的继承和沿革做了较为详细的叙述。但是,令我不解的是,我们的高中教材,甚至是大学的教授以及史学界的一些同志都将黄帝炎帝列入传说时期。张岱年先生指出:"20 世纪 20 年代至 30 年代,疑古思潮兴起,怀疑上古传说,把尧舜的历史真实性都否定了,炎黄更不在话下。"李学勤先生指出:"世界上任何古代民族,其古史总是富于神话色彩,甚至人神不分。平心而论,中国的传说的神秘意味实在是最淡薄的了。"我们从大量的资料包括文献记载、考古挖掘都证明了黄帝和炎帝时期的存在。这个时期不仅存在过,而且还创造出辉煌灿烂的文明。

一、黄帝

司马迁的《史记·五帝本纪第一》可以说是第一部比较系统地介绍黄帝和炎帝的古书。在司马迁的《史记》中将黄帝和炎帝的世系，以及他们生活时期发生的大事件都记录得很详细。

"黄帝者，少典之子，姓公孙，名曰轩辕。生而神灵，弱而能言，幼而徇齐，长而敦敏，成而聪明。轩辕之时，神农世衰。诸侯相侵伐，暴虐百姓，而神农氏弗能征。于是轩辕乃习用，以征不享，诸侯咸来宾从。而蚩尤最为暴，莫能伐。炎帝欲侵陵诸侯，诸侯咸归轩辕。"（出自《史记·五帝本纪第一》）

从这段叙述中我们可以看出黄帝是少典的儿子，自幼聪明，而且后来又勤劳克勉。到了轩辕氏时，神农氏衰，诸侯侵伐，神农氏不能平息，最后黄帝和蚩尤展开了激战，黄帝以少胜多，最终四海臣服。

值得注意的是当时黄帝和炎帝属于两个氏族部落，而不是单纯的两个人，我们在平时提到的时候都是黄帝轩辕氏，而非黄帝整个部落。后人在祭祀或者在口头传承时也是默认为黄帝轩辕氏。所以我们在做这个研究时将黄帝定位为整个黄帝部落，当然也包含轩辕。

《史记·五帝本纪第一》中这样叙述道："轩辕乃修德振兵，治五气，艺五种，抚万民，度四方。"晋崔豹《古今注》卷上："大驾指南车，起黄帝与蚩尤战于涿鹿之野。蚩尤作大雾，兵士皆迷。于是作指南车以示四方，遂擒蚩尤而即帝位。"古籍说黄帝与蚩尤作战时，蚩尤作大雾，黄帝造指南车为士兵领路。"百谷草木，淳化鸟兽虫蛾，旁罗日月星辰水波土石金玉，劳勤心力耳目，节用水火材物。"说明黄帝轩辕时期，四海平定，生产得到了极大的发展，创造文字，始制衣冠，建造舟车，发明指南车，并且定算数，制音律，创医学。

虽然说黄帝炎帝时期的历史史学界还没有得到确切的认可。但是我们看到这时期有关黄帝的记载已经明显地呈现出它的系统性。此时黄帝实行举荐制，政治清明。在经济方面，种植黍、稷、稻、麦、菽等谷物，重视农业发展，另外此时发明的历法又能作为农业生产的指导。在科技方面又发明了指南车，同时还制衣冠，造文字，定算数等。可见确实是全面发展。

二、黄帝陵

黄帝陵是中华民族始祖黄帝的陵墓，坐落在陕西中部黄陵县城北的桥山，素有"天下第一陵"之称。

黄帝陵因坐落于陕西中部的桥山,陵因山而得名,古称桥陵。1942 年,陕西省第三行政督察区专员公署考虑到黄帝声名远播、威名远扬的崇高地位,加之为了与陕西蒲城唐睿宗之桥陵相区别,遂改桥陵为黄帝陵。自此以后,黄帝陵一名沿用至今。

从正史记载和相关历史遗存来看,这里应该是黄帝的真正归葬之地。《史记》载:"黄帝崩,葬桥山。"轩辕庙内有一棵"黄帝手植柏",相传为黄帝亲手栽植。经林学专家测定,该柏树树龄为 3000 多年。也就是说,早在 3000 年以前,人们已经认定这里是黄帝的归葬之地,开始在这里植柏祭祀。

黄帝的陵冢坐落于桥山之顶正中,坐北面南,封土高 3.6 米,直径约 16 米,周长 48 米。环冢砌以青花花墙。陵前有明嘉靖十五年"桥山龙驭",意为黄帝"驭龙升天"之处。

在距黄帝陵冢 200 米的道旁,有一座明朝嘉靖年间竖立的下马石,上刻"文武百官到此下马"八个大字,读之,另人肃然起敬。

而与黄帝战于阪泉之野的炎帝,也是中华民族的始祖。炎帝所处的时代,正是我国氏族社会由繁荣走向衰落的时期,也是我国上古时代游牧经济向农业经济转变的重要时期,还是孕育古文化和"古城古国"起源、"万邦"林立的滥觞时期。这是一个英雄辈出的时代。在这伟大转折、变革的年代里,尤其是在农业文明发展过程中,炎帝和以炎帝为代表的族群成为农业文明的开创者、发明者的杰出代表,矗立起中国农业文明的第一块基石和里程碑。以至在汉代以后,把上古传说的另一代表人物神农氏与炎帝合为一人,称之为炎帝神农氏。

《国语·晋语》载:"昔少典娶于有蟜氏,生黄帝、炎帝。黄帝以姬水(今陕西武功县漆水河)成,炎帝生于厉山(今属湖北随县厉山),以姜水(今陕西宝鸡市清姜河)成。成而异德,故黄帝为姬,炎帝为姜。二帝用师以相济也,异德之故也。"

炎帝生活在宝鸡这一带,在当时自然条件相当恶劣的情况下,进行了许许多多的探索,为中华民族文明的发展做出了巨大的贡献。

第一,制耒耜,种五谷,奠定了农工基础。耒耜的使用和种五谷,解决了民以食为天的大事,促进了农业生产的发展,为人类由原始游牧生活向农耕文明转化创造了条件。

第二,立市廛,首辟市场。据《周易·系辞下》载,神农"日中为市,致天下之民,聚天下之货,交易而退,各得其所"。神农发明的以日中为市,以物易物的市场是中国货币以及商业发展的起源和基石。

第三,治麻为布,民着衣裳。原始人本无衣裳,仅以树叶、兽皮遮身,神农教民以麻桑为布帛后,人们才开始学会用衣裳避体,这是人类由蒙昧社会向文明社会迈出的重大一步。

第四,作五弦琴,以乐百姓。据《世本·下篇》载,神农发明了乐器,他削桐为琴,结丝为弦,这种琴后来叫神农琴。神农琴"长三尺六寸六分,上有五弦,曰:宫、商、角、徵、羽"。这种琴发出的声音,能道天地之德,能表神农之和,亦能使人们娱乐。

第五,削木为弓,以威天下。神农始创了弓箭,有效地防止了野兽的袭击,有力地打击了外来部落的侵犯,保卫了人们的生命安全和劳动成果。

第六,制作陶器,改善生活。在陶器发明前,人们加工处理食物,只能用火烧烤,有了陶器,人们对食物可以进行蒸煮加工,还可以贮存物品、酿酒、消毒。陶器的使用,改善了人类的生活条件,对人类的饮食卫生和医药发展产生了深远的影响。

第七,神农尝百草,相传这是最早的中医传统。

第二章

制礼作乐　变法图强
——陕西周秦文明

　　陕西位于中国地理中心区,黄河中游,是中华民族和中华文明的重要发祥地之一,历史非常悠久。周文化是我国历史上独树一帜的文化形态,是中华民族文化的基石。周代确立了嫡长子继承制,对中国历史产生了不可替代的影响。近年来出土的甲骨文、青铜器等文物向我们充分证明了周代历史和文化的辉煌。周文化经过春秋战国诸子百家的继承创新和汉唐宋明经学理学的弘扬发展,最终形成了中华民族独特的历史文化,从而成为具有长久生命力的文化体系。其所包含的思想影响了周以后近三千年的中华文明和世界文明。秦文化是我国历史进程中最有建树、对后世中国传统文化影响最为深远的政治文化和制度文化,它吸收和兼容了六国的黄河流域、长江流域文化,形成了独特的秦文化形态。秦是中国历史上第一个统一的多民族的中央集权制封建国家,确立了郡县制,对中国历史产生了的深远影响。

第一节　周代历史与周原遗址

　　周朝是中国历史上继商朝之后的朝代。周朝分为西周(前 11 世纪中期—前771 年)与东周(前 770 年—前 256 年)两个时期,历时约 800 年,共传 30 代 37 王,为中国历代最长的王朝。西周由周武王姬发创建,定都鄠镐(今陕西西安附近);公元前 770 年,周平王迁都洛邑(今河南洛阳),开始了东周的历史。其中东周时期又分春秋和战国两部分。周朝各诸侯国的统治范围包括今黄河、长江流域和东北、华北的大部分。

一、周代历史

　　1.西周(前 11 世纪中期—前 771 年)
　　先周部落原来活动在渭河流域,周的始祖弃在夏代时做过农官,被后人称为

"后稷",尊为农神,相传为黄帝直系后裔。周文王姬昌做了部落首领之后,广求人才,征服周围一些部落,扩张势力,为灭商做了准备。周文王死后,他的儿子周武王姬发继位。周武王在孟津(今河南孟津县东北)与八百诸侯会盟后约二年,兴兵灭商,建立了周。

周朝为了有效地控制广大被征服的地区和部族,分封姬姓贵族、功臣和联盟的异姓部落首领为诸侯,到各被征服地区去建立政权。西周初年一共分封了 71 个诸侯国,其中姬姓的达 53 个之多。周天子直接控制的地区称为王畿,包括都城镐京周围的关中平原和洛邑周围的河洛地区。

在分封制的基础上,建立起以周天子为首的封建领主制贵族统治。周朝的宗法制规定,周天子是全体姬姓宗族的大宗,是最大的族长。各姬姓诸侯是小宗,要服从大宗。周天子的王位和诸侯的封爵由嫡长子(宗子)继承。这种宗法制和配合宗法制制定的礼乐和刑罚,成了维护周王朝统治的支柱。

西周前期统治秩序稳定,社会经济渐渐得到发展。农业是西周的主要经济部门,实行井田制,已经开始使用铁制农具。青铜铸造是手工业生产的重要部门,制作技术比商代有所发展,产量也比较多。

西周一共传了 12 个王。第十个王周厉王统治时,实行专利政策,垄断山林川泽之利,不让国人前往采樵渔猎,并派人监视国人的活动。公元前 841 年,国人举行暴动,把周厉王赶走,由周公和召公临时主持政事,称为"共和行政"。共和元年即公元前 841 年,是中国历史有确切纪年的开端。

西周最后一个王是周幽王,他宠爱妃子褒姒,废掉申后,引起申后父亲申侯的不满。公元前 771 年,申侯联合犬戎等部落攻入镐京,杀死周幽王,西周灭亡。

2.东周(公元前 770 年—公元前 256 年)

公元前 771 年,犬戎杀幽王,灭西周。第二年(前 770 年),周幽王太子宜臼将国都由镐京迁于洛邑(今河南洛阳),史称东周。周赧王五十九年(前 256 年),东周为秦所灭,共传 25 王,历时 515 年。东周自公元前 770 年(周平王元年)至公元前476 年(周敬王四十四年)这段历史时期,史称之为"春秋时期",自公元前 475 年(周元王元年)至公元前 221 年(秦王政二十六年)秦始皇统一全国,则被称为"战国时期"。

(1)东周春秋时期。春秋时期,是因孔子修订《春秋》而得名。《春秋》这部书记载了从鲁隐公元年(前 722 年)到鲁哀公十四年(前 481 年)的历史。现代的学者为了方便起见,一般将从周平王元年(前 770 年)东周立国起,到周敬王四十三年(前477 年或前 476 年)为止的这段时间,称为"春秋时期",那时一些较大的诸侯国,为了争夺土地、人口以及对其他诸侯国的支配权,不断进行兼并战争。获得战争胜利的强者,就有权力召开诸侯国会议,强迫其他诸侯公认他的"霸主"地位。按照时间先后成为霸主的有齐桓公、宋襄公、晋文公、秦穆公、楚庄王。历史上把他们称为"春秋五霸"。

春秋时期,铁器已经在农业、手工业生产中使用。在农业生产中主要使用铁锄、铁斧等。铁器坚硬、锋利,胜过木石和青铜工具。铁的使用,标志着社会生产力的显著提高。那时,也开始推广牛耕。随着耕作技术的提高,农业生产进一步发展起来。一些贵族把公田化为私田,逐渐采取了新的剥削方式,即让种田的劳动者交出大部分产品,同时保留一部分产品,以提高劳动者的生产积极性。

(2)东周战国时期。公元前475年至公元前221年,是中国的战国时期。经过春秋长期激烈的争霸战争,到战国开始,主要的诸侯国有齐、楚、燕、韩、赵、魏、秦等七国,历史上称之为"战国七雄"。

这一时期,随着水利的兴修、铁器的使用和牛耕的推广,春秋中后期,各诸侯国的经济得到飞速发展,政治形势也产生了相应的变化。诸侯国内部卿大夫的势力逐渐发展起来,著名的如鲁国的三桓、齐国的田氏、晋国的六卿。他们利用自己的经济实力,控制和瓜分公室,并互相争斗,以扩充领地。据统计,从周元王元年(前475年)至秦王政二十六年(前221年)的255年中,有大小战争230次。战争的规模也较春秋时期大了许多,动辄几万甚至几十万人的大规模会战屡见不鲜。西汉末年之际,著名学者刘向将有关这段历史的各种资料汇编成一本书,取名《战国策》,从此,这一历史阶段称为战国时期。

二、周原遗址

周原遗址是周文化的发祥地和灭商之前周人的聚居地,其中心在今陕西扶风、岐山一带。历史上的周原范围北至岐山,南临渭水,东到今武功,西到今凤翔、宝鸡一带,东西长达70公里,南北宽约20公里。周原遗址属全国重点文物保护单位。20世纪50年代末起,中国科学院考古研究所、陕西省文物管理委员会、陕西省考古研究所等单位先后在此调查、试掘。时至今日,周原的考古发掘已经获得了举世瞩目的成就,这些成就主要包括对几处西周建筑基址的系统发掘、窖藏和墓葬中出土了成批的青铜器物、遗址中所见的大批刻辞卜骨等。

现已初步查明,西周宫殿建筑(或宗庙)的遗址分布在岐山凤雏和扶风召陈两处。这一地区北倚岐山,南临渭水,形如高阜,海拔约900米。根据史书的记载,这里是周人的发祥地和灭商前的都城遗址。在召陈发现了15处大小不等的建筑基址,可能是贵族的住宅。最大者东西长 24 米,南北宽 15 米,均用各式的板瓦、筒瓦、半瓦当等覆盖屋顶,瓦上饰有重环纹、绳纹等纹饰,这是中国迄今发现最早的瓦。在遗址里还发现了多处手工作坊遗址,如云塘村南的制骨作坊、齐家村东的制陶作坊、齐镇东的制铜作坊等,都是大型的手工业作坊,其中云塘村制骨作坊规模最大,以专制骨器为主。遗址中发现有丰富的石、骨料和半成品遗物,还出土铜锯、刀等各种工具,反映了当时系统庞大的生产规模。

1977 年,在凤雏建筑遗址的窖穴内,出土了 17 万片卜骨和卜甲,其中多是卜甲。在 200 多片卜甲上有刻辞,最多者 30 字。1979 年在扶风齐家也发现了 5 片有字的甲骨,内容主要是记述了周人和商王朝及其他方国的关系。周代甲骨卜辞字体较小,笔划纤细,雕刻技术娴熟,是研究西周历史的珍贵史料。

周原遗址最重要的发现,是出土了大量的窖藏青铜器,这些窖藏和青铜器的历史之长,数量之多,世所罕见。远在西汉、唐、宋的时候,就在此处屡有重大的发现;清代道光帝年间,先后出土了盂鼎、大丰簋、毛公鼎等海内外著名的青铜器。20 世纪以来的百余年间,共发现了铜器窖藏 30 多个,出土了铜器 1000 余件,如 1975 年董家村一个窖藏出土了铜器 37 件,其中的卫鼎、卫盉等器物的铭文中,记载了西周中期有关征伐、租田、诉讼等有关的内容,说明了在西周社会已经出现了封建制度的萌芽。1976 年 12 月在扶风县法门公社庄白村发现的一号窖藏出土器物 103 件。其中 74 件铸有铭文,史墙盘有铭文 284 字,记述了文、武、成、康、昭、穆诸王的功业和史墙家史,史料价值极高。

2003 年 1 月宝鸡眉县杨家村,这个屡出国宝级青铜器的村庄,又发现窖藏青铜器 27 件。让人振奋不已的是,27 件青铜器均有铭文,总字数达 4000 字,对西周的历史轮廓做出了较完整的勾勒,为夏商周断代工程提供了重要资料。周原是一座埋藏极其丰富的地下文物宝库,随着发掘工作的进展,必将有更为重大的新发现,也会有更多、更有价值的文物重见天日。

1977 年夏和 1979 年春,陕西省周原考古队在发掘岐山凤雏西周建筑基址时,在房内发掘了两个窖穴,出土了大批西周时期的甲骨。这些甲骨共计 17275 片,包括卜甲 16371 片,卜骨 687 片,其中刻字 292 片。后来在扶风县齐家村发现了刻字大龟版 1 块,牛肩胛骨 5 片。这样,周原遗址总共出土刻字甲骨近 300 片,总字数 1009 个,有不同的单字 360 多个,每片字数多少不一,少则 1 字,多则 30 余字,内容有卜祭、卜告、卜年、卜出入、卜田猎及人名、地名、官名、月象及其他内容共十大类,时间大都为武王灭商前后。周原甲骨卜辞的发现具有重大的学术价值,对于确定周原的性质和研究周人历史至关重要。它与殷墟卜辞一样,都是历史研究和古代文字研究的珍贵资料。

周代为中国历史发展的一个转折时期,为中华文化的总成形奠定了基础,为中华文化的发展起到承前启后的作用,其分封制、宗法制、礼乐制都对后来历代影响巨大。特别是以周代形成的《周易》作为"群经之首"文化源头,为后来春秋战国时期诸子百家的兴起留下深深的印迹,以至于对中国人的民族性格与民族精神都产生深远的影响。

第二节　文王演易与周公制礼

文王与周公处于同一时代,周公是文王的第四子。文王将"易"的八卦增益为六十四卦,丰富了"易"的内容,为周代乃至后代提供更为直接的卦画参考,从而为《周易》成为儒家经典奠定了基础,并由此来探讨古人的信仰和"迷信说"的冲突;周公作《周官》,区分各种官吏的职责范围,使百官各守其职,他的这种做法,一方面提高官员的工作效率,另一方面加强了周朝的统治,并对后世影响深远。

文王演易与周公制礼从两个不同的层次为西周鼎盛时期的到来产生了潜移默化的影响。

一、文王演易

初造文字,取法兽蹄鸟迹,画卦亦然。《易·系辞》云:"古者庖羲氏之王天下也,仰则观象于天,俯则观法于地,观鸟兽之文,与地之宜,近取诸身,远取诸物,于是始作八卦。"八卦两两相重,又构成六十四卦(也叫做"别卦"或"重卦")。重卦者出于何人,众说纷纭。王弼认为是伏羲,郑玄认为是神农,孙盛认为是夏禹,而太史公则认为是文王。至于卦辞爻辞之作,当时都出自文王。《系辞》云:"《易》之兴也,当文王与纣之事耶?"又云:"作《易》者,其有忧患乎?"太史公据此,谓"西伯拘而演《周易》"。故卦辞、爻辞都是文王被囚禁在羑里时所作。据《左传》记载,纣囚文王七年,七年之时甚久,"卦辞、爻辞不过五千余字,以七年之久,作五千余字,亦未为多,故应依太史公说,谓为文王作,则与《系辞》相应[1]"。"文王演易"一说,亦是赞同了太史公的说法。

文王演易丰富了《周易》的内容,提高了《周易》在文学史上的地位。文王将八卦增益为六十四卦,每卦六爻,计三百八十四爻,六十四卦,一卦说一类事。卦辞,在初爻之前一般是说明题意的,也有的卦辞与爻辞相连续。

---

① 章太炎.国学讲义[M].北京:海潮出版社,2007:102.

"孔子赞《易》,专取文王所演之易。孔子赞《易》之前,人皆以《易》为卜筮之书。卜筮之书,后多有之,如东方朔《灵棋经》之类是。古人之视《周易》,亦如后人之视《灵棋经》耳。赞《易》之后,《易》之范围益大,而价值亦高。"①卜筮之徒,不知文王深意,至孔子乃视为穷高极远,于是《周易》遂为六经之一。《周礼·春官·太卜》:"太卜掌三《易》之法,一曰《连山》、二曰《归藏》、三曰《周易》。"前两易均已亡佚,唯有《周易》流传下来。

在古代,《周易》的地位之所以如此高,主要是因为它是一部占卜之书,其中包含着人们对宇宙万物的认识,以及对自然界的纯粹的崇拜和信仰,而并非是迷信。《现代汉语词典》对迷信的解释有两个:第一,信仰神仙鬼怪等;第二,盲目的信仰崇拜。无论是从这两个解释的字面意义上看,还是从各种书籍言论中对古人的看法来讲,迷信都是一个带有贬义色彩的词,即是把人们的占卜活动笼统地概括为由于人们对自然界缺乏认识,产生了不少迷信活动等。这种从无神论的角度来解读古人的占卜活动的做法,脱离了古人卜卦的初衷和意义,"迷信说"在各类书籍的解读中随意泛滥,而实际上,古人的占卜活动并非如此。《周易》是占筮情况的记录,它是在古人对占筮材料的整理基础上编订而成的一部供占筮者使用的占筮书,受到社会各阶层普遍的重视。人们在进行各种大型活动之前都会先卜卦,卜卦可以说是用来决定一件事能做与否的最高标准。《左传》载:"昔春秋之时,南蒯将叛,占得坤之比曰:'黄裳,元吉',以为大吉,与惠伯子服观之,子服曰:'忠信之事则可成,不然必败。'后又曰:'夫易不可以占险'"。秦始皇焚书,以《易》为卜筮之书,没有加以焚毁。经过几千年的流传,《周易》广为人知,其中的深意和价值用"迷信"来研讨诚然过于偏颇,正如用愚昧盲目来概括五千年的华夏文明,也会变成对自身的辱蔑一样。

二、周公制礼

周公一生辅佐文王、武王、成王,为周王朝的建立以及巩固做出了不可磨灭的贡献,他的功劳在于其所设立的制度。

《史记·鲁周公世家》里有记载,周公作《周官》,区分各种官吏的职责范围,使百官各守其职。《周官》即《周礼》,周公制礼作乐,备受孔子推崇。子曰:"甚矣吾衰也!久矣吾不复梦见周公。"(《论语·述而》)儒家尊周公为"元圣"。周公制礼包括礼乐制度和官制制度两个部分。

---

① 章太炎.国学讲义[M].北京:海潮出版社,2007:104.

　　每一个强盛的国家背后,都有以下两种制度做保障。从制度哲学的角度看,在制度结构中存在着"软制度"和"硬制度"两部分。所谓"软制度",主要是与人们的价值观有着内在联系的各项制度和规则,如道德信念、传统伦理、风俗习惯等;所谓"硬制度",主要是各种成文的法规和条款等,如国家或政府颁布的各种法规和条例,各种微观组织乃至社会组织所实行的具有一定的理念和实践边界的规章制度等。礼乐制度便是相应的"软制度"。鲁国是西周初年属一属二的大诸侯国,其地位之崇高、亲近无与伦比,它与别国的最大不同就是以"仁义""礼仪"相标榜,而礼乐制度更是为鲁国成为后来的"礼仪之邦"设立了一个基本框架。

　　在周公主持下所制定的"周礼",内容比较广泛,其中除了有关政刑的各种制度之外,还有吉、凶、军、宾、嘉五礼,即有关祭祀、丧葬、战争、朝觐盟会和婚丧喜庆等各种典礼仪式,以及宫室、衣服、车马等礼仪等级规定,这些典礼仪式,还要具备与之相应的舞乐。这些礼乐制度,被广泛地应用于政治和社会的各个方面,既能使人恪守符合等级观念的各种规范典则,又能体现当时的时代文明。"礼仪之邦"不仅成为当时鲁国的代名词,也成为现在整个华夏民族的代名词。

　　周公的官制制度,使官员明确各自的职责范围,从而进一步加强国家的统治。六官之制出现以前,已有五官,《礼记·曲礼下》云:"天子之五官,曰司徒、司马、司空、司士、司寇。"五官作为西周官制制度的雏形,在西周盛行一时,但没有明确规定五官的具体职责和范围,故难免产生一职多官的局面,直至六官出现,才使得官员各司其职。六官是指天官冢宰、地官司徒、春官宗伯、夏官司马、秋官司寇、冬官司空。"太宰"(即冢宰)由饮食而兼司衣服,由禁掖而兼司宫殿。是故,周官太宰无所不掌,而属员仍冗官耳。"(章太炎《经学略说》)天官冢宰,周朝沿袭殷的制度,后世未必可法;春官宗伯主祭祀,不是要职;地官司徒掌地方行政,兼司教育,类似于现在的内务、教育两部;夏官司马掌行军用兵,类似于现在的国防部;秋官司寇掌狱论刑法,类似于现在的司法部;冬官司空的职责由于《周礼》已散失"司空篇",因此不得而知。西周各诸侯国都依附王室,王室对诸侯国有很大的权威。周公虽被封于鲁,但一直在周都辅佐王室,他所设立的官制,加强了王室对诸侯的统治,统治力量所及的范围也比过去扩大了。《国语·周语上》云:"夫先王之制,邦内甸服,邦外侯服,侯卫宾服,蛮夷要服,戎狄荒服。"

　　周礼制度影响深远。制度有可能始于一个受益于某些统一安排的小团体内部,如准时偿还贷款的惯例。一旦这一规则的益处变得明朗起来,该规则就会被多数人采用。因此,成功的制度会像越来越大的参与者群体"移民"。西周时期的诸侯国,也和过去一样,都仿照王室的体制,建立地方性的政权机构,设置军队和监狱。但是组织的大小和地位的高低，都受到礼制的限制。如诸侯国的上卿，一般不能超过三人，地位只相当于王室的下卿，对天子只能自称"陪臣"。

文王增卦无论是从当时的需要还是对后世的作用来看都是不可估量的，更为"迷信说"的冲突提供了一个反面的事例；周公制度从礼仪制度与官制制度两个方面为西周设立了一个基本的制度框架，使西周对内对外的统治都进一步加强。

第三节　秦大一统与兵马俑

秦始皇是中国历史上第一个大一统王朝——秦王朝——的开国皇帝。秦始皇嬴政，秦庄襄王之子，出生于赵国国都邯郸（今河北省邯郸市），因此亦称赵政。公元前247年，秦王政13岁时即王位。公元前238年，秦始皇22岁时，在故都雍城举行了国君成人加冕仪式，开始"亲理朝政"。自公元前230年至公元前221年，秦始皇采取远交近攻、分化离间、合纵连横的策略，发动秦灭六国之战。先后于秦始皇十七年（公元前230年）灭韩、十九年（公元前228年）灭赵、二十二年（公元前225年）灭魏、二十四年（公元前223年）灭楚、二十五年（公元前222年）灭燕、二十六年（公元前221年）灭齐。秦王政39岁时完成了灭六国之大业，建立起一个以华夏族为主体统一的中央集权的强大国家——秦朝，定都咸阳。

从此，春秋战国以后在中国大地上诸侯争霸，连年混战的局面结束了。这年，嬴政39岁。同时，秦始皇将天下分为四十六郡：上郡（治肤施，今陕西榆林东南）、北地（今陕西宁县西北）、陇西（今甘肃临洮）、三川（今河南洛阳东）、薛郡（今山东曲阜）、南阳（今河南南阳）、汉中（今陕西汉中）、巴郡（今重庆北）、蜀郡（今四川成都）、东郡（今河南濮阳西南）、南郡（今湖北江陵）、长沙（今湖南长沙）、黔中（今湖南常德）、会稽（今江苏苏州）、九江（今安徽寿县）、闽中（今福建福州）、砀郡（今河南夏邑东南）、颍川（今河南禹县）、陈郡（今河南淮阳）、邯郸（今河北邯郸）、钜鹿（今河北鸡泽东北）、广阳（今北京）、上谷（今河北怀来东南）、右北平（今河北蓟县）、辽西（今辽宁义县）、渔阳（今河北怀柔东北）、辽东（今辽宁辽阳）、雁门（今山西右玉东南）、代郡（今河北蔚县）、上党（今山西太原西南）、河东（今山西夏县西北）、太原（今山西太原西南）、云中（今内蒙古托克托东北）、泗水（今安徽濉溪西北）、齐郡（今山东临淄北）、琅琊（今山东胶南西南）。都城咸阳及其周围地区为京师地区，由中央官员内史管辖，不在数郡之内。以后又陆续从薛郡分出东海（今山东郯城），九江分出衡山（今湖北黄冈），邯郸分出恒山（今河北石家庄东北），河东分出河内（今河南武陟东北），齐郡分出济北（今山东泰安东南），琅邪分出胶东（今山东平度东南），此外增置九原(今内蒙古包头西北)、桂林(今广西桂平西南)、象郡(今广西崇左)、南海(今广东广州),合计四十六郡。

秦始皇对中国和世界的历史均产生了深远而重大的影响,被明代思想家李贽誉为"千古一帝"。其确立的一系列的制度,被历代沿用两千余年。正是因为他,中国的封建王朝才有了最初的模式,政治、经济、文化、思想亦渐趋完善。下面就先谈一谈秦王嬴政大一统都表现在哪些方面:

第一,取消谥法。谥法起于周初,是在君王死后,依其生平事迹,给予带有评价性质的称号。但秦始皇认为,像这样"子议父,臣议君",是大逆不道的。他宣布废除谥法,不准后代臣子评价自己。

第二,天子自称曰"朕"。"朕"字的意义与"我"相同,以前平民也可以使用,但秦始皇限定只有皇帝才能自称为"朕"。皇帝的命令叫作"制"或"诏"(命曰制,令曰诏,因二者效令不同)。

第三,文字中不准提及皇帝的名字,要避讳。另外,文书上逢"皇帝""始皇帝"等字句时,都要另起一行顶格书写。

第四,只限皇帝使用的、以玉质雕刻的大印才能称为"玺"。

以上这些规定,目的在于突出天子的特殊地位,强调皇帝与众不同,强化皇权在人们心目中的神秘感。秦始皇幻想借助这些措施,使他的皇位千秋万代地在其子孙后代中传续下去。

其次,他还统一了文化、经济、交通等方面,实施了统一的规范。

第一,统一文字,使其成为一个民族的基础,并延用至今。他把简化了的字体小篆作为标准字体,通令全国使用。后来又出现了一种比小篆书写更简便的字体——隶书。现在的楷书就是从隶书演化而来。文字的统一,促进了各地区文化的交流。

第二,统一货币和度量衡。这样在商业上大大便利了国内交流。秦始皇命令把秦国的圆形方孔钱作为统一的货币通行全国,促进了各民族各地区的经济交流。

第三,车同轨,道同距。修建秦驰道,大大便利国内交通。修建由咸阳通向燕齐和吴楚地区的"驰道",修建由咸阳经云阳直达九原的"直道",并在西南地区修筑了"五尺道",还开凿了沟通漓江和湘江的灵渠。

第四,统一思想。秦律令规定,除政府藏书和秦国的史书以外,所有的《诗》、《书》、诸子百家和他国史书一律烧掉,有敢谈论《诗》《书》者弃市;医药、占卜、农业的书例外;禁止私人办学。这样可以避免因为历史问题而导致国家分裂。但是秦始皇焚书坑儒为历代史家所诟病。

此外他还修建长城,把原来的燕赵秦三国在北方修建的城墙连接起来,又向西向东筑造了新的城墙,这就是举世瞩目的万里长城,使其成为农业民族与游牧民族的天然分界。

秦始皇不仅在以上方面强化了中央集权,还在政治制度上做出了改革与突破,其中最重要也最有影响的就是废除分封制,建立郡县制。郡县之制虽然非秦始皇首创,但秦始皇却第一个把这一制度推向了全国,而且执行得很坚决。郡县制和秦始皇的个人集权思想不谋而合。公元前221年,秦朝将全国划分为三十六郡,以后又增为四十郡(一说四十六郡)。郡的长官称为"守",县的长官称为"令",均由国君直接任免。郡县制使天下形成了"中央—郡—县"一整套系统的行政机构,对实行集权统治起到重要的作用。郡县制是秦国制度的政治基础,避免分裂是秦始皇实行郡县制的理由之一。秦始皇要实行的是独裁统治,如果实行了分封制,皇帝的权力就会受到封君的制约并会因此削弱,而郡县制则可以最大限度地避免这种现象的产生。

接下来就要重点谈一谈秦始皇陵兵马俑。1974年春,在秦始皇陵坟丘东侧1.5公里处,当地农民打井,无意中挖出一个陶制武士头。后经国家有组织的发掘,终于发现了使全世界都为之震惊的秦始皇陵兵马俑。秦始皇陵兵马俑坑是秦始皇陵的陪葬坑,位于陵园东侧1500米处。秦始皇陵兵马俑陪葬坑坐西向东,三坑呈品字形排列。最早发现的是一号俑坑,呈长方形,东西长230米,南北宽62米,深约5米,总面积14260平方米,四面有斜坡门道,左右两侧又各有一个兵马俑坑,现称二号坑和三号坑。俑坑布局合理,结构奇特,在深5米左右的坑底,每隔3米架起一道东西向的承重墙,兵马俑排列在过洞中。据史书记载,秦始皇嬴政从13岁即位时就开始营建陵园。陵园由丞相李斯主持规划设计,大将章邯监工,修筑时间长达38年。工程之浩大、气魄之宏伟,开创历代封建统治者奢侈厚葬之先例。当时,秦朝总人口约2000万,而筑陵劳役达72万之多。

秦始皇陵兵马俑是世界考古史上最伟大的发现之一。1978年,法国前总统希拉克参观后说:"世界上有了七大奇迹,秦俑的发现,可以说是第八大奇迹了。"1980年又在陵园西侧出土青铜铸大型车马2乘。这组彩绘铜车马——高车和安车,是迄今中国发现的体形最大,装饰最华丽,结构和系驾最逼真、最完整的古代铜车马,被誉为"青铜之冠"。秦始皇陵园除从葬坑外,还发现石料加工场的遗址,建筑遗物有门砧、柱础、瓦、脊、瓦当、石水道、陶水道等。秦始皇陵兵马俑博物馆是中国最大的古代军事博物馆。1961年,我国将秦始皇陵定为全国文物重点保护单位。对秦始皇陵园第一次全面的考古勘察始于1962年,考古人员绘制出了陵园第一张平面布局图,经探测,陵园范围有56.25平方公里,相当于近78个故宫,引起考古界轰动。1987年,秦始皇陵及兵马俑坑被联合国教科文组织批准列入《世界遗产名录》,并被誉为"世界第八大奇迹"。

在中国的历史上秦代是上承春秋战国,下启东西两汉的过渡阶段,是我国社会由奴隶变革到封建社会的初期阶段。思想的转变和解放,敢于不断地面对现实的精神,为中国古代雕塑的发展提供了广阔的空间,从而创作出了秦始皇陵兵马俑这样世界罕见的雕塑艺术作品。那它们之间到底蕴藏着怎样的内在关系呢?

图2-1　秦兵马俑

首先,共发掘的四个兵马俑坑,其中的四号坑是废弃坑,其余三坑是陪葬坑,总占地面积约有两万多平方米。一号坑为最大陪葬坑,是战车和步兵为主的混合长方形的方阵,排列兵马俑约有六千多件,战车四十多乘。二号坑平面呈曲尺型,面积约六百平方米,是骑兵和弩兵相混合的方阵。三号坑是统帅一号、二号坑的指挥部,呈列有四名军士俑、六十四名武士俑和战车一乘。

其次,兵马俑的创造者严格运用写实主义的手法创作出了一个雄壮的秦军军阵布局,呈现出了秦军"奋击百万、战车千乘、内平方原、外抗匈奴"的强大气势和秦始皇一统六国的伟大业绩。通过对秦兵马俑的考古,发掘出土了大量的秦俑雕塑,其雕塑作品的制作水平具有很高的艺术水准。秦兵马俑表现的是一支纪律严明、组织结构清晰的军队,是巩固封建皇权、开疆拓土的需要,具有强烈的时代性和写实性。

最后,秦始皇兵马俑是表现一支庞大的军队,是秦始皇一统天下的武器,可以看出秦俑雕塑具有强烈的政治意图和功利目的。也正是这种意图促成了秦兵马俑雕塑高度写实的风格和鲜明的个性特征，是一种时代的象征。秦人"尚武"，有战斗精神，强调"气"和"势"。李白《古风》诗云："秦王扫六合，虎视何雄哉！挥剑决浮云，诸侯尽西来。明断自天启，大略驾雄才"，可以看出强势生存的尚武精神。秦始皇兵马俑雕塑大气、写实、厚重、统一、宏大的艺术风范正是秦代"扫六合、一天下"气概的艺术体现，也是与秦王朝大一统的时代特征和时代精神相统一的。

总之，秦俑雕塑在雕塑手法和造型风格以及思想性上，树立了我国古代雕塑艺术的第一个高峰，对后世具有重要的、深远的意义和影响。

第四节　秦直道与秦驰道

驰道是秦始皇为加强统治所兴修的一项大规模的军事交通工程。这项工程的修建对于巩固秦帝国及以后王朝的统治、促进华夏民族与周边少数民族的经济文化交流等诸方面都有重大历史意义，同时它也承载着中国两千多年的历史，是宝贵的中华历史文化遗产。

英国著名历史学家汤因比将交通系统列为统一国家赖以生存的首要组织，"它们不仅是大一统国家在军事上统辖全国领土的工具，而且是帝国通过公开的巡察大员和秘密的保安人员进行政治控制的工具"。秦王嬴政统一全国后，"田畴异亩，车途异轨，律令异法，衣冠异制，言语异声，文字异形"的情况严重阻碍了政令的推行和经济文化的交流。为了巩固其中央集权的统一王朝，秦始皇采用"车同轨，书同文，行同轮"的措施，但是推行这些措施的首要条件是建立联系京都咸阳与各郡县的道路交通系统。因此，秦始皇在完成统一后的第二年（即公元前220年）就"赐爵一级，治驰道"，先后利用几年的时间，动用了大量的人力和物力，建立起了遍布全国的道路交通体系。

秦帝国的道路交通体系在当时甚至在现在看来都是非常发达的，横线型的道路与纵线型的道路相交汇，形成了一张错综复杂的道路交通网。战国时期，各诸侯国为了达到称霸中原的目的，纷纷在自己国内修建了广阔的道路，秦也不例外。秦国国内原有的道路体系已经很丰富，但是却仍然难以适应大一统后的情形。因此秦始皇在六国旧有道路的基础上按照统一的规格又新修了道路。秦国的道路交通网以驰道为主干，另外配以五尺道、甬道、栈道、金牛道等，以都城咸阳为中心，联络全国四十六郡，东通六国故地，濒临东海；北至九原、阴山；西北至陇西、北地；南达南郡、岭南；西南至巴蜀、滇越；"四方辐凑，并至而会"，辅以水路、支线，联结成网。

秦始皇二十七年（即公元前220年）下令"治驰道"，"为驰道于天下，东穷燕齐，南极吴楚,江湖之上,濒海之观毕至"。可见驰道遍及整个秦统治区域。所谓驰道,即便于战车、战马、运输车辆奔驰的大道。为了牢牢控制刚刚征服的广大地区,迅速调动军队,方便交通运输,当时秦始皇尽全国之力,以咸阳为中心,修筑了两条主要的驰道:第一条向东,通到今河北省、山东省一带,直到海边。第二条向南,一直通到今江苏省、浙江省一带。

这两条驰道"道广五十步,三丈而树,厚筑其外。隐以金椎,树以青松",按秦六尺为一步,商鞅量尺一尺合 0.231 米计算,50 步等于 69.3 米。这样宽的大道,当时世界上是没有的。驰道中央宽三丈,是皇帝独用的专路,种松树标明路线。"充出,逢馆陶公主行驰道中,充呵问之。公主曰:'有太后诏。'充曰:'独公主得行,车骑皆不得。尽劾没入官。'"[①]可见关于驰道的规定是非常严格的,这也反映了专制皇权的威严。

秦统一六国后,对秦王朝巩固和统一构成的最大威胁之一,就是匈奴的势力。匈奴势力当时已深到河套地区一带,拥有骑兵数十万,以河套为据点,随时都可能南下关中,直抵咸阳,为解除其威胁,秦始皇不得不改变策略,主动出击,二十七年(即公元前 220 年)对维系关中安危的陇西、北地两郡进行视察,三十二年(即公元前 215 年)又再一次对北方边境进行巡视,表明出击匈奴的决心。三十五年(即公元前 212 年),秦始皇便命蒙恬率众 30 万修筑了用以防御匈奴侵略的直道,接着便对匈奴进行了大规模的军事攻击,"后秦灭六国,而始皇帝使蒙恬将十万之众北击胡,悉收河南地。因河为塞,筑四十四县城临河,徙適戍以充之"[②]可见直道在当时所起的军事地位是很重要的。

"始皇欲游天下,道九原,直抵甘泉,乃使蒙恬通道,自九原抵甘泉,堑山堙谷,千八百里。"这条直道全长 700 余公里,南起咸阳,北经云阳、上郡,直达九原,路面平均宽度约 30 米,最宽处约 80 米,是咸阳到九原最捷径的道路,与长城一起构成秦帝国北方边防的一道屏障。因在黄土高原上修筑,大体南北相直,故后世称"秦直道",据今已有两千两百余年,比世界最早的高速公路——德国境内的波恩至科隆的高速公路(建于 1932 年)早两千一百余年,比著名的罗马大道宽 3~8 倍,长10 倍,今人誉其为"人类历史上第一条高速公路"。直道在后来的漫长岁月里成为战争最频繁的道路,同时也成为民族交流与融合的道路,即使直到现在也依然广泛影响着人们的生活。直道给我们展示的不只是战争,还给我们展开了一幅幅民族交融的画卷:单于朝贡、昭君等汉朝公主和亲、文姬归汉等都发生在这条道路上。

---

① 班固.汉书·江充传[M].郑州:中州古籍出版社,2000:165.
② 司马迁.史记·匈奴列传[M].上海古籍出版社,2006:692.

这条原本是金戈铁马、战争频发的道路,在汉代的许多时候却成为一条和平之路、屈辱之路、商业之路。汉匈和亲给汉代带来了屈辱的同时也带来了民族的和睦、交流和融合,也给更多的商人带来无限商机。宋以后秦直道的军事作用逐渐降低,替而代之的是商贸的往来、文化的交流融通,故有人形象地称其为"黄土高原上的丝绸之路"。秦直道虽久经风霜,但遗址今天依然清晰可见,是我国境内保存下来的为数极少的古代交通要道遗址之一。

历史上有很多人都认为秦始皇广征民力修筑驰道是一件很残暴的事情,"秦之初灭诸侯,天下之心未定,痍伤者未瘳","法令诛罚日益刻深,群臣人人自危,欲畔者众。又作阿房之宫,治直、驰道,赋敛愈重,戍徭无已。于是楚戍卒陈胜、吴广等乃作乱,起于山东,杰俊相立,自置为侯王,叛秦。"①民众不堪忍受沉重的负担,纷纷起义,最终导致秦王朝的灭亡。也许诸多史家更多地看到了它的劳民伤财的一面,却没有看到这条道路给秦代以及后代所带来的益处。当我们站在一个公正的角度来重新思考这个问题时,就会发现其实事实并不像司马迁所说的那样简单,秦的灭亡是很多原因导致的。事实上秦的政治也并不是一无是处,最起码从修筑驰道的速度来看,秦的组织和管理还是很高效的。

两千多年过去了,秦驰道与直道的原貌已不可见,但仅凭遗迹我们依稀可以看出昔日它的壮观与伟大,依然可以想象那段历史的辉煌。它们与长城、阿房宫、兵马俑同时诞生,秦直道与驰道是矛,长城是盾,兵马俑是兵,阿房宫是士兵守卫着的宫殿,它们四者是血肉相连密不可分的一个整体,它们共同形成了一个强大王朝的象征,同时也为我们揭示了秦帝国兴衰轮替。

几千年的文明冲撞,几千年的战祸连绵,几千年的民族交融,几千年的互学互补,几千年的商贸往来,使得这些道路演绎了无数荡气回肠的传奇。在绵延的历史长河中,古道经历了无数的朝代更迭,更经历了无数的喧嚣和冷清、富贵和贫瘠、繁华和孤独、壮丽和衰亡,静处历史深处,无喜无悲,向我们诠释昔日的一切。

---

① 司马迁.史记·李斯列传[M].上海古籍出版社,2006.

第三章

天汉雄风　大唐气象
——陕西汉唐文化

陕西在上古时代是华夏九州中的雍州和梁州所在之地,历史悠久,早在110万年前,"蓝田猿人"就在灞河两岸生息繁衍。百万年的时光孕育了这片气象峥嵘的宝地。以西安为中心的陕西曾经是中国历史上的政治中心。西安有"十三朝古都"之美誉,这其中尤以秦、汉和唐王朝最为引人瞩目。华夏之国的大一统与新纪元从这里开启,秦砖汉瓦里载满了君王的雄图霸业,唐诗汉赋里沉吟着盛世风情,丝绸之路融通了东西文明,十八陵中安放着君王的另一个天下。岁月在光阴中流转、飘散,然而那属于强汉盛唐的文化却在时光中越加厚重。

第一节　秦砖汉瓦

一、概述

自商代出现最早的建筑陶器后,砖、瓦相继得以发明、发展。到了秦汉时期,随着政治的统一、社会的稳定、经济的繁荣,当时的社会生产力得到了迅速的提升,砖瓦行业也随之成为独立的手工业门类,得到空前的发展,并以其最富有特色的画像砖和各种纹饰的瓦当为后世所称道,"秦砖汉瓦"由此得名。

二、发展

1. 先声

据考证,陶器建筑材料出现于商代早期,最早的建筑陶器是陶水管,虽然很简易却为后世建筑陶器的发展奠定了一定的基础。

砖,古称甓。根据考古发现,在战国时期的地下墓室的墓壁和墓底就用到了大块空心砖,而条砖、方砖和栏杆砖也已经被使用。

瓦的出现早于砖,在西周初期就出现了板瓦、筒瓦、脊瓦等形式的瓦。瓦的发

—— 24 ——

明解决了屋顶防水的难题,使建筑更加便于人们生活。从河北易县出土的战国燕下都的花纹大瓦,可以看出当时制瓦工艺已经相当纯熟。

2.繁荣

在秦始皇统一中国后,烧制和应用了大量砖瓦,用于兴都城、建宫殿、筑陵墓、造长城。到了汉代,砖石建筑和拱券结构有了发展,小块条砖已是贵重的墙体材料,它的质量和尺寸已同现在相近,并出现了方砖和空心砖、楔形砖及装饰用的砖刻。可以说这一时期的砖瓦行业已达到空前的盛况。而"秦砖汉瓦"就是后世为纪念这一时期建筑装饰的辉煌与鼎盛而出现的。

秦砖颜色青灰,质地坚硬,制作规整,浑厚朴实,形式多样。主要分为铺地砖和空心砖两种。若按形状分则有方形砖、长方形砖、曲尺砖、楔形砖、子母砖、五棱砖等。汉砖在其基础上有所发展。

秦统一中国以后,尤其是到了西汉时期,空心砖的制作有了新的发展,砖面上拍印出了题材广泛、内容丰富、构图简练、形象生动、线条健劲的纹饰图样,使它不再是单纯的建筑材料,更进而成为富有艺术价值的陶质工艺品,画像砖就是其中的典型代表。

画像砖所取的题材异常广泛,表现的内容大致可以概括为以下方面:第一种是描摹播种、收割、舂米、酿造、盐井、探矿、桑园等各种生产活动的场面砖,这类砖面的图像真实再现了当时人们的日常劳作的情形;第二种是建筑画像砖,此类所见较少,除反映庭院的建筑和室内陈设外,其中主要画像为"阙观"一类的建筑;第三种是描写社会风俗的画像砖,这一类画像内容比较丰富,会涉及市集、宴乐、游戏、舞蹈、杂技等社会生活场景以及表现统治阶级的家庭生活等;第四种则是车骑出行等画像砖,它形象地描绘统治阶级出则伍伯前驱、骑吏、鼓吹等前导,后有属车随拥的骄奢生活,具有一定的批判意味。

瓦当作为中国古典建筑物上一种特有的装饰物,有着其特别的研究意义。瓦当,俗称瓦头,即筒瓦顶端下垂的部分,主要起着保护屋檐,防止风雨侵蚀,延长建筑物寿命的作用。瓦当文化始于西周,大体经过由半瓦到圆瓦、由阴刻到浮雕、由素面到纹饰、由具象到抽象、由图案到铭文这样一些递进。它同空心砖一样,也是书法、绘画、雕刻、篆刻、建筑等多门艺术的综合,反映了丰富的自然景观、人文美学、政治内容和历史文化。

秦代瓦当纹饰以动物形象居多,纹饰较多,有走兽纹、飞禽纹、植物纹,例如鹿纹、四兽纹、蝉纹、凤纹、飞鸿纹、树纹等,构思精巧,意象独特。

而到了汉代,瓦当的纹饰题材更为丰富,主要分为以下几类:

(1)卷云纹瓦当。这种瓦当一般在圆形上作四等分,各饰一卷云纹。其变化比较多,或四面对称,中间以直线相隔,形成曲线与直线的对比;或作同向旋转,富有节奏感。

(2)动物纹瓦当。这种瓦当与秦代相似,主要饰有鹿纹、鱼纹、燕纹等。

(3)四神纹瓦当。这类瓦当上饰有四神纹,即青龙、白虎、朱雀、玄武。汉代认为四神具有辟邪致福的精神功能。汉代四神瓦当,在圆形构图中表现几种动物形象,非常生动自然,刚健有力,是图案设计中的精品。

(4)文字类瓦当。这类瓦当巧妙地用文字作为装饰,极具图案之美,文字也大多是一些吉祥语,如"千秋万岁""大吉富贵"等。这种用文字作为装饰内容的表现手法,集中地体现了汉代装饰的特色。

图3-1 卷云纹瓦当

图3-2 动物纹瓦当

图3-3 四神纹瓦当

图3-4 文字类瓦当

三、价值

1.当时的实用价值

在战国时期,瓦就得到了广泛的使用,板瓦仰置于屋面,筒瓦覆盖在两行板瓦之间以防漏水,瓦钉固定筒瓦以免滑动,瓦当起装饰作用。而在秦都咸阳宫殿建筑遗址中,我们也发现了大量不同形状、样式的砖。可以说,它们作为建筑材料是非常受时人欢迎的。

有人分析了其中的原因,将其归纳成下列三点:

第一,原料丰富易得。水和土是大自然的赐予,凡是人类居住的地方就有水和土,可谓俯拾即是。燃料可来自草和木,亦属到处皆有。

第二,工艺简单。烧制砖瓦不需要特别技术,凡是有需要的地方都可建土窑烧制,不需要特别高温。

第三,价廉物美。由于原料和工艺关系,售价不高。在一定的烧结情况下经久耐用,美观大方,施工方便。

2.后代的文化价值

秦砖汉瓦通过上面所印制的文字或图像来传递当时人的审美取向与思想意识,比如:秦早期的动物瓦,反映了时人对游牧生活的眷恋;而东汉砖室墓中的画像砖,也是当时一部分社会生活的真实写照。可以说,它们的功能堪比典籍,翔实地记录了当时的生活状貌,具有重要的史料价值。

秦砖汉瓦上凝结着篆刻、雕刻、书法、绘画以及手工艺等多项艺术,为后人研究古代的艺术留下了宝贵的材料,艺术价值不菲。

正如肖云儒先生所说,"秦砖汉瓦,实际上已经升华了,超越了,成为对一种文化积淀的指代"。秦砖汉瓦已经成为了那个时期鲜明的文化符号,它包含了当时的政治、经济、文化、思想等方面的状态,更蕴藏着华夏文明的内涵。

表面的构形图案、深层的历史渊源、内在的艺术价值,凡此总总无不流露出秦砖汉瓦的魅力,任一点都足以让人叹为观止。这就是秦汉时期的砖瓦,这也就是秦汉时期的文化。

第二节　汉赋唐诗

汉赋是继《诗经》《楚辞》之后,在中国文坛上兴起的一种新的文体。王国维先生在其《宋元戏曲史》中云:"凡一代有一代之文学,楚之骚、汉之赋、六代之骈语、唐之诗、宋之词、元之曲,皆所谓一代之文学,而后世莫能继焉者也。"可见,汉赋是作为一种独立文体而存在的。在汉末文人五言诗出现之前,它是两汉四百年间文人创作的主要文学样式,是古典文学中一种影响深远的体裁,对中国文学的发展产生了深远的影响。唐代是中国古典诗歌的黄金时期,唐诗代表着古典诗歌的最高成就,唐代诗歌是中国文化中的一宗瑰宝。两种文学形式在题材上、艺术风格上与作者队伍上的差异,导致了它们截然不同的文学地位。

一、汉赋

1. 发展阶段

汉赋为中国汉代的代表文体。作为文体名称,它渊源于荀子的《赋》;作为文学体制,直接受到屈原《楚辞》和战国恣肆之风的极大影响。由于汉帝国经济发达,国力强盛,为汉赋的兴起提供了雄厚的物质基础;而统治者对赋的喜爱和提倡,使文人士大夫争相以写赋为能事,汉赋遂成为两汉文人创作的主要文学样式,无疑是古典文学中一种影响深远的体裁,其形成和发展可以分为三个阶段。

第一时期:自汉高祖初年至武帝初年。当时儒家思想尚未占据统治地位,文化思想还比较活跃。这一时期的辞赋,主要继承《楚辞》的传统,多抒发作者的政治见解和身世感慨,在形式上初步有所转变,较有成就和代表性的是贾谊,主要作品有《吊屈原赋》和《鵩鸟赋》还有淮南小山和枚乘等人。

第二时期:西汉武帝初年至东汉中叶,从武帝至宣帝90年间,是汉赋发展的鼎盛期。此时的汉赋是一种宫廷文学,为封建统治阶级"润色鸿业"服务。往往既歌颂夸耀于前,又讽谕劝戒于后,造成了这些汉代大赋思想内容的复杂性。汉赋作者中,司马相如是汉代大赋的奠基者和成就最高的代表作家,他的代表作是《子虚赋》和《上林赋》。在《史记》《汉书》的司马相如本传中,均录为一篇,《文篇》始分为两篇。《子虚赋》是通过假设的楚国使者子虚和齐国乌有先生互相夸耀楚王、齐王游猎的盛况。《上林赋》则是通过假设的亡是公极力描写天子在上林苑游猎的壮阔气派,大大压倒了楚齐游猎的场面,以示天子理应压倒诸侯。扬雄是西汉继司马相如之后最著名的词赋家,主要作品有《甘泉赋》《羽猎赋》等。扬雄的赋文曾极为模仿司马相如,极尽堆砌词藻,为处在崩溃前夕的西汉王朝歌功颂德、粉饰太平。故后世有"扬马"之称。班固是东汉前期最为著名的赋家,代表作为《两都赋》。《两都赋》开创了京都赋的范例,即以歌颂城市的风物建筑为主,常在夸张中展示城市的繁华富丽。它直接影响了张衡的《二京赋》和左思的《三都赋》,被《文选》列为第一篇。此外,班固还是一位出色的史学家,还将在后面提到。

第三时期:东汉中叶至东汉末年,这一时期汉赋的思想内容、体制和风格都开始有所转变,反映社会黑暗现实,讥讽时事,抒情咏物的短篇小赋开始兴起。这个时期汉赋的代表人物是张衡。张衡不但是我国古代伟大的天文学家、地理学家和数学家,还是一位出色的文学家。他的代表作是《二京赋》和《归田赋》。其中,《二京赋》继承了班固的《两都赋》却又不拘泥于原作而有所发挥。《归田赋》则开创了汉赋由铺彩堆砌向清丽精焊的转变。刘勰在《文心雕龙》中称颂张衡:"张衡通赡,蔡邕精雅,文史彬彬,隔世相望,是则竹柏异心而周贞,金玉殊质而皆宝也。"张衡也与司马相如、杨雄、班固被合称为"双赋四大家"。

2.地位和影响

封建时代的词章家非常推崇汉赋,但他们奉为汉赋正宗的却是司马相如、扬雄、班固、张衡等人的大赋,正是这些大赋,在思想和艺术形式上表现了较多的局限性。

汉赋,特别是那些大赋,尽管有着如上所述的缺点,在文学史上仍然有其一定的地位。

首先,即以大赋来说,大都是对宫苑富丽、都城豪华、田猎乐事,以及汉帝国的文治武功的描写和颂扬,这在当时并不是毫无意义的。而赋中对封建统治者的劝谕之词,也反映了这些赋作者反对帝王过分奢华淫靡的不同看法,表现了这些作者并非是对帝王贵族们毫无是非原则的奉承者和阿谀者。尽管这方面的思想往往表现得很委婉,收效甚微,但仍然值得肯定。

其次,汉大赋虽然炫博耀奇,堆垛词藻,以至好用生词僻字,但在丰富文学作品的词汇、锻炼语言辞句、描写技巧、富于想象力等方面,都取得了一定的成就。建安以后的很多诗文,往往在语言、辞藻和叙事状物的手法方面,从汉赋中得到不少启发。

最后,从文学发展史上看,两汉辞赋的繁兴,对中国文学观念的形成,也起到一定促进作用。中国的韵文从《诗经》《楚辞》开始,中经西汉以来辞赋的发展,到东汉开始初步把文学与一般学术区分开来。《汉书·艺文志》中除《诸子略》以外,还专设立了《诗赋略》,除了所谓儒术、经学以外,又出现了"文章"的概念。至魏晋则出现了"诗赋欲丽"(曹丕《典论·论文》),"诗缘情而绮靡,赋体物而浏亮"(陆机《文赋》)等对文学基本特征的探讨和认识,文学观念由此日益走向明晰化。

二、唐诗

在文学史上最辉煌的时代,尤其是中国古典诗歌最辉煌的时期当数唐朝。唐代是中国古典诗歌的黄金时期,唐诗代表着古典诗歌的最高成就。

1.繁荣的原因

第一,国家的统一和国力的强盛,激发了人们的灵感为诗歌的发展准备了必要的物质条件。

第二,南北、中外文化交流频繁提供了深厚的文化基础,中原传统文化与周边少数民族文化接触加强,各种学术流派和宗教信仰兼容并蓄,都为诗歌的发展产生了积极的影响。

第三,科举考试中以诗赋为主,促进了诗歌的繁荣。

第四,统治者的提倡。唐代帝王皆好音律,莫不能诗,朝堂庆典和宫廷宴乐,常吟诗作词,在他们的倡导下,写诗成为一种社会风尚。

2. 成就

唐代诗歌的发展通常分为初唐、盛唐、中唐和晚唐四个阶段。

初唐时期,宋齐梁陈和隋代艳丽的诗风仍然占据主导地位,其中以上官仪最负盛名。他的诗"绮错婉媚",具有重视诗的形式技巧、追求诗的声辞之美的倾向,形成当时争相模仿的新诗体——上官体。初唐后期,诗坛革新之风兴起,被称为"初唐四杰"的王勃、杨炯、卢照邻和骆宾王都不约而同地力图改变南朝以来华而不实的诗风,把诗歌从宫廷引向社会。初唐最杰出的诗人是陈子昂,他是诗歌改革运动的旗手,以复古为口号,主张诗歌必须反映社会现实。他的《登幽州台歌》慷慨怀古,把个人怀才不遇的感慨展放于宏阔的历史背景中,风格深沉悲壮,一扫齐梁以来绮靡病态的诗风。

登幽州台歌

前不见古人,后不见来者。

念天地之悠悠,独怆然而涕下。

盛唐时期,诗歌达到空前繁荣的程度。其中,最具代表性的诗人是李白和杜甫。李白的浪漫主义和杜甫的现实主义成为唐诗,甚至是我国古代诗歌的两座丰碑。

李白,字太白,一般认为出生于中亚的碎叶城(今吉尔吉斯斯坦的托克马克)。李白的诗内容广泛,以乐府、歌行及绝句成就为最高。他的代表作有《蜀道难》《将进酒》《梦游天姥吟留别》等,其中《望庐山瀑布》《送孟浩然之广陵》更被誉为神品。李白的诗想象丰富、气势磅礴,极大地提高了唐诗的艺术水平。因其诗风飘逸奔放,故有"诗仙"之美称,唐代著名诗人贺知章更是将李白称为"谪仙人"。

望庐山瀑布

日照香炉生紫烟,遥看瀑布挂前川。

飞流直下三千尺,疑是银河落九天。

杜甫,字子美,今河南巩义人,亦是一位具有划时代意义的诗人。杜甫以现实主义的精神,深刻、广泛地反映了他所生活的时代。杜甫在安史之乱之后的作品,如《三吏》(《石壕吏》、《新安吏》、《潼关吏》)和《三别》(《新婚别》、《垂老别》、《无家别》)更是如实地反映了战争给人民带来的巨大灾难。当然,杜甫的诗也并不是一味地沉郁,《春夜喜雨》一诗就表露出作者欢快的情绪;《闻官军收河南河北》更被誉为杜甫生平第一快诗。杜诗的现实主义精神和高超的艺术表达技巧,成为后世诗人学习的典范,古人称之为"诗圣"。

闻官军收河南河北

剑外忽传收蓟北,初闻涕泪满衣裳。

却看妻子愁何在,漫卷诗书喜欲狂。

白日放歌须纵酒,青春作伴好还乡。

即从巴峡穿巫峡,便下襄阳向洛阳。

盛唐诗坛还有以孟浩然为代表的田园诗派和以王维为代表的山水诗派。他们的作品,或抒发田园隐逸生活的情趣,或歌颂祖国山河的雄伟壮丽。同时,还有描写边疆奇异风光和羁旅生活的边塞诗,代表诗人有高适、岑参、王之涣等。

中唐时期,唐王朝历经安史之乱元气大伤,社会矛盾开始尖锐化,众多诗人也开始将注意力放在社会现实问题上。中唐时期的代表诗人有白居易、元稹、刘禹锡、韩愈、柳宗元、韦应物、李贺等,其中以白居易成就最高,影响也最大。

元稹(779—831),字微之,河南(河南府,今河南洛阳)人,唐朝著名诗人。元稹聪明机智过人,年少即有才名,与白居易同科及第,并结为终生诗友,二人共同倡导新乐府运动,世称"元白",诗作号为"元和体",给世人留下"曾经沧海难为水,除却巫山不是云"的千古佳句。

离思五首

曾经沧海难为水,

除却巫山不是云。

取次花丛懒回顾,

半缘修道半缘君。

晚唐政局动荡,危机四伏,知识分子普遍都有一种失落感,华丽、颓废诗风重新出现。杜牧、李商隐是晚唐诗人的代表,两人并称"小李杜"。杜牧的诗歌以七言绝句著称,内容以咏史抒怀为主,其诗英发俊爽,多切经世之物,在晚唐成就颇高。李商隐是晚唐乃至整个唐代,为数不多的刻意追求诗美的诗人。其诗构思新奇,风格秾丽,尤其是一些爱情诗和无题诗写得缠绵悱恻,优美动人,广为传诵。但部分诗歌过于隐晦迷离,难于索解,至有"诗家总爱西昆好,独恨无人作郑笺"之说。此外,皮日休、杜荀鹤等诗人,继承新乐府运动的传统,针砭时弊,表达了对广大人民的深切同情。温庭筠和韦庄色彩浓丽,是晚唐唯美主义诗风的代表,其诗的艺术性远高于思想性。同时温韦二人也是《花间集》的重要作者。

泊秦淮

烟笼寒水月笼沙,夜泊秦淮近酒家。

商女不知亡国恨,隔江犹唱后庭花。

锦瑟

锦瑟无端五十弦,一弦一柱思华年。

庄生晓梦迷蝴蝶,望帝春心托杜鹃。

沧海月明珠有泪,蓝田日暖玉生烟。

此情可待成追忆,只是当时已惘然。

三、汉赋与唐诗发展异同及原因

汉赋和唐诗,是中国古代文化的两大遗产,都曾代表了当时社会的文学潮流。但是随着时间的推移,它们在文学艺术成就上的差异却日益明显。在魏晋以后,作赋者寥寥无几,至南宋,赋几乎在文学长河中绝迹,而唐诗则至今光辉不灭。这是因为什么呢?

首先表现在题材上,据《汉书·艺文志》记载,汉赋在西汉末期保存有几百篇。其内容不外就是写宫苑富丽,都城豪华,田猎乐事,为粉饰太平盛世大唱赞歌。总之,迎合了统治阶级的心理。唐诗则不同,《全唐诗》收集了唐诗 49000 余首,题材广泛,上至宫廷生活、战争场面,下到桑枢离乱、乡村风光,无一不入诗卷。许多唐诗名篇都抨击了封建统治的黑暗,这种现实主义的思想内容,是唐诗有其蓬勃的生命力的根本原因。

其次是文学艺术风格上的不同。汉赋作者大都"为情而造文,因此铺采摛文,虚而无征"。这种宫廷文学的风格迎合了帝王与贵族精神生活的口味,自然也只能在文字上斗巧,以典雅铺张为其能事。唐诗的风格却是百花齐放,李白的飘逸,杜甫的沉郁,王维的清雅,岑参的奔放,白居易的晓畅,李贺的奇丽,孟浩然的闲淡,韩愈的雄厚,杜牧的俊逸,温庭筠的浓艳……艺术风格因人而异,因时而异,正是由诗人的生活经历与其个人气质所导致的。他们创作的诗歌,在内容上力求反映现实生活,形式上短小精悍,这种艺术形式也就必然会拥有大量的读者。

第三,唐诗的作者队伍大大超过了汉赋作者。汉赋作者据记载只有 60 多人,前期有贾谊、枚乘等;中期有司马相如、刘向等;后期有扬雄、班固、张衡、赵壹、蔡邕、祢衡等。而唐诗则不同,《全唐诗》收作者有 2200 余人,除了文人,还有帝王、和尚、尼姑、宫人、歌妓、将士等人作的诗。唐人写诗,已成习俗。清代诗人沈德潜就把唐代以前的诗和唐诗区别开来,这是因为诗歌发展到唐代,风格更接近于口语,内容更适合于反映现实,声律又有了较完整的约束,这也是使唐诗至今光辉不灭的一个原因。

唐诗得以胜汉赋,是由这两种文学形式的题材、内容与艺术风格所决定的。虽然唐诗中的一些诗篇也在大浪淘沙中被淘去,但唐诗作为我国文学艺术之树上的璀璨明珠,至今仍在发射出灿烂的光华,这是汉赋所不能比的。

总而言之,"每一个时代,几乎都有它所特有的文学。"无论是作为汉代文学兴盛代表的汉赋,还是实现了唐代强盛文化的唐诗,都有它们存在和值得研究的价值,这些文化精华中蕴含的丰富的意味,寄寓着文人士子的人生体验,而这些又离不开深厚复杂的文化土壤。透过汉赋和唐诗,我们仿佛看到了当年汉唐盛世的辉煌场景。重读这些时代的文学,有利于我们更加细致地把握历史跳动的脉搏。其实,史学家所记录的历史是比较粗糙的,而且还夹杂着许多的个人的情感成分和价值判断,但是,我们往往有这样的错觉,认为历史就是事实。而大量的历史资料和经验证明,历史是已经经过单人创设后的一种历史叙事,而真正能称得上历史的是历史文物,但是,还有一种历史,它是人们日常生活的缩影。这种历史不是文物所能涵盖的,更多的是文学创作中集体思想情绪的抒发和集体叙事的抽象概括中找寻出来的。因而,我们研究汉赋和唐诗的意义并不单单着眼于文学,而应该为历史的发展提供一种可供参考的资料。

第三节 丝绸之路

丝绸之路是东西方文明相互探索和交融之路,而汉唐时期无疑是其发展的黄金时代。它不仅代表了当时社会经济文化的繁荣,交通和科技的发达,其所产生的精神文化层面的相互作用,其中包含科学与技术、宗教与艺术、思想与文学等诸多方面,对后世影响更为深远。时至今日,丝绸之路在文化传承与交流领域的重要地位仍然不可撼动。

作为古丝绸之路的起点,长安在丝绸之路的开拓和形成中起到了关键性的作用。长安与丝绸之路二者之间的相互关系推动着东西方文化的碰撞与交融,也敦促着历史的不断演进。如今,长安已非昔日盛极一时的国都,而丝绸之路本身的原始功用也在逐渐消解,但这其中所承载的文化精神以及由此而引申开去的诸多影响,仍然值得我们深究。

一、何谓"丝绸之路"

　　这里我们所研究的丝绸之路通常是指欧亚北部的商路,与南方的茶马古道形成对比,西汉时张骞和东汉时班超出使西域开辟的以长安(今西安)、洛阳为起点,经甘肃、新疆,到中亚、西亚,并联结地中海各国的陆上通道。这条道路也被称为"陆路丝绸之路",以区别日后另外两条冠以"丝绸之路"名称的交通路线。因为由这条路西运的货物中以丝绸制品的影响最大,故得此名。这是一项伟大的创举,更是一种人类意识在沟通领域的大进步、大发展。从最初商品贸易的互通有无到文化艺术的相互交流,这一条现实与思想的双重轨迹使原本各自封闭的地区联通起来,人们在彼此的交流中理解和接受与自身不同的文化与思想,同化是大一统的和谐,异化是百花齐放的繁荣,这些种种无不体现着丝绸之路存在的价值和魅力。

二、"丝绸之路"的兴起

　　汉高祖六年(前200年),汉高祖在进击投降匈奴的韩王信时,被匈奴围困于白登山(今山西大同市东北马铺山),史称"白登之围"。此后,匈奴经常骚扰边境,掳掠人畜。为了避免无休止的侵扰,从汉高祖开始,一直到文景时期,一直奉行和匈奴实行和亲的政策,厚予馈赠,但是匈奴仍然不断地骚扰边境,每次入塞,都会抢走人畜,毁坏庄稼。

　　公元前141年,西汉的第六位皇帝汉武帝刘彻即位,这位年轻气盛、无惧无畏的皇帝,凭着父辈们几代努力而成就的强大国力,决心彻底解决匈奴之患。

　　公元前138年和公元前119年,汉武帝两次派张骞出使西域,本意是联合大月支抵抗匈奴,而张骞的军事外交之行,真正打通了汉朝通往西域的国际通道。公元前105年,西汉使者沿着张骞的足迹,来到今天的伊朗境内,在安息国王面前展示中国的丝绸,丝绸之路由此拉开序幕。

三、东方本土文化的西传

　　古时的长安(今陕西西安)是中华民族发祥地的黄河流域上一颗璀璨的明星。自西周开始,古代社会的政治中心已逐渐转移到今陕西省境内的渭河中下游平原地区。这一地区也是黄河中下游文化区的核心地带,地理上的明显优势在于较为广阔的冲积平原被山脉河流环抱,基本不会受到下游旱涝频发的影响。

　　因此,作为经济、政治、文化中心的都城,大多选建于此地。而作为盛唐时期的国际大都市,也为文化的聚合创造了更好的社会基础。尽管当时这种文化交流与聚合现象是以中国本土为主,但由于长安城在世界上的影响力的不断提升及自身发展对外扩展的需要,一条通往异域的探寻与沟通之路的出发成为历史的必然。

1.科学与技术

丝绸之路,顾名思义它最基础的功能是为方便丝绸贸易而开拓的一条交通要道,因此,伴随着丝绸的大量输出,当时的养蚕和缫丝技术也自然地传播到了中亚、西亚乃至欧洲等地,与当地的毛织、棉织技术相结合,形成了丝绸之路上鲜明的区域性特色。

中国古代的四大发明也正是沿着丝绸之路传播至世界各地。公元751年唐朝在与大食的怛罗斯战争中的失败后,许多工匠被俘,直接导致了造纸术的西传,后来在1140年前后传入欧洲,对于推动近代文明起到了不可磨灭的重大影响。火药、指南针和雕版印刷术更是成为了对欧洲资产阶级的兴起和工业革命的爆发的助推器。医术上,公元8—9世纪,源自于中国本土教派——道教的炼丹术就沿着丝绸之路传入阿拉伯地区,后又传入欧洲,对于近代医学与化学都产生了一定程度的影响。11世纪时,中医的经脉理论传播到了波斯,在阿维森纳的《医经》中可明显感受到,其诊断方法与中国相同,论诊脉有浮沉弱等说法,也与中国医术一样。今天我们也在讲"科学技术是第一生产力",但古时却由于东西方思想和文化理念上的差异导致我们的发明创造更好地为西方所用,这就使像丝绸之路这样启发国人看世界的沟通渠道显得尤为重要。

2.思想与艺术

儒家思想是我国古代文明的核心,丝绸之路也自然地将这一点带入了西方世界。这期间儒家经历过几次较大的西传,对于沿线地区的国家和民族的思想文化领域产生了极大的影响。例如魏晋南北朝时期为躲避战乱而形成的以汉文化为主的文化圈;唐朝统一西域后,通过相互交往和政治管辖而使儒文化更加广泛;还有西辽在中亚的建立更将博大精深的汉文化思想引介于此,等等。思想上的影响永远是最广泛而深远的,时至今日,丝绸之路上仍然保留着汉唐儒文化的印记。

舞蹈、绘画、书法、诗词歌赋的创作,只要是当时社会盛行的文化艺术形式都会或多或少地沿着丝绸之路外传,在被了解和接受的过程中扩展和创新。

三、西方外来文化的东渐

在东方文化西传的同时也伴随着西方文化的东渐。丝绸之路的两端和沿途上的每一寸土地都无不受到这样大规模、大范围的文化交流的影响。在中国人开眼看世界的时候,西方人也把他们的目光聚焦到长安这个东方的"国际大都市",尝试着将自己的文明以各式各样的形式表现出来,为丝绸之路那一端的人们所接受。这样的传播突出表现在宗教和艺术两个方面。

1.光辉灿烂的宗教文化

"宗教是文化基因的核心和内在精神,所有民族文化的各门类,都体现了该民族文化的宗教精神。同时,宗教的具体表现形式又与文化的各种表现形式并列,从而成为文化的一部分。"①"唐三藏西天取经"的故事在中国是绝对的家喻户晓,这足以见证自丝绸之路开通后,外来的宗教文化对于中国社会的影响之重大,而这其中最具代表性的就是佛教。据史料记载,第一位赴华布道的高僧来自天竺(古印度),时间约在东汉末年间。此后,众多东西方僧侣不畏辛苦远涉他方,以弘法、求法。当时的僧人们将卷帙浩繁的佛教典籍译成汉文,如著名的《大藏经》,由此佛教思想开始进入东方人的思想观念之中并逐渐深入人心。也正是由于通过丝绸之路这种文明交往的形式,佛教文化得以被广泛了解和认可,才会在发源地宗教地位衰落的情况下,却被很好地保存下来并发扬光大。

另外,同时传入的还有祆教、摩尼教、景教等。祆教产生于公元前7世纪的波斯,随着其经典《阿维斯塔》的广泛流传而逐渐发展壮大,一般认为约在北魏时期传入中国并受到历代王朝的优待,兴建祆祠,同时对中国的绘画、雕塑、建筑等多方面产生重要影响并体现出鲜明的地域改造特征。正如姜伯勤先生所言,"中国祆教艺术,在主题、符号、象征力量上都反映了中国礼制的天外观对外来宗教的改造,从而反映了中国文明与伊斯兰及中亚文明的互动"②。摩尼教也产生于波斯,时间约为公元前3世纪,唐武后延载元年(694年)传入内地,大量摩尼寺出现伴随着其"三宗两际说"教义在民间的广泛流传,还成为了农民起义的"指导思想"。景教又称聂斯托利派之基督教,创立于公元5世纪的东罗马帝国,沿丝绸之路自西向东发展直至唐朝传入长安,广建景寺并译介经典以传播其思想文化。

大量且多样宗教文化的传入,对于本身并无影响力很大宗教的中国无疑是一种意识形态领域的大冲击和大启示。传统的儒学思想虽然能指导人的行为规范、道德操守,但它不能替代宗教信仰对于人的价值导向和生命意识的撼动。人们在选择信不信仰宗教,信仰哪一种宗教的思考中开始关注自身的建构,而伴随宗教而来的不仅仅是宗教本身,更有一些文学艺术领域的副产品的东渐。

---

① 彭树智.文明交往论[M].西安:陕西人民出版社,2002:24.
② 姜伯勤.中国祆教艺术史研究[M].北京:三联书店,2004:328.

2.五彩斑斓的文学艺术

丝绸之路上有成群的骆驼商队,有长途跋涉的求经僧人,有思想和信仰交错的火花,也有文学艺术百花争艳的盛况。张骞通西域时外国的乐曲便已传入中国内地,《晋书·乐志》记载"张博望入西域……唯得摩诃兜乐曲";唐代天宝年间,更是在吸收印度乐曲的基础上创造出了著名的"霓裳羽衣曲"。中国的许多乐工都是中亚人的后裔,足以见得对于西域音乐研习的重视。而佛教的中国化大大促进了石窟艺术的兴盛,其中最出名的是敦煌莫高窟,它是本土特色与印度元素相结合的典型成功案例,因其绝美的壁画和精湛的技艺传递出的文化底蕴而被世人瞩目至今。此外,唐代的舞蹈、服饰,甚至唐诗的韵调都受到了西方文化东渐的影响。

丝绸之路是东西方在文化领域的相互探索和交融之路,而汉唐时期无疑是其发展的黄金时代。值得我们留意的是,如今随着新丝绸之路的贸易作用再次突显,它所留下的和未来会产生的文化财富是不可估量的,我们可以从丝绸之路的现代作用角度出发,去赋予它新的生机和活力,延续它的美丽。它本身所承载的文化底蕴,对于东西方世界的双向影响,是绝对生生不息的。

第四节 汉唐十八陵

咸阳境内的十八座皇帝陵,是华夏子孙珍贵的文化遗产。自古未有不掘之墓,这十八座皇帝陵大多受到不同程度的盗掘;而且随着现代化城市的兴起与发展,帝陵的发掘与保护面临很多问题。我们能做的,是延缓陵墓的消亡时间,让未消失的陵墓真正体现其价值。

身处八百里秦川腹地的咸阳,是名副其实的中国帝都,也是中国帝陵的集中地。咸阳帝陵是中华民族的宝贵遗产,具有极高的历史、美学等价值。

一、咸阳境内的"中国金字塔群"——汉唐十八帝陵

1.汉唐十八陵的地理位置

近年来,由于咸阳地区考古的进展,皇帝陵墓的开发日渐引起我们的重视。咸阳是我国第一个封建国家秦王朝的国都及汉、唐等13个王朝的京畿之地;这里共有27座帝王陵墓和400余座皇亲国戚王公大臣的陪葬墓。在绵延百里的咸阳塬上,分布着800多座帝王将相的墓葬,其中汉高祖长陵、惠帝安陵、景帝阳陵、武帝茂陵、昭帝平陵均设邑建县,故名五陵塬。西汉11位皇帝有9位葬在五陵原,陵墓沿汉成国渠走向一字排开。《水经注·卷八》记载,成国渠流经咸阳南面,沿途所经

过西汉诸陵,依次为茂陵、平陵、延陵、康陵、渭陵、义陵、安陵、长陵和阳陵。唐18座帝陵中,有9座位于咸阳市。其中的昭陵、乾陵闻名天下。无论是整体密度,还是个体规模,咸阳市帝陵都是国内外仅有的奇观,这些帝陵也被誉为"中国金字塔群"。我们所说的"汉唐十八陵"是指分布在咸阳境内的18座汉唐帝陵。它们是长陵、安陵、阳陵、茂陵、平陵、渭陵、延陵、义陵、康陵9座汉帝陵,献陵、昭陵、乾陵、建陵、崇陵、庄陵、端陵、贞陵、靖陵9座唐陵。

2. 汉唐十八陵的形制和规模

汉唐十八帝陵形制有两类:一类是因山为陵。墓葬开凿于山崖中,不另起坟丘。唐昭陵、乾陵、建陵、崇陵、贞陵是因山为陵。其中,唐太宗李世民的昭陵是唐依山建陵的第一座陵墓。另一类是封土为陵。封土为陵的陵冢封土常见的为覆斗型,其底部和顶部多为方形。咸阳境内的九座汉帝陵(西汉帝陵中只有霸陵是因山为陵)和唐献陵、庄陵、端陵、靖陵都是封土为陵。

汉帝陵多封土为陵,其中茂陵坟丘最大。茂陵是西汉帝王陵中修建时间最长、规模最大的一座,反映了汉武帝执政时期是西汉王朝的鼎盛时代,也是中国封建社会前期的黄金时代。据文献记载,西汉各帝都在生前为自己营造巨大的陵墓。汉武帝执政54年,茂陵就修了53年。《长安志》卷十四引《关中记》记载:"汉诸陵高二十丈,方百二十步,惟茂陵(高)十四丈,方百四十步。"如今实测茂陵顶部平面均为方形,底部边长230米,顶部边长40米,封土高46.5米[①]。唐帝陵多依山为陵,规模宏大,是对汉陵的发展。陵园主峰清俊巍峨,陵园区域十分广阔,还有庞大的皇亲勋臣的陪葬群,威武雄壮的神道石刻。

3. 保护汉唐帝陵的原因及保护内容

首先,"陵文化"是中国民族宝贵的历史文化遗产,是古代中国劳动人民智慧的结晶。其次,咸阳五陵塬是一个未被开发的地下历史博物馆、"中国金字塔群",其人文价值和美学价值都当之无愧地成为世界文化遗产的一部分。再次,在中国古代,皇帝的至高统治地位让皇家网罗天下至宝成为可能,皇陵中的陪葬品也成为许多人觊觎的对象。最后,帝陵是历代政治、经济、文化繁华消歇的缩影,透过帝陵我们可以得知当时当地的社会背景。而且汉唐是中国封建社会存在时间较长、影响深远的朝代。咸阳汉唐帝陵理所当然成为我们关注保护的重点。

汉唐帝陵群本体的保护对象包括帝陵封土,帝陵陵园内部各组成部分,帝陵与陪葬墓、陵邑、从葬坑、司马道等内在功能联系的挖掘与保护等方面。环境的保护

---

① 惠焕章.陕西帝王陵[M].西安:陕西旅游出版社,2000:65.

包括帝陵之间的景观环境的保护、规划区其他文物古迹的保护、五陵塬历史环境的整体保护①。

二、汉唐帝陵墓的消失

1. 帝陵消失的方式

陵墓一旦被发掘,不免受到不同层次的破坏。破坏文物的现象主要分为盗掘破坏、建设性的环境破坏、建设性的用材破坏、气候性破坏。盗掘破坏主要表现为盗掘、砸石刻,建设性的破坏表现为用石料、用土,气候性的破坏表现为酸雨。人类的认识毕竟有局限,陵墓的发掘与保护受到各种条件的限制。

从古至今,炎黄子孙一直都没有放弃对生命的探索;但是,即使是在信息化高速发展的今天,生命的密码仍然没有完全破解。中国人对鬼怪神明的态度一直都是矛盾的。一方面,帝王把墓葬作为灵魂的安托之所,使得一座座陵墓的兴建变得隐秘和奢华。特别是东汉末年佛教传入后,佛教的思想内容也融入到人们的日常生活中来。另一方面,首先陵墓丧葬"视死如生"。厚葬之风催生的盗墓狂潮,使得"自古及今未有不亡之国,是无不掘之墓"。如西汉末赤眉军盗取西汉诸皇陵,五代的温韬盗取唐诸皇陵。其次是儒家"未知生,焉知死"的哲学传统让中国人对鬼神不求甚解,盗墓者秉着"无知无畏"和铤而走险的精神堂而皇之地实践着发财梦。

中国盗墓之风,绵延数千年不绝。盗墓者大致分为两类——官盗和民盗。官盗又分为王侯、军将和地方官盗墓。军将盗墓往往动用大批士兵,明火执仗。将领像汉末的曹操、董卓,民国时期的孙殿英等,其中的农民起义军盗墓的主要对象是皇陵。民盗人数众多,分布各地,总是偷偷摸摸进行,其目的明确,规模较小,对陵墓的损害并不是很大,主要集中在陕西关中、河南洛阳、湖南长沙周边等地。官盗这种明目张胆的行为只有遇到比他更强大的力量才能被制止,普通人只能隔岸观火,在此也不多作议论。至于民盗,这种专职盗墓者的盗墓技术一流,为了大发横财而精心策划、铤而走险。其实,历朝历代对盗墓行为都给予法律严惩。如汉代《淮南子》中提及刑法有"盗窃者刑、发墓者诛"的内容;唐代禁止盗墓的法律更详尽,《唐律疏议》中明文规定,"诸发冢者,加役流;已开棺椁者,绞;发而未窃者,徒三年"。或许盗墓贼也曾徘徊在对死者的敬畏与现实利益之间,而后又屡次打破亡灵的寂静。我们不得不承认,在漫长的历史演变中,盗墓也是使陵墓消失的一种主要方式。

---

① 华博.中国盗墓[M].北京:中国友谊出版公司,2006:261.

2.正视帝陵的消失

从长远来看,陵墓消失的趋势似乎无法阻挡。尽管我们尽力妥善保管先人埋在地底下的遗产,其终究还是逃脱不了消失的命运。人类社会的传承法则已经暗示新旧更替是历史的必然,我们正在努力留住珍贵的部分。顺应事物产生与消失的法则,不是悲观的预见。如今的我们,太习惯用现代价值观来衡量陵墓,要知道,对于死者的亲人来说,所有的古玩珍奇都只是陪葬品,最珍贵的部分是死者的遗体。开发也好,保护也好,我们应该给予死者最大的尊重。

皇陵对于当时当地的人来说,更多的是一种信仰。自从民主之风洗涤了封建社会的荼毒后,我们摒弃了尊卑贵贱的条条框框的同时,是否也可能遗失了一些有价值的部分。封建文明历经千年的洗涤而渐渐消亡,而中华民族智慧的祖先会把其中最有价值的东西埋在土里。帝陵是我们了解古代历史的一个有益的补充,帝陵的消失亦是对生命的一种警示。

表一 西汉十一陵一览表

陵 名	帝 号	姓 名	在位年代	葬 地
①长 陵	高祖	刘邦	公元前 206－195 年	咸阳
②安 陵	惠帝	刘盈	公元前 194－188 年	咸阳
霸 陵	文帝	刘恒	公元前 179－157 年	西安
③阳 陵	景帝	刘启	公元前 156－141 年	咸阳
④茂 陵	武帝	刘彻	公元前 140－87 年	兴平
⑤平 陵	昭帝	刘弗	公元前 86－74 年	咸阳
杜 陵	宣帝	刘询	公元前 73－49 年	长安
⑥渭 陵	元帝	刘奭	公元前 48－33 年	咸阳
⑦延 陵	成帝	刘骜	公元前 32－7 年	咸阳
⑧义 陵	哀帝	刘欣	公元前 6－1 年	咸阳
⑨康 陵	平帝	刘衎	公元前 1－5 年	咸阳

附注:

• 西汉十一陵,除霸陵、杜陵外,其他西汉诸陵墓大多与其皇后成对排列葬于渭水北岸的咸阳塬上。

• 西汉帝陵制度为帝、后合葬。

表二 唐十八陵一览表

陵 名	帝 号	姓 名	在位年代	葬 地
①献陵	高祖	李渊	公元 618—626 年	咸阳市三原县
②昭陵	太宗	李世民	公元 627—649 年	咸阳市礼泉县
③乾陵	高宗	李治	公元 650—683 年	咸阳市乾县
	武则天	武曌	公元 684—704 年	
定陵	中宗	李显	公元 684,705—710 年	渭南市富平县
桥陵	睿宗	李旦	公元 684,710—712 年	渭南市蒲城县
泰陵	玄宗	李隆基	公元 712—756 年	渭南市蒲城县
④建陵	肃宗	李亨	公元 756—761 年	咸阳市礼泉县
元陵	代宗	李豫	公元 762—779 年	渭南市富平县
⑤崇陵	德宗	李适	公元 780—805 年	咸阳市泾阳县
丰陵	顺宗	李诵	公元 805 年	渭南市富平县
景陵	宪宗	李纯	公元 806—820 年	渭南市浦城县
光陵	穆宗	李恒	公元 821—824 年	渭南市浦城县
⑥庄陵	敬宗	李湛	公元 825—826 年	咸阳市三原县
章陵	文宗	李昂	公元 826—840 年	渭南市富平县
⑦端陵	武宗	李炎	公元 841—846 年	咸阳市三原县
⑧贞陵	宣宗	李忱	公元 847—859 年	咸阳市泾阳县
简陵	懿宗	李漼	公元 859—874 年	渭南市富平县
⑨靖陵	僖宗	李儇	公元 873—888 年	咸阳市乾县

附注：

• 唐代共 21 个皇帝,19 个葬于关中,其中武则天与高宗是合葬。昭宗、哀宗分别葬于河南、山东两省内,关中实际为 18 座陵墓,故通称"关中唐十八陵"。

• 让皇帝李宪是睿宗李旦长子,因让位给其弟李隆基(玄宗),故史称让皇帝,葬于桥陵旁,号其墓为惠陵。因他从未登基,故不列在十八陵墓之内。

第五节 汉唐文化精神

国人最引以为豪的就是博大精深、光辉灿烂的古代文明。这其中尤以大汉、盛唐最为让人们扬眉吐气、津津乐道。汉唐两朝被今人称作是强汉盛唐。作为中国古代极具影响力的两个朝代,历来备受国人的青睐。从开疆拓土到四方来朝,从独尊儒术到儒释道三家鼎立,从甘石星经到四大发明,从"长乐未央"的瓦当到碑林石刻,从汉赋到唐诗,他们的气势恢宏的征伐、蓬勃迸发的创造力、开拓进取的行动力和越加成熟的制度和文化,让即使是生产力发展到今天的现代人也叹为观止,深深地倾倒于时空远方的气势恢宏,疾呼"复兴"。然而,这并不能说那样的时代就是最让人向往的时代,国强民却不富,这是其致命的软肋。

作为古代社会国力强盛、声威远震的朝代,他们在文化精神上有着同样恢弘的气魄和各具特色的魅力。因此,而今的华夏儿女多多少少有一些汉唐情结。

一、汉唐文化精神的含义

关于汉唐文化的含义,古今中外众说纷纭。而我们通常所说的汉唐文化一般是指汉唐时期所产生的种种物质文化、制度文化和精神文化。这其中具体来说,包括农业生产工具、手工业、商业的发展、城市的繁荣和交通变化、天文地理方面的新发现,以及新科技、新工艺的产生和法规制度,人文艺术的革新和对外政策,等等。

这一切都无时无刻不在塑造和体现着汉唐文化的精神。一般来说所谓汉唐的文化精神就是在汉唐文化基础上所孕育出大的时代的精神风貌,尤其是指汉唐国力正处在鼎盛时的气势恢宏、大气磅礴、海纳百川的精神风貌。

二、汉唐文化精神的表征

汉唐文化有着中国古代文化的共同特质——博大。在这博大的背后是一个又一个华夏儿女的勤劳与智慧的结晶。"九层之台起于垒土,千里之行始于足下",汉唐文化精神正是在前代的有利基础和当时的国人的努力下崛起于东亚热土之上。主要表现在以下几个方面:

首先,中国古代无论疆域如何广阔,国力如何雄厚,都始终是一个农耕文明的国家,国家的一切都是建立在小农经济的基础之上,用现代的话说是建立在农业基础之上的。这也是重农抑商政策的最根本原因。因此,农业的发展和农业技术的革新关乎一个国家的基石。而汉唐在农业方面都较前朝有长足的进步,如汉代牛耕的普遍使用和铁农具的革新与推广极大促进了农业生产力的发展。到唐代农业也在前代的基础上有了进一步发展,在犁耕技术方面出现了曲辕犁。此外,唐代发明创造了连筒、筒车、水轮等一系列新灌溉工具,还出现了利用架空索道的辘轳汲水的机械"机汲"。这些农业设施的改进在现代人眼中并没有什么大的变化,然而这在农业发展史上都是技术性的飞跃,大大地提高了农业耕作效率,尤其是在饱经战乱的人民在朝代之初休养生息之后以极大的积极性投入生产中。元结云:"开元、天宝之中,耕者益力四海之内,高山绝壑耒耜亦满,人家粮储皆及数岁,太仓委积陈腐,不可校量。"集中体现了汉唐时期农民的勤劳与智慧。

在制度方面,汉唐也都对前代的制度进行了修改和完善。班固《汉书·百官公卿表》说:"秦兼天下,建皇帝之号,立百官之职,汉因循而不革,明简易,随时宜也。"这是就汉初的基本制度而言的,并不是照搬秦制。事实上,汉之与秦,是有因有革的,即使在刘邦立国之初,戎马倥偬之际,也并不是全袭秦制;后世诸帝也各因时变,而秦始皇所定各项制度因此才得到发展完善。例如,中央集权制度的因袭和巩固,三公九卿官制的变化,刺史一职的设立以及察觉和征召的人才选拔方式,等等。而唐朝最为有名的科举制度也是在隋炀帝设定的基础上完善的。

技艺方面,东汉蔡伦改进了为文化传播提供了更为便捷的工具——纸。到了唐代四大发明都已展现在了世人面前。马克思评说:"火药、指南针、印刷术——这是预告资产阶级社会到来的三大发明。火药把骑士阶层炸得粉碎,指南针打开了世界市场并建立了殖民地,而印刷术则变成了新教的工具,总的来说变成了科学复兴的手段,变成对精神发展创造必要前提的最强大的杠杆。"另外,漆工艺、造船技术、冶铸、纺织、染色、制陶、制瓷等技艺都有很大的改进和突破。

天文历法上,汉代制订了《太初历》《九章算术》,且《淮南子》上有最早的太阳黑子记录,以及《汉书·五行志》上有最早最明确的彗星记录。

医学上,汉有《黄帝内经》《神农本草经》《伤寒杂病论》等,唐有孙思邈的《千金方》。

对外格局上,汉唐之初和每一个新政权一样内忧外患。统治者采用征伐与和亲相结合的方法。汉初在武帝之前,对匈奴采取防御策略,派汉家公主和亲,又与匈奴互市,但这均不能杜绝匈奴的侵扰。武帝时期开始征伐匈奴,也未彻底解除匈奴对边关的侵扰,但却为汉宣帝时匈奴呼韩邪单于的附汉奠定了基础。汉代张骞出使西域,进一步扩大了东西方的丝绸之路贸易。唐朝初年北方少数民族多次骚扰边境、攻城略地,直到唐太宗统治后期时才大败劼利可汗,后文成公主入藏,局势全面稳定,丝绸之路得以绵延数千里。

除了和少数民族的交流摩擦外,汉唐对外更多地是表现为兼容并蓄的精神风貌。张骞出使西域的最初目的是和大月氏建立邦交关系与贸易往来,共同抗击匈奴,丝绸之路更是使得东亚和西亚得以交通和建立互市贸易。除了丝绸之路所连接的西亚国家,在东方汉唐与新罗、日本等国也有密切往来。

社会风俗习惯上,汉唐时代有很强的开放性,大量地引入食材、物种、器物和医药文化,唐朝时胡服、胡乐、胡舞更是深深地影响了中原人的生活习惯。

在疆域面积上,汉代疆域在秦的基础上主要有三方面的扩大,在北部占据了今朝鲜半岛三十八度线以北的领土,南部占据了大半个越南,最南在今胡志明市附近,西部扩张最大,通过在藏族先民地区和匈奴地区之间的武威到酒泉一线的一条不宽的通道,控制了中亚地区,最西达到了巴尔喀什湖西岸以及塔什干附近。汉代的领土扩张奠定了中国对朝鲜、越南和西域的统治基础。

唐朝疆域最大,东北达外兴安岭、库页岛,西至咸海,南及南海,东至渤海,李白就出生在贝加尔湖畔的碎叶城(今属吉尔吉斯斯坦托克马克)。唐代,中国领土又一次进行了大规模扩张,在北部,达到了东北南部、朝鲜西部、整个外蒙和大半个西伯利亚,最北达到贝加尔湖西北的安加拉河一带,在西部,到达了咸海和伊朗边界,囊括了整个阿富汗和绝大多数的中亚五国领土,南部第一次确认了对海南的统制。

三、汉唐文化精神的启示

所谓的汉唐文化精神,所指向的其实并不是整个汉代、唐代的全部文化,而是特指以汉武帝和唐太宗所代表的汉唐的强盛时期。在这一段时期内,虽然也有外忧内患,但在统治阶层的励精图治之下,整个社会状况安定,人民富有开拓精神,整个社会面貌呈现出昂扬向上的姿态。

国家的强盛不仅为两朝赢得了尊荣,也使得统治者和人民的思想心态更为开放,无论是在接受异域文化时还是在本朝发展的谋划上都能够兼容并蓄,从而使社会面貌呈现出昂扬开阔的局面。

这一时期的人民生活因为社会的稳定和自由开放而舒适。然而任何一个时代除了开国之初休养生息的政策外,人民永远也逃脱不了以"苛政猛于虎"为代表的赋税、徭役、征兵之事。到了汉唐晚期,曾经的威武不再,国势衰微,祸起萧墙,三国征伐,十国分裂。人民再次在战争的铁蹄蹂躏和赋税、徭役的夹缝间求生。张养浩在《潼关怀古》中慨叹道:"兴,百姓苦;亡,百姓苦。"即使是在汉唐这样的太平盛世中百姓所充当的角色依然只是纳税服役的生产者。用鲁迅的话来说就是"暂时作稳了奴隶的时代"。而这些社会基石的铸造者,他们原本是盛世的一个重要部分。遗憾的是,作为目不识丁的社会底层人,他们无法掌握话语权,总是处于失语状态。文献上满纸的达官贵人的风雅情趣,而这一切与他们无关,他们这些作为时代中的大多数,却是文化上的弱势群体,是历史上的失语者,后代人多是在类似《观刈麦》的诗文中偶然看到他们的汗水和辛酸。可以说,他们是汉唐文化扎根的热土,是孕育汉唐文化精神的璞玉。

因而汉唐文化精神不仅仅是在汉武帝和唐太宗为代表的鼎盛时期气势恢宏、波澜壮阔的精神气魄,还有普通民众踏实、勤劳的浑厚、质朴的精神面貌。

第四章

气势恢宏　遗韵千年
——陕西古都文化

卢连成先生曾说过,都城是城市、城邦、城邑制度中的最高形式,凝聚着一个时期社会、政治、文化的最高成果,成为这个国家文明的载体。

西安,一座历史悠久的世界历史文化名城,历史上的十三朝古都。周秦汉唐更是在这厚实的土地上绽其繁华雄姿。

第一节　西周文明双子城——都城丰镐

丰镐二京是西周都城,也是西安地区出现的第一个全国性的政治中心。二都的建立,不仅承载了西周的历史,更成为其繁荣的象征与见证。三千多年过去了,昔日辉煌的二都而今只剩断垣残壁,考古工作也只能处于勘测都址的探索阶段。二都的具体位置已无法考证,但遥远的城市文明依旧吸引着考古学者和历史学家们探索的目光。

对于西周的都城,现如今学界依旧存在争议,例如:宋代史家郑樵在《通志》中的《都邑·周都》中计有郐、分、岐、丰和镐五都说,舆地学派的史家李吉普在《元和郡县志》计有郐、岐、程、丰和镐六都说,此外《史记·周本纪》中还记载了一个"不窋故城"。但无论是五都还是六都,抑或是其他说法,历代史学家无疑都承认丰镐的存在,所以丰镐作为西周的首都是可以确定的。

一、周朝滥觞

1. 姬周民族

中国古代的奴隶制在夏朝奠定基石,经过商王朝的发展,到了西周时期达到了鼎盛。

周朝起于姬周民族,他们活动在我国西北部黄河流域及其支流地区,从事农牧生产活动。周人最早兴起于关中平原的武功县境。在夏代末期,在其领袖公刘的率领下迁至豳(今陕西彬县一带)。

《史记·周本纪》载,公刘是夏后时代(约公元前 21 世纪)人,后稷的曾孙,周文王的十代祖先。据《史记》记载,当夏后氏当政时,后稷之子不窋,失去了后稷官的职位,出奔到了戎狄(今甘肃庆阳)。传到公刘迁至豳,他继承先人事业,以身作则,不辞艰苦地领导和团结部族群众,着手恢复后稷的事业。

《诗经·大雅·公刘》云:"笃公刘,逝彼百泉,瞻彼溥原……笃公刘,既溥既长,既景廼冈,相其阴阳;观其流泉,其军三单;度其隰原,彻田为粮,度其夕阳,豳居允荒。"就是对他领导群众"复修后稷之业,务耕种",回归农业生产的真实写照。

公刘使臣民在皇涧两岸定居下来,过着丰衣足食的生活。

2.周朝建立

(1)故都周原。

太王古公亶父时,周人因不堪少数民族的侵扰,弃豳迁岐,来到岐山之下的周原,定国号为"周"。

周原位于关中西部,三面环水,一面依山,土地肥沃,物产丰美。从此,周人便以周原为基础,不断扩展自己的势力。当国力日渐强大,周朝便开始蚕灭商朝在关中地区的诸侯国。当位于沣水流域的崇国被周消灭后,关中大部分地区已被周人所控制。

(2)定都丰京。

到了周文王时期,周商二者的矛盾已达到不可调和的程度,战争一触即发,为了适应周商矛盾斗争的新形势,做好灭商的准备,周文王姬昌在姜子牙的辅佐下即作邑于丰,把国都向东迁徙,缩短了与商人之间的距离。即《诗经·文王有声》云:"文王受命,有此武功,既伐于崇,作邑于丰,文王烝哉。"

周丰城大约建于公元前 1136 年,本着居于天下之中的思想,丰城建于周人统治的中心地区,当然,将国都迁至沣水流域,与该地优越的自然条件亦分不开。丰城西邻灵沼河,东邻沣河,北临渭河,是三河环绕中的一块宝地。根据考古发掘,沣水两岸是关中地区新石器时代遗址最密集的地方,今天位于这里的所有村庄几乎都是建筑在古代遗址的基础上。这说明自古以来,这里就是关中人口最稠密的地区。

有人口的基础,城市的发展也变得相对简单。与故都周原相比,丰城地势更加低平,更有利于城市用水和发展农田水利。南依秦岭有天然的屏障,且秦岭物产丰富,这也为周代制造青铜器提供了充足的原料。据《汉书·东方朔传》记载:"终南,天下之大阻也,其山出玉石、金、银、铜、铁、豫章、檀、柘异类之物,不可胜原。"如此物产丰富之地,当然更得周人的青睐。

（3）迁都镐京。

周文王迁丰不久后就驾崩,其子姬发即周武王即位,又在沣河东岸建镐京,并将其政治中心迁至镐京。故《诗经·文王有声》云:"考卜维王,宅是镐京"。

据考证,丰、镐的位置基本上是在同一纬度,只隔一条沣水东西相望,距离很近。文王已建丰城,那武王为何要另建镐京呢？据南宋王应麟著《诗地理考》卷四《镐京》上载:"武王都镐京,为四方来朝者丰不以容之。"其意是指丰京国都太小,不足以容四方之众,而又无法扩建,就不得不向地势开阔、平畴沃野的沣水东岸发展,另建镐京。据卢连成先生说法,他认为都城的兴建不仅要考虑政治因素,还要考虑经济因素,周朝实行分封制,在自己之下分封了许多小的诸侯国,诸侯国要定期向周朝进贡。随着周王朝的强大,进贡的宝物越来越多,狭小的丰城承载不下,就只能向东再建新城。这样更能使财富在都城中集中,便于统治者管理。还有学者认为,丰京易受沣水泛滥的影响,该河两岸地势低平,每当阴雨连绵,平地即积水成涝,潮湿异常。因此气候因素也导致周朝的迁都。

二、丰镐并存

1.丰镐兴荣

虽然武王迁都镐京,但他并没有因此将丰京废除,丰京依旧担任着都城的作用,西周二都,仅一水之隔,颇有一城的风范。有学者指出,丰镐实乃一城的两个部分,左为祖庙,右为社稷坛,这符合古时建都的礼法。《周礼·考工记》在关于周代王城建设的空间布局就强调:"匠人营国,方九里,旁三门。国中九经九纬,经涂九轨。左祖右社,前朝后市。"周二都前者多负责政事,后者多负责祭祀,在周朝那个重祭祀的朝代,丰京的作用其实更大。周朝重礼法,废旧都立新都是不合礼法的,所以从这一角度来说,镐京在某种程度上是对丰京的扩大。

其实,丰镐二都并存之事同样记载在史书中,据《尚书·召诰》云:"惟二月既望,越六日乙未,王朝步自周,则至于丰。"可以看出二都自古就为人并称。

由于至今没有具体发现丰镐二京的城墙和具体遗址,其城的具体规模还有待商榷。但是从前文《周礼·考工记》中的记载可以大致看出,丰镐二京布局整齐,错落有致,前朝后市,颇为繁荣。

西周是奴隶制社会,其都城的繁华是建立在农业发达的基础之上的。《诗经·豳风·七月》中记载:"九月筑场圃,十月纳禾稼,黍稷重穆,禾麻菽麦……"详尽地叙述了农奴们从春耕开始到采桑、狩猎、秋收、过冬等全年的劳动生活。

2.丰镐衰亡

就是这样巧夺天工的二都也有其衰落的一天。自周平王迁都洛邑后,丰镐的地位就开始衰落了。西周末年,王室衰微,诸侯离心,到了昏庸的周幽王,丰镐二京的宫殿就开始遭到破坏与损毁。犬戎的大肆入侵,更是给丰镐二京造成了不可恢复的破坏,周平王见古都不再,便迁都洛邑,自此丰镐二京便消失在人们的视线中。秦始皇时,丰镐二京完全废弃和荒芜。至今想要找到二京的具体位置,已经变得非常困难。

三、考古实况

自明清以来,史学家们就在试图解决丰镐二京的具体位置问题,但都由于年代过于久远而没有突破。

从 1955 年起,中国科学院考古研究所专门设立丰镐考古工作队,长期开展西周丰、镐两京的考古调查和发掘工作。

第一期历时三年,共揭露遗址面积 9200 多平方米,收获巨大。其后重点调查了沣河流域水系、地貌及西周遗址分布情况,大体确定了丰镐两京的方位,发现了夯土基址、房子、灰坑、窖藏坑和墓葬、车马坑等遗迹。

到 20 世纪 80 年代初,在沣西张家坡、客省庄、马王村、新旺村、沣东花园村、洛水村、普渡村等地,发现了许多夯土基址、制骨作坊、陶窑、墓葬、车马坑,其中最大的收获是发掘了西周重要贵族井叔的家族墓地。

到 2003 年 12 月,周公庙遗址的发现,惊动了中国考古界。考古人员在周公庙遗址发现了带字龟甲,其中最多的一片甲骨上竟然有 38 个字。后来,又陆续发现了 740 余片卜甲,其中有刻辞的 80 余片,初步辨认出文字 400 余个,其中有"周公"刻辞者最为引人关注。

另外,10 座四墓道西周高等墓葬集体现身,让考古学者们颇为兴奋,因为这颇为符合对王陵的猜想。

但总体而言,周都的考古工作研究还是停留在勘测都址的初步摸索阶段。

我们依旧还没有发现丰镐的具体位置,这也是笔者一直没有给出丰镐二京具体位置的原因。但众多的史学家已经给出了自己的意见,例如徐锡台先生认为镐京的位置大致在西安市长安区斗门镇附近,昆明池以北的地区;丰京位于沣水西岸,东以沣河为界,西至灵沼河,北客省庄、张家坡,南至冯村、席王村,总面积 6 万平方公里。

文王演周易,武王制礼乐,这个朝代所积淀下来的文化奠定了中国政治制度的基础,它成就了中国古文化的黄金时代,它所创立的礼乐制度成为中国传统文化的核心。

第二节 秦都咸阳

从秦孝公迁都咸阳起,中经惠文王、始皇等国主,直至子婴时秦朝灭亡,咸阳从一个诸侯国国都演变成一个帝国之都,先后被持续经营了144年之久。其间,秦王扫六合,更是为其注入了一种革故鼎新、锐意进取的品质,彰显出了帝国的气派。

故城咸阳,又称渭城,在今天咸阳市东部一带。因为地处九嵕山之南,渭水之北,山南水北皆为阳而得名。随着秦朝的不断扩建,秦都的范围也就向渭河南不断延伸。

一、战国秦都咸阳

1. 渭北冀阙、宫廷

秦孝公十二年(前349年),商鞅主持兴修咸阳城,大筑冀阙宫廷。冀阙,即咸阳宫的北阙门。它是当时皇宫专设的门观建筑,建在宫门前面,夹上朝的大道左右,下为高台,上起楼文观。阙的"专门规定"又使其成为身份等级的标志物之一。双体结构的阙,又称双阙,那是周天子京城的象征,诸侯国只能建立单阙。秦当时为一诸侯国,僭越礼制,公然"大筑冀阙,营如鲁卫",弃单阙而改双阙,巍峨高耸,也表明了秦孝公一同天下的雄心。

除此神圣作用外,冀阙还有一功能是宣扬新法,推动新法实施。商鞅在其上公布新法令,官民来此学习,从而形成"境内之民皆言治,藏管、商之法者家有之,妇女儿童也能言商君之法"的景观。这种大型建筑雄伟、高大,作为宣传道具无疑是有巨大而持久的轰动效应。

商鞅主持修建的咸阳庭宫,就是后来称作的咸阳宫。它位于渭北头道原上,是秦王常居和议论决策朝政的地方,它是权力的象征。这个建筑的最大特点是采用了高台基建筑的方式。在木结构建设技术还不太发达的时代,这种多层组合的宫殿是最佳的选择。那么,什么叫做高台基建筑的方式呢?它是先建坚固的夯土地基,然后按照建筑平面的大小进行堆土行夯,达到一间所要达到的高度后,再依次往上建二层、三层,有点类似于现代的楼房建筑,只是它们是按照房间进深面积进行收缩,层层叠加的。依靠这种高大夯实的夯台,取得了叠层巍峨、空中楼阁的效果,让人望而生畏,从视觉上强化了君权集权的目的,更彰显出强秦横空出世的气魄。

2.渭南宫台、庙苑

在兼并战争中,都城咸阳不断发展。惠文王"取岐雍巨材,新作宫室",直至地域达到"广大宫室,南邻渭,北邻泾",从而完善了渭北咸阳的城市建制。到昭王时代,渭河南岸已经建成了兴乐宫(注:前202年,刘邦重修,改名长乐宫,从栎阳迁都于此,处理朝政)、甘泉宫、章台,还有诸庙、苑囿等王室建筑,可见渭南的宫廷当时已经不是单纯的离宫别苑了,咸阳都城的建设也已经越过渭河了。

甘泉宫,据《后汉书·西羌列传》记载,其已经是太后居住的宫殿了;章台,当时的作用是成为政治外交活动的重要场所,如著名的"完璧归赵"的故事就发生在这里;诸庙,《秦始皇本纪》就记载秦国的先王庙"或在西、雍,或在咸阳",看来那时的诸庙是王侯祭祀的地方。苑囿,它主要是集中蓄养百兽的五苑,是秦王室狩猎游乐的地方,其规模之大可想而知。

二、秦帝国都城咸阳

公元前251年,秦昭襄王驾崩,其后两位秦王秦孝文王和秦庄襄王皆是不幸之人,即位不久就先后离去,直至秦王政即位。秦王政用十年时间,并吞六国,完成统一大业。由此,秦都咸阳也就由战国的一个诸侯国国度转身变成了大帝国都城。

1.渭北宫廷

(1)扩建咸阳宫。

秦国人有好大喜功、大兴土木的癖好。自秦孝公"筑冀阙宫廷"起,随惠文王、武王、孝文王、庄襄王几代国君都对疆土进行开拓,秦咸阳有了向渭南继续发展的趋势。秦始皇利用地理形胜,按照天人合一的思想,"渭水贯都,以象天汉;横桥南渡,以法牵牛",大兴土木,使原先具有一定规模的咸阳宫又有了新的外延。仿效传说中天上"紫宫"宫门四开,有如天子星在人间再现,从而建成一组布局严谨的建筑群。建成后的宫殿正门和渭北宫区的东西南北大道是相连的,其规制比先前的更加宏伟,据说,如果俯视宫殿,再看传说中天帝常居的紫微宫,会发现构造完全一样。

①宫廷布置。

咸阳宫内部是一个宏大的建筑群,它的结构是大宫套小宫的形式。宫内物件更是极尽豪奢,壁画梁柱,披挂锦绣,金碧辉煌,五彩斑斓;宫外高墙,相连复道,深邃而幽长,营造出一种神秘莫测的感觉。

②宫廷文化特征。

强秦宫廷礼仪繁缛严格。帝王政治中的朝会礼仪、进谏礼仪、行幸礼仪都有明确的规定;舆服等级森严,天子、嫔妃、臣子等全身上下的服饰都有严格界定,细微到头上凤钗,脚上丝鞋。云梦秦简《法律答问》中"毋敢履锦履"就是充分的体现;宫廷用品豪华精美,如考古资料所现的金银制品、玉器和纺织品等就是佐证。

（2）兴建六国宫殿。

秦始皇并不满足于一宫一殿,为夸耀其功,在统一六国过程中,他每灭一国,就让工匠在咸阳塬上仿建一座该国的宫殿。这些宫殿形式各具特色,为咸阳增添了浓郁的异乡情调。

2.渭南阿房

在秦宫殿中,最著名的应数渭河南岸的阿房宫了。秦始皇统一六国的第二年,就在渭河南岸大兴土木,扩建宫室,陆续建造了信宫、甘泉宫前殿、阿房宫等。为什么兴建阿房宫呢?《史记·秦始皇本纪》是这么记载的:"(始皇)三十五年……始皇以为咸阳人多,先王之宫廷小,吾闻周文王都丰,武王都镐,丰镐之间,帝王之都也。乃营作朝宫渭南上苑林中……隐宫徒刑者七十余万人,乃分作阿房宫,或作骊山……"

阿房宫规模宏伟壮丽,仅宫前就有 12 个黄铜铸造的塑像,各重 34 万斤,相传秦为集中政权,防止叛乱,彪炳功勋,下令收天下兵器,融化铸为金人立于殿前,威慑天下。宫门则是磁石做成的,以防止有人携带兵器,以防止重蹈"荆轲刺秦王"的覆辙。唐代诗人杜牧在《阿房宫赋》中描述:"覆压三百余里,隔离天日。""五步一楼,十步一阁;廊腰缦回,檐牙高啄。"《史记·秦始皇本记》中说:"东西五百步,南北五十丈,上可以坐万人,下可建五丈旗。"而这前殿仅仅是阿房宫的一部分。

杜牧的《阿房宫赋》虽少不了文学的夸饰和想象,但其也折射出宫廷生活的真实图景。

第三节　汉长安城

长安是西汉的都城。它位于西安市渭水南岸的台地上,是在秦都城咸阳的基础上建立起来的。司马迁《史记》就曾记载:"汉长安,秦咸阳也。"最初建造长乐宫,其后建未央宫和北宫。长安城地势南高北低,城的平面成不规则形状,周长 21.5 千米,有 12 个城门,城墙用黄土筑成,最厚处约 16 千米。皇宫和官署分布于城内中部和南部,有未央宫和长乐宫等几座大殿;西北部为官署和手工业作坊;居民居住在城的东北隅。长乐宫位于城的东南角,未央宫位于城的西南角。长安城有八条主要街道,方向取正南正北。汉武帝时期,兴建城内的桂宫、明光宫和城西南的建章宫、上林苑。西汉末,又在城南郊修建宗庙等礼制建筑。

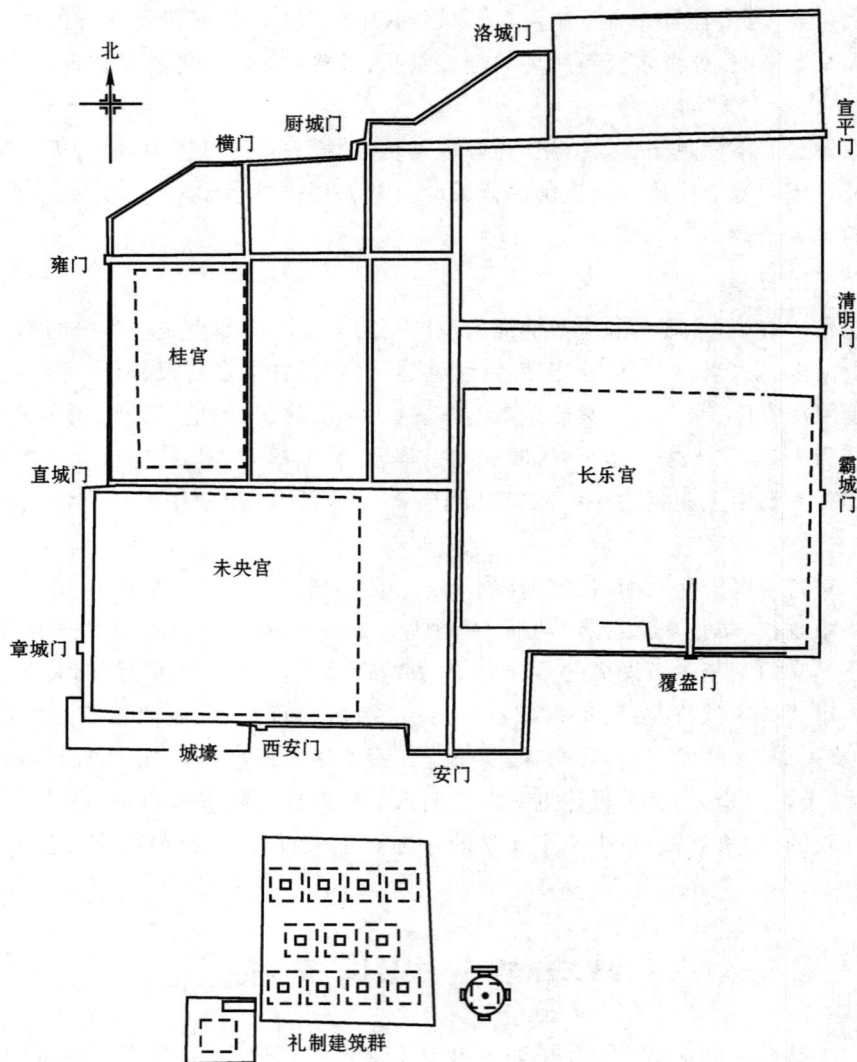

图 4-1　汉长安城

　　未央宫是西汉王朝的政治中心,位于长安城的西南隅,宫殿的台基是利用龙首山岗地削成高台建成的。未央宫的前殿为其主要建筑,面阔大而进深浅,呈狭长形。未央宫由前殿(居全宫正中)、椒房殿(皇后居住之所)、石渠阁(中国最早的国家档案馆)、天禄阁(中国最早的国家图书馆)、沧池、麒麟阁、少府、柏梁台等构成。自未央宫建成之后,西汉皇帝都居住在这里,成为汉帝国 200 余年间的政令中心,所以在后世人的诗词中,未央宫已经成为汉宫的代名词。作为西汉时期皇帝朝寝的皇宫,长安城内最重要的宫殿建筑群,帝国的权力中枢,皇帝登基、大典、重要朝会都在此举行。未央宫又称紫宫或紫微宫,中国古代天文学家分天体恒星为三垣,中垣有紫微十五星,也称紫宫。紫宫是天帝的居室,把未央宫称为紫宫,是因为它是人间皇帝的宫城。

西汉之后,长安未央宫是新莽、西晋、前赵、前秦、后秦、西魏、北周等多个朝代的理政之地,共作为十个朝代、三十多位皇帝的大朝正殿使用长达 360 多年,存世长达 1041 年,是中国历史上使用朝代最多、存在时间最长的皇宫。

长乐宫位于长安城的东南隅,在汉高祖之后供太后居住,宫城总长约 1 万米,内有长信、长秋、水寿和水宁四组宫殿。长乐宫与未央宫分列于汉长安城安门大街东西两边,因而它们又分别称为东宫和西宫。

建章宫同未央宫、长乐宫并称为“汉三宫”,它建于长安西郊,是苑囿性质的离宫。是汉武帝刘彻于太初元年建造的宫苑。武帝为了往来方便,跨城筑有飞阁辇道,可从未央宫直至建章宫。建章宫建筑组群的外围筑有城垣。建章宫北为太液池。《史记·孝武本纪》载:“其北治大池,渐台高二十余丈,名曰太液池,中有蓬莱、方丈、瀛洲、壶梁象海中神山,龟鱼之属。”太液池是一个相当宽广的人工湖,因池中筑有三神山而著称。

第四节　隋大兴城和唐长安城

古都西安,“金城千里,千府之国”的都市,其中隋唐可算是西安文化最鼎盛的两朝了,汉朝尽揽了王朝恢宏,但最终还是没能逃脱历史的怪圈,经过三国两晋南北朝的历史沉浮,古都终于进入了隋唐的繁华。

一、“昙花王朝”隋朝与隋代大兴城的兴建

“昙花王朝”是指一个朝代很短,却创造出了无比辉煌的文明,其中某些辉煌更甚于比它经历时间长的朝代。自古王朝更替无数,有的王朝经历的时间要久一些,而有的就很短。但是可以称得上是“昙花王朝”的却只有少数几个,隋朝就算其中之一。

隋朝(581—618 年),是中国历史上经历了魏晋南北朝三百多年分裂之后的大一统王朝。它由出身于军事贵族的杨坚于 581 年篡夺北周政权建立。在他一统中国的过程中,经历了降服突厥、南下灭陈、侵略林邑、驯服契丹、收复琉球、收复伊吾、攻吐谷浑、征高句丽等一系列辉煌的事迹。而且在隋仅 36 年的统治当中,出现了中国古代少有的治世“开皇之治”。社会民生富庶、人民安居乐业、政治安定。隋文帝杨坚倡导节俭,节省政府内不少开支,废除了不必要的杂税并设置谷仓储存食粮,使社会呈现空前的繁荣。

隋朝在对外交往上,秉持以德服人的观念。在隋朝看来,各藩属国定期来朝,宗藩和平相处,是最理想的一种天朝政治秩序。当然,有时也难免会使用战争的手段,不过,那也只是以臣服为目的,而不是要彻底击灭。

正是在这样一种外交理念的指导下,帝国时代出现了万邦来朝的恢弘局面。可惜,隋炀帝多次发动战争劳民耗财,最终引起统治危机。很快隋朝政权土崩瓦解,结束了杨家的统治。开运河等辉煌的事先不提,单说一下隋朝在今陕西西安修建的大兴城。汉长安城久经战乱,残破不堪。而且宫室形制狭小,不能适应新建的统一国家都城的需要。加之几百年来城市污水沉淀,瓮底难泄,饮水供应也成问题。

为此,隋文帝放弃龙首原以北的汉长安城,于龙首原以南汉长安城东南选择新址建新长安城。582年一月隋文帝命宇文恺负责设计建造新城,因为隋文帝曾被封为大兴公,因此取名大兴城。隔年三月竣工。大兴城参考北魏洛阳城和北齐邺都南城,城池平面布局整齐划一,形制为长方形。全城由宫城、皇城、里坊三部分组成,完全采用东西对称布局。里坊面积约占全城总面积的88.8%,居民住宅区的大幅度扩大是大兴城建筑总体设计的一大特点。城址落于龙首原上,北临渭河,南依灞水与浐水,地形南高北低,城南岗原起伏。龙首原以南的"六坡"视为干支六爻,依次称为初九、九二、九三、九四、九五、上九[①]。

根据《易经》,初九高坡代表"潜龙勿用"。九二高坡是"见龙在田,利见大人"。"大人"代表德位兼备的人,所以建设宫城作为帝王之居。九三高坡代表"君子终日乾乾,夕惕若,厉无咎",随时警惕,居高位而不骄,处下位而不忧,所以兴建皇城有让文武百官秉承健强不息、忠君勤政的理念。九五高坡代表"九五至尊",属"飞龙"之位,不欲常人居之。所以在这条高岗的中轴东西向,对称地建筑东面的大兴善寺(佛教)与西面的玄都观(道教),希望能借用神明镇压九五高坡的帝王之气。

由于代表皇宫的紫微宫居于北天中央,所以皇宫只能布置在较低处的北边,然而北边有渭河相倚,也比较适合防御。"六坡"成为大兴城的骨架,皇宫、朝廷和寺庙与一般居民区形成鲜明对照。岗原之间的低地,开渠引水,挖掘湖泊,增大城市的水道。这样充分利用地形的优势,增大立体空间,显得更加雄伟壮观。

二、唐长安城

唐代长安城仍以龙首原为基地,向南展开直至曲江池畔,面积约83平方公里,约为现今西安城的七倍半有余。长安城的整体建设布局、形式基本都依照隋大兴

① 中国国家博物馆.文物隋唐史[M].北京:中华书局,2009:109-112.

城,只是在基础上进行了增修、扩建,但后来城市的规模、建筑的壮观、人口的密集、经济文化的繁荣则远非隋朝可比。

唐长安城是当时世界上最大、最繁荣的都市之一。

长安城分为外郭城、宫城、皇城三部分。外郭城又名京城,是一般居民和官员的住宅区。它呈东西较长、南北较短的长方形。史书记载,东西长十八里一百一十五步,周长六十七里,城墙高一尺八丈。据考古工作者实测,唐长安城东西长9721米,南北长8651米多。有十二个城门,东西南北四面各开三门。外郭城从东西南三面环抱着皇城和宫城。宫城位于京城中轴线最北部,宫城的外墙是外郭城墙的一部分。这里是皇帝和皇族居住的地方,也是朝廷所在地。皇城位于宫城南面,北面与宫城有一条横街相隔。这里是政府机关所在地。

唐长安城的形制是中国古代城市,尤其是都城建设的典范,历代有许多文人学士进行过考证和研究。盛唐时期韦述的《两京新记》,宋代宋敏求的《长安志》、程大昌的《雍录》、赵彦卫的《云麓漫钞》,元代李好文的《长安图志》,清代徐松的《唐两京城坊考》等著述,都对唐长安城进行过系统的研究和阐述。北宋的吕大防还曾将唐长安城的布局作图刻石,以期永垂后世。现此图虽仅存一部分,但仍有着很高的参考价值。

唐长安城在当时也影响了邻近国家和地区的都城建设。渤海国上京龙泉府就是效仿了长安的规划。日本国的平城京、平安京、腾原京、难波京以及长岗京不仅形制和布局模仿长安,就连一些宫殿、城门、街道的名字也是袭用了长安城的相应名称。

下面再从几个主要的特色地方来介绍一下唐长安城内的文化。

1. 东市西市

唐长安城的商业区主要在东、西两市,就是隋代的"都会市"(东市)和"利人市"(西市)。它们分别在皇城的东南和西南,位置东西对称。

东市和西市是唐长安城的经济活动中心,也是当时全国工商业贸易中心,还是中外各国进行经济交流活动的重要场所。这里商贾云集,邸店林立,物品琳琅满目,贸易极为繁荣。

2. 三大宫

唐代长安城有三大宫殿群,即西内太极宫、东内大明宫、南内兴庆宫。

太极宫(又称西内)隋称大兴宫,是唐初政治中心,唐高祖李渊和太宗李世民在这里执政30多年。主要宫殿有太极殿、两仪殿,是主要行政场所,另外有甘露殿、武德殿等大量建筑。太极宫正门叫承天门,北门叫玄武门,著名的玄武门之变就发生在这里。

大明宫（又称东内）是贞观八年（公元 634 年）李世民在宫城禁苑龙首原兴建，原名永安宫，第二年改为大明宫。唐龙朔二年（公元 662 年）扩建，高宗李治由太极宫迁此居住，处理朝政。此后的皇帝大多都居住在大明宫。大明宫主要有含元、宣政、紫宸三个大殿。含元殿是长安城最雄伟的建筑，实测基台高 3 米多，东西长75.9 米，南北宽 42.3 米，超过现存北京故宫三大殿的规模。高宗李治在麟德年间又兴建了麟德殿，它是大明宫中最大的宫殿，是举行宴会的地方。

兴庆宫（又称南内），位于长安城兴庆坊内，是唐玄宗李隆基称帝前的旧居，本为离宫，开元二年（公元 714 年）改为兴庆宫，几经扩建，成为皇帝起居听政的正式宫殿。兴庆宫南北长 1250 米，东西宽 1080 米，北部是宫殿区，南部是园林区。

如今，含元殿遗址、麟德殿遗址和兴庆公园可供观赏。

3. 居民小区——里坊

唐长安城将外郭城居住区分为许多里坊，里坊内有街巷，四周用高墙围起，设里正、里卒把守，早启晚闭。大的里坊四面开四个坊门，中辟十字街；小的里坊开东西二门，有一条横街。这些纵横相交的街道形成一个交通网络，井然有序。

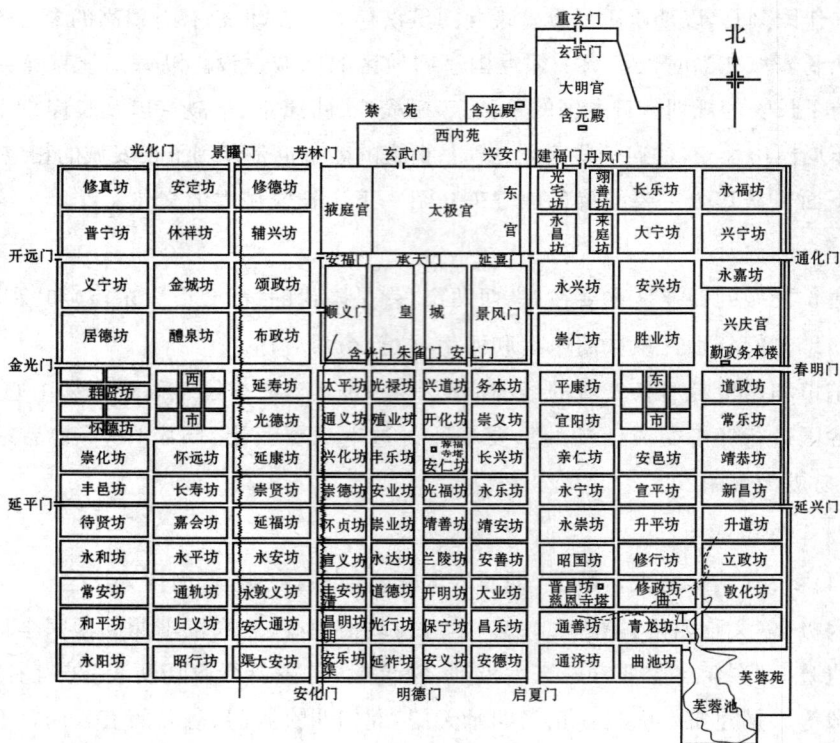

图 4-2　唐长安城

第五章

法苑珠林　不二法门
——陕西佛教文化

唐代以前陕西佛教主要是指帝都长安佛教以及由这个中心向外辐射传播的佛教。长安(今西安市)曾经是全国的政治、经济、文化中心,同时也是佛教弘传的中心。这里高僧大德之众、佛学研习之深、寺院宝塔之多、法事活动之盛……都曾经无与伦比。因此,学术界有这样的说法:长安是佛教的第二故乡,长安佛教史就是半部中国佛教史。由于长安佛教的辐射和影响,整个陕西佛教文化也比其他省分的佛教文化来得深厚。所以,长安佛教,乃至于陕西佛教在中国佛教史上占有极其重要的地位。

第一节　汉魏两晋南北朝时期佛教在西安的发展

汉魏两晋南北朝时代是中国封建社会形成后的第一个大分裂的时代,非汉民族在这时相继统治中土,儒家文化中心地位第一次动摇,佛教在这时传入中国内地并初步发展。长安作为传统文化胜地和中西交通枢纽城市,在佛教传入中国和初步发展上的贡献是举足轻重的。佛教在这里经僧侣、帝王、信徒的共同努力,吸收中国元素,初步汉化,逐渐成长为具有中国特色的新佛教。

古代长安是闻名古今的丝绸之路最东端和起点。在这条古道上,无数文明汇聚并传播。佛教,也是通过这条丝路传到中国的。长安,当然首先触摸到了它的气息。

史书上关于佛教最初传入中国的记载,来自《三国志》中裴松之所注《魏略·西戎传》的记载:"昔汉哀帝元寿元年,博士弟子景庐受大月氏使伊存口授《浮屠经》。"①现在经考证,学术界基本认可了这种说法,即公元前2年,佛教传入中国

---

① 陈寿.三国志[M].裴松之,注.北京:中华书局,2003:859.

内地。

总之,长安凭借其重要的交通位置和政治地位,成为佛教进入中国内地的始发站。东汉以后,都城迁往洛阳,长安失去原先的政治优势,佛教的发展也一度逊色于洛阳。

佛教在西安的发展经过汉代的初传,到了魏晋时期佛教有了初步的发展。这具体表现在以下方面:

第一,译经数量的急剧增长。长安连接中西交通要道,必然会吸引大批的僧人来此。其中,最著名的莫过于竺法护和鸠摩罗什了。竺法护,祖籍月支,世居敦煌,八岁出家,笃志好学,博览群书,游历四方,自公元 266 年到公元 308 年,先后在敦煌、洛阳、长安等地,译经数量共计 159 部,是晋代译经数量最多的僧人。其中以《正法华经》《光赞般若经》影响最为深远。《高僧传》记载:"竺法护还归中夏,自敦煌至长安,沿路传译,写为晋文。所获《贤劫》《正法化》《光赞》等 165 部……经法所以广传中华者,护之力也。"可见竺法护与长安的渊源和他在中国译经史上的地位。

鸠摩罗什,历史上简称罗什,祖籍印度。后秦弘始三年(公元 401 年)鸠摩罗什来到长安,弘始十一年(公元 409 年)病逝。这期间,共译大小乘佛经 35 部 294 卷,重要的有《法华经》《维摩诘经》等。罗什无论在翻译质量还是技巧上,均为中国翻译史上前所未有之人,被称为"中国佛教四大译经家"之一。冯友兰称其为"有系统地介绍印度思想入中国最早之人中之一"①。同时在鸠摩罗什的影响下,前秦还首创了我国的僧尼管理制度,设置僧正、悦众、僧录等僧官,为后世僧管制度的完善奠定了基础。

第二,中国本土第一代名僧的出现和具有汉化性质地本土佛教学派的诞生——般若学说"六家七宗"。

魏晋时代盛行玄学和佛教般若学说。在两晋之际,佛教界因对《般若经》"诸法性空"的基本思想产生不同的见解,出现了"六家七宗"——七种般若学说。提起"六家七宗",不得不说其中影响最大的本无宗,它的创立者即是道安,这是中国佛教史上的第一代名僧。当然,道安与长安有着不解之缘。

说到道安,必须提及前秦。前秦是中国历史上第一个统一北方的非汉民族。北朝十六国统治者多为少数民族,他们面对汉族传统儒道文化的排斥,大力提倡发展主张"众生平等"的佛教,以取得自己的合法地位。建都长安的前秦在十六国中是最为主动的一个。

---

① 冯友兰.中国哲学史[M].上海:华东师范大学出版社,2004:94.

道安,俗姓卫,常山(今河北正定)扶柳人,师从图澄。东晋太元三年(公元 378 年),前秦王符坚将道安由襄阳送往长安。此后道安利用符坚的支持组织来自印度和西域的僧人翻译佛经,发展佛教事业,实际上成为前秦最高的佛教领袖。他一生广读儒家经典,又精研佛教典籍,适应当时社会玄学风气,大力提倡般若学说,建立了"本无宗"的般若学说理论,主张世界万有,本体为空。"一切诸法,本体空寂。"此外,道安广建僧团,培养了包括慧远、昙翼等一大批优秀弟子,对汉语系佛教理论体系的形成有重大影响。他以"释"为姓的做法,成为后世定制。他编著的中国第一部系统的佛经目录《综理众经目录》为中国佛教目录学奠定了基础。

南北朝时期,佛教已经普及到社会各个阶层,上到帝王,下到平民百姓,都有为数不少的人礼奉佛教。李国荣的《帝王与佛教》就曾说:"南北君王崇佛最狂。"这一阶段,佛教在长安有过繁荣时期,也有过遭受毁灭性打击的厄运。最为典型的即是西魏文帝奉佛和北周武帝的灭佛运动。

西魏建都长安,西魏文帝于大统元年(公元 535 年)建造般若寺,以救扶古老,周济病僧。文帝常常口诵《法华经》,持之以恒。据《续高僧传》卷二十三载,文帝还以高僧道臻为师,于长安建造大中兴寺,甚至任命道臻为魏国大统,制定管理僧尼的条例。当时就有"佛法载兴,诚其人矣"的感叹。

西魏丞相宇文泰也喜好佛教。《续高僧传》卷一载:"时西魏文帝大统中,丞相宇文泰兴隆释教,崇重大乘,虽摄总万机,而恒扬三宝,第内常供百法师……"此外,西魏文皇后于麦积山出家为尼,也算是西魏长安宫廷崇尚佛教的反映。

公元 557 年,宇文觉代西魏称帝,国号周,建都长安。北周武帝(561—578 年在位)是中国历史上继北魏太武帝灭佛的第二个皇帝。他崇尚儒家,重用儒者,对释教相当排斥。加上当时佛教迅速发展,各地寺院林立,僧尼人数剧增,寺院经济发展迅猛,这严重影响了中央财政收入。为此,北周武帝决定灭佛。首先是削减僧尼和寺院,后又规定以儒教为先,道教为次,佛教第三,提倡"会通三教",但强调以儒家为正统。与上次灭佛事件相比,武帝的做法比较温和,并未出现屠杀僧侣的极端行为。宣政二年武帝去世,宣帝、静帝相继继位,灭佛运动随即停止。

第二节　隋唐陕西佛教——世界佛教中心

随着长安成为当时最著名的世界大都会,这时中国佛教为国际交流做出了不可磨灭的历史贡献,中国成为名副其实的佛教第二故乡。

从东汉明帝时佛教传入中国,距今已有近两千年,伴随着历史的进步,佛教也逐渐在我国扎根、发展、壮大，成为中国历史长河中光彩夺目的一篇。十三朝古都西安，记载着佛教在我国第一千年交流和发展史上的辉煌，发挥着举足轻重的作用。

在隋唐王朝时期，作为政治中心和文化中心的首都长安也是全国的佛教文化中心，名刹丛林，梵音佛号，比比皆是。长安都会，朝宗所依，高僧大德，名流硕学，翕然盛集，穷究佛旨，研精教理，学门若市，义声高邈。佛教自西汉末年、东汉初年传入中国后，经历三国、两晋、南北朝的酝酿和发展，到隋唐达到了鼎盛的时期。这首先归功于统治者对佛教的开明政治政策。隋朝的出现，结束了三百年分裂局面而统一天下。隋文帝杨坚登极后，大兴佛教。隋唐佛教之盛，是历史上的黄金时代。这是一个神奇的时代，这时对佛法的崇信与虔敬令后世匪夷所思。据说，隋文帝在襁褓之际，就与神尼过着出家生活，吃斋奉佛，有十三年之久。南京摄山栖霞寺有一座舍利塔，塔上有智仙神尼的像，就是文帝建塔报恩之义。唐高祖李渊受隋恭帝禅位，统一天下而唐兴。太宗、高宗均崇祀佛教。中国历史上唯一之女皇帝武则天，先为太宗才人，太宗死后依制削发为尼，亦虔诚信佛，精通佛法，护持三宝，为佛教的发展作出了巨大的贡献。武则天时期的佛教地位，与唐代的其他时期比较起来是最高的，很多佛经的开经偈是武则天所书。

除了统治者的开明与推崇，佛教的鼎盛也离不开隋唐的文化繁盛。由于唐代独特的社会人文背景为佛教的发展提供了"前无古人"的契机，使其很快风靡于社会的各个阶层，不再局囿于贵族和士大夫阶层，并且渗透到社会生活的各个领域，发挥着深远的影响，在中国封建社会的鼎盛期亦达到了它的辉煌程度。诗仙李白存世的作品中有五十多篇是写释家题材的，但从内容和理趣言，都被彻底地仙化了。究其成因，则主要在于佛教净土和神仙境界的相通以及道教度人思想与大乘佛教济世思想的相契。比如《地藏菩萨赞》："本心若虚空，清静无一物。"《庐山东林寺夜怀》："宴坐寂不动，大千入毫发。"白居易是唐代的伟大诗人，也是一位虔诚的佛教徒。他在很多诗中，表达了学佛的体会。比如《闲吟》："自从苦学空门法，销尽平生种种心。"《念佛偈》："日幕而途远，吾生已蹉跎，日夕清净心，但念阿弥陀，达人应笑我，我且阿弥陀。"柳宗元信佛很深，他指出，佛家"其教人，始于性善，终于性善"，"儒以礼行，觉以律兴，一归真元，无大小乘"。著名的山水派诗人王维更是崇信佛教。王维字摩诘，他的名字就是由于崇佛而取典于佛教维摩诘居士的。他一生崇信佛教，晚年更是专心事佛。平日里他断荤腥、食蔬菜，不穿华丽的衣服。每日退朝之后便焚香独坐，专事坐禅诵经，并在京师每日饭名僧十几人，以谈玄为乐事。斋中除了茶铛、药臼、经案、绳床，别无其他摆设。王维在《叹白发》一诗中写道："人生几许伤心事,不向空门何处销。"在临终之际他还写信给平生亲故,"多敦励朋友奉佛修心之旨"。隋唐文人崇佛,还表现在研读佛典,探讨佛典方面。他们数十年如一日兢兢业业,孜孜以求,对佛学理论的学习精益求精,而且还比较内学外学的同异,溯本求源,找出其渊源和交叉渗透的成分。柳宗元说:"吾自幼好佛,求其道积三十年。"刘禹锡认为自己官宦生涯二十年,百虑而无一得,在深感世间的所谓道无非畏途之后,"唯出世间法可尽心耳",因而案几上多是一些佛教典籍,达到了"事佛而侫"的地步。

同时,画家和雕塑家队伍的形成成为佛教艺术在唐代达到鼎盛的根本保证。佛教艺术历经数代发展,产生的"二戴像制"和"张家样""曹家样"以及隋代南北画家的大融合,一方面促进了中国佛像艺术体系的形成,同时也培养了一批画家和雕塑家队伍。隋代画家尉迟拔质那是西域人,成为唐代一位重要画家,被唐朝授以宿卫官,袭封郡公,任职宫廷。唐代著名的"画圣"吴道子和"塑圣"杨惠之,皆师法隋代以前的张僧繇画派一路,当时画工像匠间有口碑传扬,说:"道子画、惠之塑,夺得僧繇神笔路。"唐代以前不仅具备了绘画和雕塑的名手巨匠,而且隋末中国南北画家大融合,形成庞大的画家、雕塑家队伍,成为唐代佛教艺术达到鼎盛的根本保证。

说到隋唐的佛教,就必须提到两个著名高僧——玄奘、鉴真。盛唐时代,阶级矛盾比较缓和,人民生活安定,经济繁荣,文化和技术各方面都有很大成就,因此周围国家都派遣使节、留学生到中国来学习。日本当时处于奴隶社会,封建制的萌芽已逐渐增长。7世纪以后随着和中国交往的增加,他们直接向中国派遣使团和留学生,学习中国的经验。玄奘法师自幼好学勤奋,游历各地,参访名师,讲经说法。通过多年来在各处讲筵所闻,他深感异说纷纭,无从获解。特别是当时摄论、地论两家关于法相之说各异,遂产生去印度求弥勒论师之要典《瑜迦师地论》作为依据,发扬法相唯识宗之根本理论。贞观元年玄奘结侣陈表,请允西行求法。但未获太宗批准。然而玄奘决心已定,乃"冒越宪章,私往天竺",长途跋涉五万余里。历时17年,到印度取真经,并穷一生弘法和译经事业。743年,日本学问僧荣睿、普照到扬州请高僧鉴真东渡弘法。荣睿、普照是733年由日本派遣,来中国邀高僧去日本传法授戒的。他们经过10年的访察,才找到了鉴真。鉴真五次出海均以失败告终,甚至为此双目失明,但为了传教授戒,为了中日人民的友好及文化交流,再度赴日,鉴真带去的物品有如来、观世音等佛像8尊,舍利子、菩提子等佛具7种,华严经等佛经84部300多卷,还有王羲之、王献之真迹行书等字帖三种。鉴真在日本宣讲佛教,和他的弟子仿扬州大明寺格局设计修建了唐招提寺,至今仍存,被视为日本国宝,对日本建筑艺术有重要影响。以后,鉴真在此授戒讲经,把律宗传至日本,成为日本律宗的始祖。鉴真虽双目失明,但能凭记忆校对佛经。他还精通医学,凭嗅觉辨草药,为人治病。留下一卷《鉴上人秘示》的医书,对日本医药学的发展作出了贡献。他带到日本的中国佛经印刷品和书法碑帖对日本的印刷术、书法艺术有很大影响。鉴真在日本10年,他对中日文化交流作出了巨大的贡献。

第三节 陕西佛教与中国佛教祖庭

佛教虽源自印度,但传入中国后,经与中国的宗教哲学和文化思想融合,形成了中国特色的佛教,并于流传中土的过程中产生了许多祖庭。唐时都城长安佛教兴盛。佛教的八大宗派,其六初创于长安。陕西的大慈恩寺、净业寺、华严寺、大兴善寺、草堂寺、香积寺均为中国佛教祖庭所在地。这些祖庭祖迹,今天已成为重要的人文景观和旅游朝拜圣地。

佛教祖庭指的是知名高僧大德长期逗留、举行佛事活动或有重大理论创新之地。这些佛教祖庭以佛教教义为主,形成了归属于佛教整体这个"大宗"的各个"小宗"。现在在中国广为流传并且极具影响力的佛教祖庭有"八大宗派"(三论宗、华严宗、净土宗、律宗、禅宗、密宗、天台宗和慈恩宗),它们既归属于印度佛教,又存在自己相对独立的系统。唐代都城长安不仅是政治、经济和文化的中心,也是中国佛教各宗并隆的重地。

一、三论宗祖庭草堂寺

在距陕西西安约50公里的户县圭峰山北麓,有一座名闻关中的寺庙,东临沣水,南对终南,景色秀丽。这就是汉传佛教八宗之一三论宗祖庭——草堂寺。

草堂寺地处汉上林苑境内,临近终南,形号龟背,水有太平、高冠以毓其秀,山有紫阁、圭峰以钟其灵,为古来名胜之地。它是我国首创翻译佛经的国立译场,是中印文化交流的主要发源地,在中国佛教史上占有重要的地位。

草堂寺是三论宗宗师鸠摩罗什的译经道场。鸠摩罗什既通梵语,又娴汉文,佛学造诣极深,翻译经律论传94部、425卷,是中国佛教史上四大翻译家之一。他为中国佛教带来的激动和振奋,是前所未有的;也为中国佛教研究带来新的高潮,不但翻译了大量的经典,且影响了许多杰出的弟子。罗什首次将印度大乘佛教的般若类经典全部完整地译出,对后来的中国佛学发展起了重要的作用。因鸠摩罗什译出《中论》《百论》《十二门》三部论典,并以这三部论典为据创立了三论宗,所以被尊为三论宗始祖。草堂寺则成为中国佛教三论宗的祖庭。

二、慈恩宗祖庭大慈恩寺

陕西西安市内,有一座国务院确定的汉传佛教重点寺院,地处长安城南风景秀丽的晋昌坊,南望南山,北对大明宫含元殿,东南与烟水明媚的曲江相望,西南和景色旖旎的杏园毗邻,清澈的黄渠从寺前潺潺流过,正合"挟带林泉,各尽形胜"之意。这就是汉传佛教八宗之一慈恩宗祖庭——大慈恩寺。

大慈恩寺(慈恩宗祖庭,亦名法相宗、唯识宗),创建于隋开皇九年(公元 589年),为唐玄奘三藏法师翻译佛经的译场。因玄奘在此创立我国佛教慈恩宗,此寺为法相宗祖庭。

贞观三年,为了"找寻印度之真义,以质中华之异说",玄奘决心去西天取经。他跋涉五万余里,周游一百多国,问道往还十有七载,会通释典,满载而归。玄奘取经归来后,任大慈恩寺上座,在这里组织了空前的佛经翻译工作,共译出经律论总计七十四部,一千三百三十五卷。他的《大唐西域记》是研究中亚、南亚各国中古时期政治经济、社会文化、山川形胜、风土人情的一部重要著作,为国际学术界所推崇。"玄奘回国后的 19 年中,与弟子有计划、有组织地新译、重译了 75 部、1135 卷佛经,成为我国翻译史上的一大壮举"[①]。

唐永徽三年(652 年),玄奘主持在大慈恩寺西院修建了一座五层佛塔,用来保存从印度取回的大量经典。这座佛塔就是著名的西安大雁塔。由于玄奘在大慈恩寺开创慈恩宗,并在此授徒传法,所以后世尊玄奘为中国佛教慈恩宗的开山祖师,以大慈恩寺为该宗的祖庭。

三、律宗祖庭净业寺

在陕西省西安市长安区终南山北麓的凤凰山上,有一座幽深的寺庙,踞处山腰,坐北朝南,东对青华山,西临沣峪河,南面阔朗,可眺观音,九鼎诸峰。这就是汉传佛教八宗之一律宗祖庭——净业寺。

净业寺,又称白泉寺,始建于隋初,文帝初年,香火日盛。唐贞观八年(公元634 年),僧人道宣自谓受菩萨启示,来净业寺住锡修行。在净业寺,道宣法师只穿粗麻,饮食仅麦菽野蔬,行则杖藜扶身,不策车马,坐则盘腿挺胸,不倚桌凳,苦修炼志,弘宣律学,开创了以研习和传授戒法的佛教律宗。

在净业寺,道宣精心研究律藏,结合自己几十年的体悟心得,进行了佛教理论

---

① 牟钟鉴,张践.中国宗教通史·上卷[M].北京:中国社会科学出版社,2010:387.

的大量创作。武德九年(公元 626 年)到贞观十六年(公元 632 年)就撰成《四分律删繁补缺行事钞》三卷、《四分律拾毗尼义钞》三卷、《四分律删补随机羯磨》一卷、《四分律含注戒本》一卷、《四分比丘尼钞》一卷等。后又往诸方参学。贞观十九年(公元 645 年)返终南山住丰德寺,在此完成了他开启的南山宗义五大部疏钞著述。《长安志》载,麟德二年(公元 665 年),诏终南山道宣律师在清官精舍(净业寺)创立戒坛,为诸州沙门二十余人传授具戒。同年撰有《关中戒坛图经》《释门忏悔正行仪》等。以上著述是他对《四分律》的开宗弘化以及总括诸部、会通大小的创见。

道宣一生研究著述,弘律演戒,大多时间是住在终南山净业寺,并在山上树立了精密的律学范畴,后人称他弘传的《四分律》学为南山宗,尊他为"南山律师","他不仅确定《四分律》在律学上之地位,使之成为后世中国僧尼的受戒规范,影响到其后中国律宗和律学的发展,也影响到中国佛教义理和修行的诸多方面,其戒律持守的思想也深入各宗之中,更对中国佛教以深远理想"[①]。道宣在佛教文史学上也有极大的贡献。如他所撰的《广弘明集》《续高僧传》《大唐内典录》等著作,对研究中国佛教史和中国思想文化史都具有重要的价值。

四、华严宗祖庭华严寺

在西安市南十五公里的一个叫少陵园的半坡上,有一座古老的寺庙,居高临下,俯瞰樊川。这就是汉传佛教八宗之一华严宗祖庭——华严寺。

华严寺风景优美,自古以来都是春秋宴乐、夏日避暑的胜地,也是文人墨客们流连称颂的对象。诗人李白曾咏赞道:"南登杜陵上,北望五陵间。秋水明落日,流光灭远山。"杜牧在《望故园赋》中写道:"余三思归兮,走杜陵之西道。岩曲天深,地平木梗。陇云秦树,风高霜早。周台汉园,斜阳暮草。"岑参的诗句"寺南几千峰,峰翠青可掬",更是道尽了它景致最佳处。

华严寺建于唐德宗贞元十九年(803 年),还有说是建于更早些的唐太宗贞观年间(627—640 年)。华严寺的命名来自佛陀悟道后的第一部经典——《华严经》(全称《大方广佛华严经》)。五代宗师杜顺、智俨、法藏、澄观和宗密对《华严经》的翻译、传播、兴盛直至建立一派宗脉华严宗做出了卓越功绩。

杜顺大师依据《华严经》创立华严宗。根据《大唐华严寺杜顺和尚行记碑》记载,大师以精湛的医术免费为民治病,主讲《华严经》,因此受到唐太宗的礼遇,尊为"帝心尊者",俗称"炖煌菩萨"。他的著作有彰显华严宗旨的《华严五教止观》,指导

---

① 王建光. 中国律宗通史[M]. 南京:凤凰出版社,2008:301.

行者契入一真法界的《华严法界观门》等。

二祖智俨大师继承杜顺大师的法派,在云华寺讲说《华严经》,使华严宗宗风大振,时人称为"云华尊者",后居终南山至相寺,被称为"至相大师"。唐总章元年圆寂,于华严寺供养。他的著作有《华严搜玄记》《华严一乘十玄门》等。

三祖法藏大师十七岁依智俨大师听《华严经》,前后数年深领妙旨,新译《华严经》,成为华严宗的实际创始人,受到朝廷和僧俗各界的敬仰。他的著述有百余卷,主要有《华严探玄记》《华严经旨归》等,是华严思想的集大成者。

四祖澄观大师为德宗讲《华严经》,被诏授"镇国大师"号。宪宗御赐金印,令大师主持全国佛教事物,加封为"僧统清凉国师"。穆宗和敬宗又先后加封他为"大照国师",文宗进一步加封为"大统国师",先后连任"五朝帝师",使华严宗达到鼎盛时代。他的著述有四百余卷,主要有《华严经疏》《华严经随疏演绎钞》等,有"华严疏主"之称。

五祖宗密大师世称"圭峰禅师",他的著述有继承智俨大师以后的《华严经行愿品疏钞》,主张教禅一致的《禅源诸全集》,探究人心本源的《原人论》等。

华严宗的五位宗师,不断深入研究《华严经》的教义,写下了大量论、疏、释义,为创立华严宗打下了坚实的理论基础。"从华严经到华严宗教理的转变,是在中国传统思想文化诱导下发生的理论创造过程,是哲学化的过程。它从启动到结束,有赖于多种因素的共同作用,而最根本的动力,源自中国思想文化中固有的不迷经、崇理性、尚创新的精神"[①]。

五、密宗祖庭大兴善寺

在陕西省西安市城南约 2.5 公里,有一座面积广阔、宏大巍峨的寺庙,法相庄严,风物粲然。这就是汉传佛教八宗之一密宗祖庭——大兴善寺。

大兴善寺初创于西晋,兴盛于隋唐,唐人常常用诗歌吟咏大兴善寺的风景独好。如大历十才子之一的卢纶诗云:"隔窗栖白鹤,似与镜湖邻。月照何年树,花逢几遍人。岸莎青有路,苔径绿无尘。永愿容依止,僧中老此身。"又如唐人李洞《赠兴善彻公上人》诗云:"师资怀剑外,徒步管街东。九里山横烧,三条木落风。古池曾看鹤,新塔未吟虫。夜久龙髯冷,年多麈尾空。心宗本无碍,问学岂难同。"郑谷《题兴善寺》诗云:"寺在帝城阴,清虚胜二林。藓侵隋画暗,茶助越瓯深。巢鹤和钟唳,诗僧倚锡吟。烟莎后池水,前迹杳难寻。"

---

① 楼宇烈.当代中国宗教研究精选丛书·佛教卷[M].北京:民族出版社 2008:160.

隋唐时代,由印度来长安传教及留学的僧侣,曾在寺内翻译佛经和传授密宗。隋文帝杨坚开皇年间,印度僧人那连提黎耶舍等人曾先后来到长安,住寺内翻译佛经 59 部 278 卷。唐玄宗李隆基开元四年至八年(公元 716—720 年),号称"开元三大士"的印度僧人善无畏、金刚智和不空到此传授佛教密宗,大兴善寺因此成为当时长安翻译佛经的三大译场之一,成为中国佛教密宗的发源地。

现存的大兴善寺是明代建筑,有钟楼、鼓楼、天王殿、大殿、千手千眼观音殿、五楹配殿。寺的后院是法堂方丈。上悬清朝光绪皇帝亲书"觉悟众生"匾额。寺院至今保留着唐代转轮藏经殿遗址,历史悠久,是西安佛教协会的所在地。

六、净土宗祖庭香积寺

在西安城南约 17.5 公里的长安区郭杜镇香积寺村,有一座庄严的千年古寺,南临滈河,北接樊川。这就是汉传佛教八宗之一净土宗祖庭——香积寺。

香积寺建于唐高宗永隆二年(公元 681 年)。寺内有善导大师供养塔,大塔南有万回、平等二僧塔。东侧又有一小塔,为善导弟子净业的墓塔。此外,还有一座明代六角型砖塔。寺山门前有唐古槐一株。唐代著名诗人王维《过香积寺》诗云:"不知香积寺,数里入云峰。古木无人径,深山何处钟。泉声咽危石,日色冷青松。薄暮空泽曲,安禅制毒龙。"生动形象地描绘了当时香积寺清幽静谧的情景。明太祖期间,长安衰落,寺院年久失修。明嘉靖、清乾隆年重修,但同治年间再度毁于兵火。香积寺是全国重点开放寺院,1979 年进行了整修和新建。

香积寺是中国佛教净土宗祖庭。净土宗东晋时由天竺传达到入中国,开祖于庐山慧远,相传名僧慧远和十八高贤共结莲社或称白莲社,同修净土,故净土宗亦称"莲宗"或"白莲宗"。继盛于北魏,至长安光明善导大师乃集其大成蔚为宗风,故人们认为净土宗的实际创宗者是善导。

善导大师为净土宗二祖,幼年出家,习《法华经》和《维摩诘经》。唐太宗贞观十五年(公元 641 年)赴西河玄中寺,拜道绰为师,听讲《观无量寿经》。后入长安光明寺,传净土法门,倡导专心念佛。在中国佛教各宗里,净土宗哲理最少,念一句"南无阿弥陀佛"或"阿弥陀佛",便是修行的内容,最简便易行,但却蕴含着高深的哲理。传说善导大师念佛一声,就有一道光明从其口出,故时人皆尊为"光明大师"。善导大师著有《观无量寿经疏》四卷、《净土法事赞》二卷、《念佛法门》一卷、《往生礼赞偈》一卷、《般舟赞》一卷,开创了中国佛教宗脉净土宗。"善导所倡导的净土法门,是舍去杂行,归正行,称念佛名,以冀往生为极乐净土。强调凡夫乘阿弥陀佛的本愿力,乃得往生极乐净土"①。公元 8 世纪,《观无量寿经疏》传入日本,日本高僧源空据以创立日本净土宗,并尊善导为高祖。

图 5-1　香积寺

第四节　"民族脊梁"玄奘与《大唐西域记》

　　玄奘是中华民族精神的代表。他西行取经、舍身求法的佛教精神,孜孜不倦、执著求知的学习精神,百折不挠、励志奋进的进取精神,不慕荣利、心归大唐的爱国主义和国际主义精神等,早已融进中华民族的血脉中,成为民族精神和民族文化的重要组成部分。

　　西安市徽中央绘制的著名古迹、标志性建筑的大慈恩寺塔,即今天俗称的大雁塔,更是气魄宏大、庄严古朴,这是为供奉"民族脊梁"玄奘法师从印度带回的佛像、舍利和梵文经典而于公元 652 年(唐高宗永徽三年)修建的一座阁楼式砖塔,汇集了丰富而深厚的佛教文化,是我国唐朝佛教建筑的艺术杰作。

　　玄奘大师,俗称唐僧,俗姓陈,名祎,出生于河南洛阳洛州缑氏县(今河南省偃师市南境)。他从小跟随因崇尚佛学而出家为僧的二哥陈素,号长捷法师,住在洛阳的净土寺,早晚诵习佛经,时时得到佛法的熏陶,学习了小乘和大乘佛教,在他的刻苦钻研下,十一岁就熟读《妙法莲华经》《维摩诘经》。十三岁时,洛阳度僧,被破格入选。其后听景法师讲《涅槃》,从严法师学《摄论》,分析详尽,见解独到,博得大众的钦敬。隋朝末年,兵乱饥荒,战火连连。玄奘跟长捷法师前往京都长安,后得

---

　　① 弘学.净土探微[M].成都:巴蜀书社,2014:184.

知当时名僧多在蜀地,因而又同往佛学研究风气更盛的成都。这期间,玄奘大师到处听法,励精求法。在那里听宝暹讲《摄论》、道基讲《杂心》、惠振讲《八犍度论》。闲暇时间,就埋首于藏经楼研究经典。在二、三年间便已通达了解了诸部经论,受到各地佛门高僧与一般人士的推崇。唐高祖武德五年(公元 622 年),玄奘在成都(据传在成都大慈寺)受具足戒,正式成为一位佛学造诣高深的比丘。由于成都经典已经不能满足他的需求和研究,于是奘师决定重返藏有大量经典的长安。然而由于种种限制,他一人躲入商船偷偷离开成都,来到湖北荆州(今湖北省江陵)的天皇寺,受到了法师的热情接待,并且在他们特别设下的道场上主持讲授经典,淮海一带的名僧闻风而来。之后他又北上到相州(今河南省安阳市),向高僧慧休法师学习《杂心摄论》。他对经典无不尽晓和过目不忘的能力让高僧自叹弗如。随后奘师又来到赵州(今河北省赵县)跟道深法师苦学俱舍论,花了整整十个月的时间才拜谢离开回到久别的长安。在奘师的虚心求学以及他一点就通的理解力的超人表现下,当时精通大小二乘及戒定慧三学的高僧、大德法常和僧辩毫不保留地传授经典给他,说:“你可谓我佛门千里之驹,佛教的振兴看来要靠你了,可惜我们老了,恐怕是看不到那一天了。”从此以后,年轻的玄奘大师成了佛门的千里驹,是万众瞩目的焦点。拜谒诸法师高僧,饱餐法味之后,玄奘发现中国佛法不完善,每位法师对佛法的见解都不同,虽然各有所长,但不免与圣典有所出入。他认为只有精通梵文,亲赴印度取经才能以释疑惑,弄清是非曲直,了解佛教的本质。路途的艰险以及以往众僧求法而死的危险都没有能阻止他,他坚定决心西游取经。然而他两次留学求法的上奏都未被朝廷批准。决心难改,只能偷偷出关。朋友们一再劝说和警告后果的严重,但是为了求经,其他的也顾不得了。

唐太宗贞观二年(628 年)玄奘从长安出发,踏上万里征途,开始了他的西行。历尽艰险,跋涉五万余里,拒绝印度众僧的挽留,于贞观十九年(645 年)回到长安,史载“道俗奔迎,倾都罢市”,可见举国迎接玄奘之盛况。他带回佛经 657 部,如来肉舍利 150 粒以及许多佛像等物,唐太宗得知玄奘回国,在洛阳召见了他,并敦促他将在西域、印度的所见所闻撰写成书。于是潜心译经十九载,手不辍笔直至圆寂,身后留下 1335 卷佛经译本,这些佛经广泛传布到中国、日本、朝鲜以及东南亚各国,为促进佛教在东方的复兴做出了巨大的贡献。玄奘留给中国人的,远不止 1335 卷佛经译本,也远不止广布日本、朝鲜以及东南亚的大乘佛教,它更是一种胸襟开阔、海纳百川的开放胸怀,一种追求真理、百折不挠的民族精神。最重要的就是于贞观二十年(公元 646 年)七月完成的由玄奘口述,弟子辩机执笔的《大唐西域记》一书。《大唐西域记》共十二卷,记录了玄奘西行取经的实况。他到过 110 个国家,研读了各国的典籍和佛教理论,研究了各地的方言。在《跋文》中玄奘说:"随所游至,略书梗概,举其闻见,记诸慕化。"意思是,随着我的游踪所到,扼要地记述一下各地的大致情况,列举我的所见所闻,记录各地人民向慕、归化佛教的情况。作为一部文史著作,《大唐西域记》"有补于遗阙",填补了史料之遗缺。书中有关土地物产、奇异风俗、人伦教化等记载为研究中亚、印度的历史提供了宝贵资料。中国著名学者季羡林先生说:"研究印度史、中亚史,《大唐西域记》是不可缺少无法代替的瑰宝。"①

鲁迅说,玄奘是中华民族的脊梁,是民族精神的代表。不仅如此,玄奘的行动同时也是对中国人探险精神的有力证明。玄奘比马可波罗早几百年徒步从中国到达了印度,这不仅仅是玄奘个人的胜利,也是盛唐文化走向世界的成果。玄奘用极其开放的胸怀吸纳异域文化、传播中华文明,造就了亚洲特别是东亚文明的一些重要的文化特质。玄奘西行的历史意义,早已超越了时间、地理和宗教的限制,成为全人类的共同财富。印度学者柏乐天说:"无论如何,玄奘是有史以来翻译家中的第一人。他的业绩将永远被全世界的人们铭记着。"

图 5 - 2 大雁塔

第五节 法门寺与唐代帝王

法门寺在陕西省宝鸡市扶风县北,是著名佛教古刹之一,素有"关中塔庙始祖"

---

① 季羡林,张广达,李铮,谢方,蒋忠新,王邦维,杨廷福.大唐西域记今译[M].西安:陕西人民出版社,1985.

之称。法门寺大概建立在东汉,据《扶风县志》记载,汉明帝永平十年,即公元67年,"美阳县(亦今扶风县地区)建阿育王塔藏佛指骨"。桓帝建和元年至灵帝中平六年(147—189年),建阿育王寺,称塔为"圣冢"。早期的阿育王寺,历经十六国和南北朝时期的战火焚毁以及北魏太武帝拓跋焘(408—452年)的破坏之举,遭到空前的劫难,以致寺塔成为废墟,门庭冷落。北魏孝文帝时对阿育王寺进行了修复。隋开皇三年(583年)阿育王寺改名"成实道场",专门弘扬《成实论》。唐武德八年(625年)才将"成实道场"改为法门寺①。从此,法门寺在李唐王朝的扶持下,诵传佛经,弘扬佛法,广做佛事,名声大振,成为备受青睐的皇家寺院。

唐代,几乎历代皇帝都崇信佛教,法门寺这时就发展得极为迅速,其地位盛隆一时。法门寺被指定为皇家寺院和内道场,是当时四大佛教圣地之一。唐代帝王对寺院的建设更是分外重视。还是在唐高祖李渊没有称帝的时候,他就为法门寺寻找住持了,这代表了唐王室对法门寺重视的开始。太宗贞观初年,寺院被修复,僧人已近百人。高宗显庆五年(660年),法门寺又被大修,这次是规模空前,寺庙殿宇气魄非凡,雕梁画栋,寺院环境也是曲径通幽,很具有中国特色。

法门寺在唐代是众寺之首,它超过了一般佛寺的皇家内道场。在唐代,佛教分若干门派,有天台宗、三论宗、法相宗、南山宗、密宗、相部宗、律宗、华严宗、净土宗、禅宗等,其中还分南北二派,各地寺庙都谨守其中某宗、某派。唯有法门寺,凭借自己供奉真身舍利的优势,在宗派之争中弘扬整体佛法,成为"九经十二部"的总道场,在弘扬佛法方面实为各寺之领袖。而在寺院建设上,别的寺院更是无法与其争锋。法门寺在高宗时期建设有瑰琳宫二十四院:释迦院、弥陀院、塔会院、毗卢院、罗汉院、祝寿院、上生院、三圣院、天王院、五会院、圆通院、十王院、净土院、妙严院、地藏院、北禅院、维摩院、净光院、戒坛院、吉祥院、新兴院。每院各司其职,还有诸如浴室院、修造院、招提院等服务性质的院,很明显,法门寺还具有兼容并包的博大精神。这二十四院的建设,使法门寺占地百余亩,与嵩山少林寺十二院相比多了近两倍的建设规模。

除此之外,不可小觑的是法门寺此时雄厚的经济实力。法门寺有四大经济来源:皇帝的赏赐,尤其是奉迎舍利时的赏赐,往往是绢数千匹,钱若干,金银器具不可胜数,或者赏赐良田若干顷。附和皇室的就是各位公卿大臣布施的不计其数的金钱。还有来自民间的香火,旺盛有余,百姓们施舍的粮米常常是数车装载。而凭借丰厚的良田,收取的地租也是相当可观的。

---

① 梁福义.法门寺纪事陕西[M].西安:陕西旅游出版社,1988.

法门寺之所以有如此的殊荣,主要是因为它供奉着佛教圣物——释迦牟尼的真身佛指骨舍利。法门寺在历史上共有十一次颇具规模的奉迎舍利活动。前两次的奉迎(第一次是在北魏时期,第二次是在隋朝)在这里就不详细叙述了,法门寺最主要的奉迎活动发生在唐代。

唐代皇室第一次奉迎舍利是在唐太宗贞观五年,即公元 631 年。当时有舍利示人可以使国家太平、百姓和乐的说法,又逢岐州刺史张德亮见寺塔"夜有禅光"便积极献策,因而太宗便同意开塔、供奉舍利。

第二次发生在唐高宗时期。显庆四年,即公元 659 年,高宗派僧人智琮、弘静恭迎舍利,但并不顺利。智琮先是在自己的臂膊上设置炭火,烧香祈祷后见到的舍利不是指骨舍利,而是八粒宛若明珠的小舍利。高宗立刻令人修缮寺院,塑造阿育王像,还送去三千匹绢,这才迎到佛骨舍利。而且此时舍利更换了自己的安置容器,由普通的石臼变为豪华的金棺银椁。舍利被供奉在皇宫直到龙朔二年(662)才重新回到法门寺。

第三次是武后当政时期。武周长安四年,即公元 704 年,武则天派凤阁侍郎崔玄和法藏等到法门寺迎接舍利到东都洛阳,舍利被供奉在名堂之上。第二年五月十五观灯日,武则天净身戒斋,大作佛事,又赐绢三千匹,以示自己侍佛之诚心[①]。此时佛教的社会地位上升,遂掀起唐代第一个崇佛高潮。

第四次是在唐中宗时期。景龙二年,即公元 708 年,中宗令僧文纲护送舍利往法门寺入塔。这次中宗为舍利准备了级别很高的供养,包括自己及顺天翊皇后、长宁、安乐二公主和郑国、崇国二夫人的头发。因为头发代表皇室是在用身体供养舍利。

第五次是在唐肃宗时期。上元元年(760 年)五月十日,令僧法澄、中使宋合礼、凤翔府尹崔光远于法门寺迎请佛指舍利入长安内道场。肃宗圣躬临筵,昼夜苦行,以示自己对佛教的虔诚。同时,还赐瑟瑟像一铺,金银之具,爪发玉简及瑟瑟数珠一索,襕金袈裟一副,沉、檀等香三百两。

第六次奉迎是在唐德宗时期。但只是在贞元六年,即公元 760 年,适逢又一个三十年之期,由于安史之乱的打击,德宗只例行公事似地迎接舍利。

第七次在唐宪宗时期。这次的奉迎成了唐代历次迎奉中非常有名的一次,因为韩愈就是因为此次奉迎活动而被贬职的。元和十四年(819 年)春,唐宪宗想迎奉佛骨入宫中供养,遂令太监和宫女手持鲜花,将佛骨迎入皇宫,供了三天又送至

①　根据《唐大荐福寺故寺主翻经大德法藏和尚传》。

其他佛寺。当时无论是王公大臣，还是平民百姓，都奔走相告，瞻拜施舍。"王公士民瞻奉舍施，惟恐弗及。有竭产充施者，有燃香臂顶供养者"。可偏在此时，韩愈上奏，一篇《谏迎佛骨表》使宪宗龙颜大怒，贬为潮州刺史。可见，宪宗对迎奉佛骨的事十分在意。

第八次迎奉是在唐懿宗咸通十四年(873年)三月，这一次是声势浩大、贡品最多、耗资空前的迎奉。懿宗派出禁军为舍利开路，大奏音乐，仪仗非常隆重，绵延数十里路。懿宗还亲自登上安福门，膜拜舍利，广散金银锦帛。舍利入宫后，还为舍利安排了金花帐、温情床、龙鳞之席、凤毛之褥、玉髓香、琼膏乳等国外进贡的精品。送还舍利时，懿宗又送了无数的琉璃、金银等供养器物。

唐代是法门寺历史上最值得纪念的一段时间，也是帝王们最重视的一段空前绝后的岁月。唐之后，舍利再没被奉迎过。

在这个伟大时代里，佛教成为中国文化的一种养分被吸收到这个庞大的文化肌体里面，并转化为一种旺盛的生命力，共同参与塑造了"大唐气象"。而唐代的帝王们更是认识到佛教在统治和管理社会、教化民众、笼络人心方面的重要作用，大力扶持、推崇法门寺，使法门寺与李唐王朝的关系显得分外密切，同时，法门寺也不负厚望，将佛教文化发扬光大，时至今日依然不容小觑。

第六章

道法自然　问道楼观
——陕西道教文化

道教是中国土生土长并经过长期的历史发展而形成的宗教,是一个崇拜诸多神明的多神教原生的宗教形式,主要宗旨是追求得道成仙、济世救人。最早可追溯于上古时期的崇敬自然与鬼神,从最早的人神沟通的占卜等多种方术,逐渐演变成殷周时期的祭祀上天和祖先。道教文化的创始人黄帝和老子在陕西的活动留下了很多遗迹,陕西道教的历史一般分为先秦汉魏两晋的起源时期、唐宋的兴盛、元明期间全真教的出现和清以后衰落四个时期。其道教文化经历了五斗米道、楼观道、黄老道、陈抟所传的华山道以及全真道几个重要阶段,在中国道教的发展过程中占据极为重要的地位。如今陕西也还保留着许多道教各时期的文物,形成了其独特的道教文化风景。

第一节　楼观道和老子讲经

陕西周至县终南山有着悠久的宗教信仰传统。道教作为以"道"为最高信仰的中国本民族固有的传统宗教,就是在这里立足发展起来的。最早的道教应是东汉顺帝时出现的五斗米道,汉灵帝建宁、熹平之际,又有太平道的建立。随着中国古代社会制度的变更和文化潮流的演变,道教派别逐渐增多,影响也逐渐扩大,至魏晋南北朝时期,又产生了上清、灵宝等派别,然而北方第一个真正意义上的大型道教宫观式组织则是楼观道。

楼观道作为早期道教派别之一,是中国道教的北方大宗。它是一个泛义的道教宗派概念,既包括魏晋唐宋时期的道教楼观派,又包括金元以后改奉全真的楼观道,具体说是指以终南山为中心发源地,以秦陇为主要活动基地,进而在金元之后遍及北方地域性的宗教文化现象。楼观道最早形成于北魏太武帝时,流传至隋唐间。"楼观传于魏元帝咸熙初,道士梁堪事郑法师于楼观。楼观之传载籍,始此。"①这是道教文化研究中对道教起源很有力的考证。而文献关于楼观的记载更为久远,相传楼观派的创始人是周代函谷关令尹喜。据《终南山说经台历代真仙碑记》引《楼观本起传》云:"楼观者,昔周康王大夫关令尹喜之故宅也,以结草为楼,观星望气,因以名楼观。此宫观所自始也。问道授经,此大教所由兴也。"②称楼观道是在周康王时开创的,尹喜为其创教祖师。这是否为真实可靠的信史还有待继续考证,但其托之古远,以便在佛道斗争中抬高自己的身价的目的还是可以略见一斑的。据其他有关资料核查,"陕西周至县楼观,自三国末期起始有道士隐居修道,最早者为三国末的郑法师,继承他的有其弟子梁堪"③,这两位是楼观道派创派人中有史可依的。而楼观台是楼观道派传播的核心根据地,据《周至县志》载:"秦始皇二十六年(前221年),今周至属内史,时秦王朝建都咸阳,千百人簇拥,始皇帝嬴政建陵庙于尹喜结楼地之南,并躬行祭祀。""汉武帝刘彻至楼观谒祀老子,建望仙宫于楼观台观北,并增置道员。敕令扩修庙宇,修筑殿坛。"战国秦汉间楼观多住隐士和方士,西汉后楼观规模逐渐形成,道士日众,庙户不绝,故史称楼观为中国道教最早的宫观。而楼观台老子讲学之地,被尊称为道教祖庭和发祥地。明清《西安市志》载:"老子逝葬楼观后,楼观声名大振,四方之士先后来此探求玄机。"可见当时的楼观台对楼观道派道义的传播有着极其重要的作用。

北魏太武帝时,楼观道在社会上的影响日益显著,楼观道团开始兴盛起来。北魏孝文帝时,道士王道义来至楼观,师事牛文侯。他在楼观大兴土木,使道坛屋宇焕然一新,又捐钱购集经书万卷收藏观中。至此,楼观道派经长期发展,形成了较大的道团。北魏末年及西魏、北周时期,楼观道以终南山为中心,在包括京城长安及华山在内的关陇地区广为传播。这时有许多楼观道师,如陈宝炽、李顺兴、韦节、王延等人受到北朝统治者崇奉,被召至京城诵经讲道,建斋祈神。由于统治者的崇奉,楼观道在北朝后期成为北方新兴的大道派。

楼观道士的鼎盛时期,是在周、隋之际及唐初。有道士王延,字子元,扶风始平(今陕西兴平)人。西魏文帝大统三年(537年)入道,师陈宝炽于楼观,与李顺兴相友善。后访华山云台观,复师茅山道士焦旷,得三洞秘诀真经。北周武帝闻其名,遣使召之,王延至都久之,复还西岳云台观,诏增修该观以居住。

---

① 陈国符.道藏源流考·上册[M].北京:中华书局,2012:56.
② 根据金代李道谦所编终南山说历代真仙碑记道藏第19册。
③ 樊光春.陕西道教两千年[M].西安:三秦出版社,2001:133.

至唐代,因皇帝认道教教主李耳为始祖,加之楼观道士岐晖协助李渊起义有功,故李渊称帝后,对楼观道大力扶持。楼观派成为全国道教中心,达到极盛。安史之乱以后,楼观道渐趋衰落。至金哀宗天兴年间(1232—1234年),因遭兵火,楼观焚毁殆尽。至元代,全真道加以修复,变为全真观宇,原楼观道士亦转为全真道士。

楼观道派尊奉的经典主要是《道德经》,传说此书是老子应尹喜之请而作,司马迁为老子作传时写道:"老子修道德,其学以自隐无名为务。居周久之,见周之衰,乃遂去。至关,关令尹喜曰:'子将隐矣,强为我着书。'于是老子乃著书上下篇,言道德之意五千余言而去,莫知其所终。"此后关尹遂成为关令尹喜,《道德经》五千言遂被称为老子为尹喜所写。据称,当老子将出关时,尹喜曾请老子写下《道德经》,在老子出关后,又随老子西去化胡,成为老子化胡的得力助手。因为该派坚信老子化胡说,故老子化胡最鲜明的某些经书,如《老子化胡经》《老子西升经》《老子开天经》和《妙真经》等,皆为该派所重视。楼观道尊奉的经典使其成为道教之正宗。"道教祖庭"楼观台是老子讲说《道德经》之地,传说早在周康王时,天文星象学家尹喜为函谷关关令,他在终南山中结草为楼,以观星相,一日忽见紫气东来,吉星西行,他预感必有圣人经过此关,于是守候关中。不久,老子在战乱中失去官职之后,身披五彩云衣,骑着青牛从古函谷关入秦,尹喜忙把老子请到楼观台,请其讲经著书在这里筑台授经,传法布道,老子在这里广传"道"法,既有探讨宇宙生成、天人关系的"天人之道",又有关注生命健康的"养生之道";既有处理人与人、人与社会关系的"做人处世之道",又有无为而治、与民休息的"治世之道";还有追求和谐、得体、对称、融洽的"审美之道",等等。这种无所不在、包罗万象的智慧之道,对当时社会有着深远的影响。

除此之外,楼观道集中国古代思想文化之大成,以道学、仙学、神学和教学为主干,并融入政治社会、医学养生、武术气功、占卜预测、数理化学、诗歌散文、天文地理、阴阳五行等学问。内容讲求天人合一、清静无为、治世安民、拨乱反正、少私寡欲、见素抱朴、修真养性、长生不老等诸多方面,成为道教方术的集大成者。楼观道传习的修炼方术,与其他道派不同,不限一二种特别方术,而是杂采众家,表现了兼收并蓄的特点。

总之,楼观道派在道教发展史上占有重要位置,也在中国乃至世界上有十分重要的影响。它对"道"有最深刻的阐释。道家思想是道教建立的哲学基础,道教则是道家思想的宗教体现。楼观不仅是道教圣地,更是道家思想的发祥地。由于楼观道在中国道家、道教的形成与传承过程中意义重大、影响深远,楼观成为世人神往的宗教圣地。

第二节 黄老之学与无为而治

黄老之学是道家的一个特殊派别,它托始于黄帝,在老子学说的基础上吸收了儒墨名法等多家学说中的积极成分,形成以政治学说为中心的哲学思想。在司马谈《论六家要旨》一文中,对阴阳、儒、墨、名、法、道六家做了评论,其中论道家曰:"道家使人精神专一,动合无形,赡足万物。其为术也,因阴阳之大顺,采儒墨之善,撮名法之要,与时迁移,应物变化,立俗施事,无所不宜,指约而易操,事少而功多。"由此可见,在战国百家争鸣的园地里,黄老学(即"黄老道家"或"黄老学派")较之其他各家是属于产生较晚的一个学派。然而,它既没有老庄道家那样拒斥其他各家,也没有像儒墨诸家那样严守门户之见,而是以其豁达开放的情怀领略百家风骚。于是,成为一个以兼容并包为特色的新学派,从而为群星灿烂的争鸣增添了更加绚丽的光彩。

"黄老"作为一个学术名词,从字面意义上说,即是传说中的原始社会的酋长黄帝和道家创始人老子的合称或并称。它作为一个学术名词被提出,其时间是在西汉初年,并被两汉所沿用。从文献记载来看,在先秦黄帝和老子都是单独提到的,此时并没有"黄老"这个名词或"黄""老"之合称。例如《逸周书·尝麦》篇记载了黄帝擒杀居住在古黄河下游的九黎族首领蚩尤的情况时说:"上天未成之庆,蚩尤乃遂帝,争于涿鹿之阿,九隅无遗。赤帝大慑,乃说于黄帝,执蚩尤,杀之于中冀。"①诸如此类的记载,在最古的文献中还有很多,而战国时期的文献对黄帝也是单独提及的,此时亦没有"黄老"这个名词或"黄""老"之合称。而对于老子,战国时期的很多著作也是单独提到他的。在这方面,《庄子》一书就非常突出,它有几处记述了老子。例如,《田子方》篇说:"孔子见老聃,老聃新沐,方将披发而干,慹然似非人。孔子便而待之。"②成于战国末年的《吕氏春秋·不二篇》也说:"老聃贵柔。"这种情况便进一步证明,在战国时期有老子这个名字,而无"黄""老"连用或"黄老"这个名称。

但是,与上述情况相反,"黄""老"连用或"黄老"这个名词,却在秦及两汉间十

---

① 选自《逸周书·尝麦解第五十六》。"上天未成之庆,蚩尤乃遂帝,争于涿鹿之河,九隅无遗。赤帝大慑,乃说于黄帝,执蚩尤,杀之于中冀,以甲兵释怒,用大正顺天思序,纪于大帝。用名之曰:绝辔之野。乃命少昊清司马、鸟师,以正五帝之官,故名曰质。天用大成,至于今不乱。"

② 选自《庄子·田子方》。"孔子见老聃,老聃新沐,方将被发而干,慹然似非人。孔子便而待之,少焉见,曰:'丘也眩与,其信然与? 向者先生形体掘若槁木,似遗物离人而立于独也。'老聃曰:'吾游心于物之初。'"

分流行,并几乎成为老子这个道家学派的代称。例如,《史记·儒林列传》载:"然孝文帝本好刑名之言。及至孝景,不任儒者,而窦太后又好黄老之术。"

实际上,黄老之学是道家和法家思想的结合,继儒、墨、杨、法之后兴起于齐国。因有田齐政权的支持,其在齐国有着相当的势力和影响力。人们经常只看到汉初黄老之学全面兴起之后的代表人物如汉文帝、窦太后、曹参、盖公等人,却忽略了其自起源时就在民间有着广泛的研习基础。比如先秦申不害之学"本于黄老而主刑名"即反映了其刑名法术的倾向;慎到、田骈、接子、环渊等人"皆学黄老道德之术"而"各著书言治乱之事以干世主",韩非更有《解老》《喻老》的专篇;《史记·儒林列传》言"孝文帝本好刑名之言"也未超出黄老之学的范围,而司马迁以老子与韩非合传也正反映了黄老与刑名相合的事实。

盖因自东汉以来,记载黄老之学的书籍几近亡佚无存。黄老之学曾在汉初大规模流行近七十年,按说应当有自己的经典,如《汉书·艺文志·诸子略》载有《皇帝书》数种,但东汉时已亡佚不可考。长期以来人们所见到和研究的黄老之学的经典只是《老子》一书,这一研究现实形成了人们的一个认识误区——黄老之学属于汉初,其在战国已有流行趋向的事实则被忽略不计。转机出现在 1973 年 12 月,长沙马王堆三号汉墓出土了帛书《老子》乙本,卷前有《经法》、《十六经》(原为《十大经》,后经张政烺、裘锡圭等考证为《十六经》)、《称》、《道原》四篇古佚书。经唐兰等专家考证,这四篇古佚书就是《汉书·艺文志·诸子略》所载的《皇帝书》。它被称为《皇帝帛书》,也称《黄帝四经》。书中避"邦"字讳,但不避惠帝刘盈讳,表明抄书年代当在惠帝至文帝初年。它的出现补足了战国末年至秦汉初黄老之学至汉初黄老之学发展的空当。

黄老之学的理念核心改良自道家思想的"因循"和"无为",道论以及与其相关的若干形而上学的思想理论,是黄老之学的哲学基础。关于道论,《黄帝四经》中的《道原》、《管子》的《内业》等篇,《尹文子》《鹖冠子》《文子》有较为集中地阐发,主要是发挥老子的道论,强调作为最高本体和基本法则的"道"在自然、社会和人生各方面的决定意义和指导作用。其中关于对"时变"的认识、"因循"的理论、天道环周的思想、阴阳消长的理论以及动静、盈虚等问题的探讨,都是早期道家所没有的内容。

由于有道家哲学作为理论基础,辅之以道家哲学论法治主张,黄老之学在变法的必要性和可能性、立法的原则和依据、法的公正性和权威性、执法的原则、君与法的关系等方面都有深入的思考和论证,为变法图强、富国强兵的时代需求提供了理论上的指导。在具体操作上,其君佚臣劳、虚静无为等"君人南面之术",也都对道家哲理有所吸取和借重。

"无为而治"是老子的核心政治主张,贵柔、用弱、谦下是其基本的政治策略。老子的"道"包含两层意思:一是指宇宙本体,二是指支配宇宙万物的普遍规律。当然,"这两者,在老子的观念中,往往是纠缠在一起的,分不十分清楚。"[①]"道"首先是宇宙本体论概念,指称万物的本源。《老子》第一章说:"道可道,非常道。名可名,非常名。无名,万物之始;有名,万物之母。"第四十二章又说:"道生一,一生二,二生三,三生万物。万物负阴而抱阳,冲气以为和。""道"不仅是万物本源,而且是万物的主宰,是支配万物成长的最高普遍法则,所谓"道者,万物之注也"。万物都是由道产生,受道支配。那么,人及其组成的社会也莫能外:"人法天,地法天,天法道,道法自然。"

道法自然大体有两层含义:一是指道自根自本,"先天地生……独立而不改"(第二十五章);二是指道生成养育万物清静无为,不施加自己的欲望、意志和情感,任凭万物自然生长、自由成长,即"生而不有,为而不恃,长而不宰"。既然大道自然、清静无为,社会的事物也应效仿道,不违背人的本性,顺应老百姓的愿望,让百姓自化、自正、自富、自朴;具体到政治治理就要实行无为而治,即"居无为之事,行不言之教"(第二章)。无为而治不是无所作为,而是不强作为、妄作为。

老子主张社会治理要尊重客观规律,尊重人民意愿,警告为政者不要妄为、不与民争利,这是十分有价值的。但社会毕竟不完全等同于自然,因为人毕竟有意识欲望和主观能动性。虽说老子无为而治不是毫无作为,其目的也在于无无为,但一味主张退让无争乃不免消极之虞。

汉初统治集团中的才智之士大多受到黄老之学的影响,他们较早意识到调整政策,休养民力的必要。在张良、陆贾等人的影响下,高祖与萧何基本上以儒家的德政思想为指归,确定统治方略,但也受到黄老影响。在全国推行新的政令,建立新的统治秩序,注意恢复老百姓的正常生产和生活,与民休息[②]。正是在黄老思想的影响下,汉初统治者实行了一系列的宽松政策,将秦末动乱所造成的破烂残局逐渐修复,并且在此基础上,生产得到进一步发展,创造出历史上著名的一个治世——文景之治。

与儒家的不容异己相比,更使人缅怀道家的恢弘风度。老庄虽有高深的哲理,但缺乏落实到现实世界的方案,黄老道家则援法入道,重视伦理教化,吸收文化传统中的诗、乐部分,使之有利于现实社会的运作。可以说,古代道家的现代化是黄

---

① 张松如.老子说解[M].济南:齐鲁书社,1998.
② 郑师渠.中国文化通史·秦汉卷[M].北京师范大学出版社,2012.

老一系列完成的。儒家文化其实是比较激进的一种文化,用于政治制度上,特别容易出现过于压制生产和人性的状况,但是佛、道正好弥补了这样的不足,在儒家思想为主导的前提下,他们起着社会关系的润滑剂这样的一种比较特殊的作用。

第三节 张鲁与五斗米道

纵观东汉末年出现的道教新流派,主要有三支,即张道陵创立的五斗米道、张角创立的太平道和魏伯阳创立的金丹道。三者都是以黄老道为基础形成的宗教流派。他们都是利用道教的符箓、咒语以祛灾、驱鬼、为人治病,从而在下层民众中形成一支势力庞大的宗教团体。

五斗米道(天师道)是东汉后期在巴蜀地区出现的早期民间道教大派。关于它的起源,宗教界普遍认为,五斗米教是"张陵于汉顺帝时(126—144 年)入蜀,造作道书,祖孙三代传习其道。"①这就是说,作为天师道前身的五斗米教,是张道陵在汉顺帝时期(126—144 年)创建的,之后又把位置传给了儿子张衡,张衡后来又把位置传给了张鲁。但与此同时又有其他说法,彼此互有矛盾。对于宗教界的说法,教外人士应该予以尊重,同时我们可以从史学研究的角度对于纷繁的传说和史料,重新做一番考察。

张陵又称张道陵,东汉末沛国人。《后汉书》载:"张陵自称良(张良)裔。"永平时拜江州(重庆)令,因不满当时朝廷腐败,经学退废,"弃官隐洛阳北邙山,章和间累召不就。入蜀,以符水禁咒之法愚民。从学者出米五斗,时称五斗米道。其从称道陵为天师。后世所称张天师,即其后裔。"②张道陵经过数十年的游历和修炼,广泛地接触和借鉴了当时的各种宗教思想和修炼的方术,再加上自己的思考,终于形成了一套新的道教观念和修道方法,史称"五斗米道"。

张道陵去世后,将教主的位置传给了儿子张衡,关于张衡的记载,资料很少,只是《后汉书·刘焉传》记载"张陵子张衡",似乎张衡虽然继承了五斗米道,贡献却不如父亲和儿子大。但张衡的妻子却习道术,有风采,有作为,她为张鲁的兴起提供了宝贵的支持。《三国志》《典略》《后汉书》在记述张鲁起家过程时,均不提张衡,而提及其母,讲述张鲁如何取代张修,把教权接受过来。

在张鲁正式继承五斗米道的传播工作之前,我们还需要提到一个人,就是张

---

① 《后汉书·刘焉传》、《三国志·张鲁传》和《华阳国志·汉中志》并载其事。"道书",《后汉书》作"符书"。

② [南朝]范晔. 后汉书·刘焉传[M]. 北京:中华书局,1965.

修。据《三国志·张鲁传》注引《典略》概述张角、张修的学说时所说:"熹平中,妖贼大起,三辅有雒曜。光和中,东方有张角,汉中有张修。角为太平道,修为五斗米道。"从这段文字我们可以看出,张修确有其人,他和张角同时代,是巴汉一代五斗米道的早期领袖。据推测,张衡死后,因其子张鲁年幼,张修遂掌握了实权,以汉中为根据地,在巴蜀地区发展自己的宗教势力。《典略》中还说道:"后角被诛,修亦亡。及鲁在汉中,因其民信行修业,遂增饰之。"可知张鲁在汉中取代了张修,把张修的五斗米道权也接过来了。

《三国志·张鲁传》详细地介绍了张鲁的生平和其事迹,"张鲁字公祺,沛国丰人也。祖父陵,客蜀,学道鹄鸣山中,造作道书以惑百姓,从受道者出五斗米,故世号米贼。"张鲁嗣教后,不仅继续传播五斗米道,而且壮大并发展了五斗米道,在汉中建立了政教合一的地方政权。《三国志·张鲁传》中说:"鲁遂据汉中,以鬼道教民,自号'师君'。""雄据巴汉垂三十年",此时"汉川之民,户出十万,财富土沃,四面险固",成为三国乱世之中的净土。

张鲁雄踞汉中三十年,除了其正确的政治手段外,其所处的位置汉中也是其重要的影响因素。汉中地处陕西省西南部,汉江上游,北倚秦岭,南屏大巴山,地势南北高,中间低,中部是盆地。此位置十分重要,它地处中国大陆腹地关中、巴蜀、荆楚三大经济文化核心区之间,是我国南北与东西的过渡地带;同时又是关中盆地和四川盆地之间千里蜀道的枢纽,是四川盆地的门户。两山夹一川的地形,又使汉中形成了相对封闭、独立的地理单元。正是由于其地理位置的特殊,所以张鲁才能在那样的乱世之中建立起相对安定的政权。但是随着外部战争的结束,曹操将矛头指向张鲁,张鲁投降后,其统治也随之迅速溃败。张鲁的卒年,按《真诰》陶弘景注的说法,"张系师为镇南将军,建安二十年亡,葬邺城",那正是张鲁降曹的第二年。曹操和平征服五斗米道后,将张鲁带回了内地,使他有将军头衔而无实权。不久张鲁死去,五斗米道陷入群龙无首、组织涣散的状态。

张鲁对五斗米道的贡献是很大的。他除了继续进行早期五斗米道传统的宗教活动外,又特别新设了义舍,给流离失所的人们提供米肉,吸引他们安居在他治下。他还对五斗米道进行了改进。据《三国志·张鲁传》中记载:"以鬼道教民,自号'师君'。其来学道者,初皆名'鬼卒'。受本道已信,号'祭酒'。各领部队,多着为治头大祭酒。"[①]张鲁在五斗米道中建立严密的体制,即自称"师君",以下分称大祭酒、祭酒、鬼卒,并用这种师徒之间的隶属关系取代了五斗米道活动区内的汉朝原有地

---

① [晋]陈寿.三国志·张鲁传[M].北京:中华书局,1959.

方行政机构,形成了以祭酒为核心的道教信徒的政治体制。他还用宗教神道去推行道德教化,要求徒众"诚信不欺诈"。"有小过者,当治道百步则罪除;又依月令,春夏禁杀;又禁酒。"即运用宗教力量让人约束自己从而形成美德。除此之外,张鲁崇重老子,在汉中地区令信徒们念《老子五千文》,曾著《老子想尔注》,对老子《道德经》进行宗教化的改造和演绎。在《老子想尔注》中对《道德经》中的多处给予更改,系统地改造道家哲学经典,在中国思想史上第一次基于宗教的立场诠释《老子》,把老子学说中的"道"论与巴蜀汉中地区的鬼道巫术、荆楚地区盛行的神仙方术和汉代阴阳五行化了的儒家经学融为一体,为道教的最终形成及广泛传播作了理论的准备。

张鲁的这一系列措施使五斗米道极具影响力和吸引力,同时也为后来中国呈现出儒、道、佛三家并存局面奠定了根基。而作为中国土生土长的宗教,张鲁对五斗米教的推进作用也具有深远的意义,尤其是对汉中文化地域有巨大影响,当时汉中及川北地区的汉族和周边的少数民族的人民都大力支持张鲁的政权。《三国志·张鲁传》云:(张鲁政权)"不置长吏,皆以祭酒为治,民夷便乐之。"《华阳国志·汉中志》:"巴、汉夷民多便之。"说明张鲁的政教合一的政权是受当时民众的大力支持的。直到今天,汉中还有张鲁的遗存和遗迹。在勉县古阳平关附近有张鲁城,现名走马岭,称白马山;县温泉乡姑子山(灌子山)有"张鲁女墓"。可以说张鲁促进了三国时期汉中的繁荣,也塑造了汉中人民的性格,他对于汉中巨大的影响也在于此。

第四节　终南山仙迹与华山道士陈抟

陕西省的终南山和华山是道教的两大名山,因其幽静的环境和位置赢得了众多道士的青睐,成为他们的修仙之地。民间流传的仙人事迹也增加了这两座山的神光仙影,使其为更多人仰慕。历代修行的道士们在山上建了大量的道观,同时也留下了很多珍贵的道教经书,丰富了我国古代文化。

一、终南山仙迹

终南山,又名太乙山、中南山、周南山,简称南山,是秦岭山脉的一段,耸立在西安市的西南。终南山见诸史册是很早的,在《禹贡》中就有记载:"终南、惇物,至于鸟鼠。"这里的终南即为终南山。《诗经·秦风·终南》中有云:"终南何有,有条有梅。"其实,终南山的成名还是因为与老庄的联姻,乃至后来道教在此立足发展。到后来楼观道派的形成,使得终南山成为道教的名山。又由于终南山距离京都不远,往来方便,就很自然地吸引了不少文人士子在此流连、隐居。

终南山是道教的发祥地之一。相传周朝时,函谷关令尹喜在终南山北麓"结草为楼,观星望气",后随老子出关西去。周穆王追仰仙踪,西巡至此,重葺楼观,以后尹轨、杜冲等十余辈道士,"仰道德为生化之源,宗神仙为立教之本",纷纷前来访仙,最后皆修炼成仙。因此楼观成为"天下道林张本之地"。

魏晋间,北方的道教徒更多来此访仙,有个叫梁堪的道士在山中幸遇太上老君遣降尹轨,授予炼气隐形之法与水石还丹之术,便隐居在终南山修行,最后飞升成仙。还有道士王嘉"弃其徒众,至长安,潜隐于终南山,结庵庐而止","师事梁堪,后因门人闻而复至,才迁于倒兽山"。北魏道士尹通据称是尹轨后裔,尝游历至终南山,师从王嘉再传弟子马俭,北魏太武帝好道,钦闻其名,遣使致香烛以建斋行道,于是四方效法,进山请谒者不绝,楼观派由此走向兴盛。

随着道教的发展,终南山楼观道与政治的关系越来越紧密,甚至因此而得到更大的发展。北周武帝宇文邕死后,曾帮助他兴道灭佛的道士张宾、焦子顺推知国家将变,杨坚将行禅代之事,便向杨坚密告符命,预言他当为天子。隋文帝践祚,依道教经典中的"开皇"为年号,复兴道教。但在隋代道教的势力始终没有超过佛教,无论是隋文帝杨坚还是隋炀帝杨广都是在佛道之间实行制衡政策。真正迎来终南山名闻天下的时期是在隋唐鼎革之际,与李唐皇室建立特殊关系之后。隋大业十三年(617年),李渊起兵于晋阳(今山西省太原西南),楼观派宗师岐晖以资粮相助,及李渊兵至蒲津关,岐晖又预言李渊"必平定四方"改名"平定"以应之,并发道士八十余人向关迎接。还有著名的占验派道士李淳风,大业十三年(617年)亦称"终南山老君降显"言"唐公当受天命"。唐王朝建立以后,极力抬高道教的政治地位,除了要报答道教的相助之情外,还有深刻的政治原因,即李氏宗族虽系北周贵姓,但依传统观点看这种关陇贵族还不能与山东士族比高低。因此,出于政治的需要,初唐时期的李渊、李世民都自称是李耳的后代,利用道教来抬高自己的门第,以同门阀势力相抗衡。上层统治者对道教的尊崇与社会文化心理和道教宗旨间的契合拧成了一股合力,使道教在初盛唐达到了它兴盛的顶峰。在这种社会背景下楼观道凭借着与最高统治者的特殊关系得以迅速发展,终南山也成为名噪一时的道教名山。

由于终南山离长安不远,故而成为京郊王公贵戚修真的胜地,唐玄宗妹妹玉真公主就在山中立别馆修道养生。道教徒更是涌往此山访仙隐真,唐人诗集中,因此可以常常读到访终南山某道士之类的诗作,也有对终南山幽静环境的赞美之词。前者如李白的《望终南山寄紫阁隐者》:"出门见南山,引领意无限。秀色难为名,苍翠日在眼。有时白云起,天际自舒卷。心中与之然,拖兴每不浅。何当造幽人,灭迹栖绝巘。"后者如王维的《终南山》:"太乙近天都,连山接海隅。白云回望合,青霭入看无。分野中峰变,阴晴众壑殊。欲投从宿处,隔水问樵夫。"将终南山仙境般地呈现了出来。终南山吸引了一大批文人墨客来此或静读诗书,或修养身性,或游山玩水。由于统治者对"有道者"的偏爱使文人想通过寻道隐居以取得"有道者"之名进仕。终南山的特殊情况为他们提供了便利,致使后来大量官员从终南山出,固有"终南捷径"一说。据《大唐新语·隐逸》载:"卢藏用始隐于终南山中,中宗朝累居要职。有道士司马承祯者,睿宗迎之京,将还,藏用指终南山谓之曰:'此山中大有佳处,何必在远?'承祯徐答曰:'以仆所观,乃仕官捷径耳'。"司马承祯巧妙地讽刺了卢藏用以道进仕的行为。

终南山后来又成为王重阳所创全真教的发祥地。随着道教的衰落,终南山的仙迹不如以前那么多,但是它作为道教名山,有着众多神话环绕衬托,有着丰厚的文化内涵,成为后来的旅游胜地也是当之无愧的。

二、华山道士陈抟

陈抟,字图南,亳州真源人,生年不详。现通行说法是唐懿宗咸通十二年(871年),是根据他的卒年和寿命推算出来的。《宋史·陈抟传》记载陈抟卒于宋太宗端拱二年(989年),《历世真仙体道通鉴》称其享年118岁,反推上去生年即是公元871年。

陈抟的出生是一个谜,《群谈采余》中有一段神话般的描述:"陈图南,莫知所出。有渔人举网,得物甚巨,裹以紫衣,如肉球状。携以还家,溉釜燕薪,将煮食之。暨水初热,俄雷电绕室大震,渔人惶骇,取出掷地,衣裂儿生,乃从渔人姓陈名抟。"[①]而亳州一带流行的"十里荷花出陈抟"亦未提及他生身父母,但故事的温馨感觉和《群谈采余》近似恐怖的描述反差较大,当然神话色彩也较浓。

关于他的童年生活记载不多,据《宋史》载,陈抟四五岁时在涡水岸边玩耍,被一青衣妇人抱起喂之以乳,自那时起就变得聪慧异常。"及长,读经史百家之言,一见成诵,悉无遗忘,颇以诗名。"但是当他在后唐长兴年间赴京赶考,"举进士不第,遂不求禄仕,以山水为乐"。再加上亲人的去世更使他看破红尘,淡泊名利,向往道教长生久视,"'吾向所学,足以记姓名耳。吾将弃此,游太山之巅,长松之下,与安期生、黄石公论出世法,合不死药,安能与世俗之辈汨没出入生死轮回间?'乃尽以

---

① 根据[清]褚人获著《坚瓠辛集》卷3。

家资遣人,唯携一石铛而去。"①

起初陈抟"谢绝人事,野冠草服,行歌作乐,日游市肆,若入无人之境,或上酒楼,或宿夜店,多游于京国间"②。随后离开繁华的闹市,在山水间徜徉寻觅,幸遇孙君仿、獐皮处士两位高尚之人,两位仙人指点陈抟前往王子乔、阴长生等古真曾修练过的武当山的九室岩隐居。于是陈抟前往武当山,在那里"服气辟谷历二十余年,但日饮酒数杯"③。隐居武当山期间,他还创作了《指玄篇》《入室还丹诗》《阴真君还丹歌注》《钓潭集》等。陈抟在隐居武当山多年,其间曾出游,寻访过何昌一道士和麻衣道士。从何昌一那里习得锁鼻术,即是他后来影响很大的"睡功"。从麻衣道士那里得《易》《正易心法》,受《河图》《洛书》之诀,还学习了相术,能知人。在武当山的种种修行为他在华山著书立说打下了坚实的基础。

迁居华山的时间没有明确记载,但据《宋史·陈抟传》说:"周世宗好黄白术,有以抟名闻者,显德三年(956年),命华州送至阙下,留止禁中月余,从容问其术"④,说明后周世宗显德三年之前陈抟已在华山,而《历世真仙体道通鉴》称陈抟是时年已七十余,结合他的出生时间来看大约是在后晋出帝天福至后汉隐帝乾佑年间(943—950年)。

陈抟在华山云观台修行期间并不是闭门塞听,他关心天下苍生,常到京城注意政坛变化。周世宗崩后,他知时局将会大变,便到汴州,途中听说赵匡胤发动陈桥兵变,黄袍加身。他便返回华山云观台继续修炼,认为天下已定。后来与宋初两位皇帝有密切往来,宋太宗曾以封官相挽留,陈抟坚辞不就,依然回他的华山过逍遥修道的生活。陈抟隐居华山将近四十余年,写下了很多修炼的篇章,后来成为内丹派的经典之作,如《胎息诀》《无极图》等,并收了数个弟子,将自己的修炼之法教授于他们,以兴道教。直接得到陈抟亲传的有种放、贾得升、张无梦、金砺等人。

在闭门修炼中,陈抟显示出与众不同的气质。据说他睡觉时少则一月,多则达数月之久,这是他有名的睡功,在内丹术中也称"胎息法"。他曾对弟子讲,世俗之人的睡不是真睡,因为这些人饱食逸居,唯恐穿衣吃食不足,迷失于宦海情场,即使在睡乡梦境中,也不得片刻安宁。而有道之人睡觉则是形卧而神游云端,实际上是一种借睡炼养的内丹修炼法,在似睡非睡中安卧静养,凝神聚气,使神气相抱,自运于体内,达到"致虚极、守静笃"的境界。所以陈抟又有"睡仙"之称。这在陈抟拒绝

---

① 根据[宋]邵伯温著《邵氏闻见录》卷7。
② 根据[元]赵道一著《历世真仙体道通鉴》卷47《陈抟》。
③④ [元]脱脱等编修《宋史·隐逸传·陈抟传》。

周世宗授官时说的一首歌谣里得到了生动的体现："臣爱睡,臣爱睡,不卧毡,不盖被。片石枕头,蓑衣覆地,南北任眠,东西随睡。轰雷掣电太山摧,万丈海水空里坠,骊龙叫喊鬼神惊,臣当恁时正鼾睡。闲想张良,闷思范蠡,说甚曹操,休言刘备,两三个君子,只争些闲气。怎似臣,向清风岭头,白云堆里,展放眉头,解开肚皮,且一觉睡,更管甚玉兔东升,红轮西坠"。睡使他的修道功夫达到炉火纯青,也使得他的个体生命达到了一个很高的境界。他的睡功如无极图一样流溉后世,诸如华山十二睡法、张三丰睡丹诀、先天道派睡功诀等,都是从中演化而来。

陈抟的离世也是充满着传奇色彩,《宋史》载,端拱初年,他对弟子贾德升:"汝可于张超谷凿石为室,吾将歇焉。"端拱二年秋七月,石室成,陈抟表奏宋太宗自己将不久于世,"已于今月二十二日化形于莲花峰下张超谷中",据说"如期而卒,经七日支体犹温。有彩云缭绕室口,弥月不散"。

陈抟一生历经晚唐、五代、宋初之世,阅历丰富,思想深邃,胸怀博大,德行超群。宋太宗诏令中称他"抱道山中,洗心物外。养太素浩然之气,应上界少微之星。节配巢由,道遵黄老。怀经纶之长策,不谒王侯;蕴将相之奇才,未朝天子"。《蒙文通陈图南学谱》云:"图南不徒为高隐,而实博学多能。不徒为书生,而固有雄武之略。真人中之龙耶! 方其高卧三峰,而两宋之道德文章,已系于一身。"

第五节　全真教在关中的崛起

作为道教的一支衍生派系——全真教(又称为全真道),溯源于关中,发展于山东,在宋金之际出现以后,就逐渐影响壮大。它的创始人王喆,又名王重阳(1112—1170年),原名中孚,字允卿,又名世雄,字德威,入道后更名为喆,字知明,号重阳子,又号"重阳真人",是京兆(今陕西咸阳)大魏村人。全真教的出现,标志着道教文化传承的又一次飞升与成功。很长一段时间内,全真教被当朝的统治者及黎民百姓所推崇和广泛接受。全真教以清心明性,苦练清修,炼药救人的思想理念为准,在中国宗教历史上确立了自己坚不可摧的地位,也对后世产生了久远的影响。

全真教的建立和传播并不是一帆风顺的,也不像我们在金庸小说里看到的那样具有情感导向,更不是关中地区传说的那样具有神话色彩。它的创始人王重阳本生长于富庶人家,幼年时期受到良好的教育,加上天资聪颖,不学自通,未成年时已少有名气。但生不逢时,一身报复却无法施展。时至金兵扰宋,宋王朝偏安一隅,陷黎明百姓于水火之中。王重阳"痛国家之沦亡,悯民族之不振",但又无可奈何。一方面势单力薄,无法效忠国家,忠于腐败的统治者;另一方面又悲悯百姓,无以使之保身家性命。于是他决定以自己的方式，修身养性，劝诫世人向善，清净有选择地而为。

为实现自己的这个人生理想，他选择了两种方式来吸引大家的注意力，以便使自己的思想被大众接受。一是散布传言说自己得到仙人点悟，路遇仙翁，得到仙人授予天书和传授修炼成仙之法。他自称"汉正阳（钟离权）兮为嫡祖，唐纯阳（吕洞宾）兮做师傅"，尊钟吕为祖。在陕西户县今还有景点"遇仙桥"，当地民众普遍认为这就是王重阳当时偶遇仙人之地。周围的道观里，仍有泥塑的路遇仙人情境图。据说，这两位仙人即是钟离权和吕洞宾，但毕竟是传说，无从考证。二是隐居终南山，自筑"活死人墓"，并立碑书："王害疯之灵位"（当时王重阳自称为王疯子）。

这样以来大家对他有所知晓，但是对修行成仙之法仍半信半疑。

隐居三年，从活死人墓出来之后，王重阳在关中地区活动，主要是陕西终南山一带。他开始结识道友，散播自己的思想，并在户县刘蒋村（今祖庵镇）修盖全真庵作为自己的修炼栖身之所。1167年，重阳焚庵东行，至山东招收徒弟（马钰、谭处端、刘处玄、丘处机、王处一、郝大通、孙不二，后称"全真七子"）。经过多年的努力，王重阳终于于金世宗大定七年（1167年）创立教派——全真教，总坛设在陕西户县终南山，教庭名为"重阳宫"。

与其他教派不同的是，王重阳所创立的全真道在思想上较全面，释道主张清静无为乃修道之本，除情去欲，以为心地清静，才能返璞归真，识心见性，且以三教合一的思想作为创教的宗旨。他后来在山东文登等地所建立的三州五会①，皆冠以"三教"二字。传教时，又劝人诵读佛教《般若心经》，道教《道德经》《清静经》及儒家《孝经》。在他的言论、著作中，三教合一论更是俯拾皆是。如"三教者，如鼎三足……不离真道也"。喻曰："似一根树生三枝也。""心中端正莫生邪，三教搜来做一家。义理显时何有界？妙玄通后更无加。"又有诗云："儒门释户道相通，三教从来一祖风。""释道从来是一家，两般形貌理无差。"他的这种思想亦为其弟子所接受，而加以广泛宣传。

王重阳注重修炼"性命"，认为"性者神也，命者气也"，"气神相结，谓之神仙"。主张修道者必须出家，并忍耻含垢，苦己利人，戒杀戒色，节饮食，少睡眠。王重阳对自己创立的教派很是看重，在教育弟子方面不仅以言传身行，还制定严格的戒律

---

① 三州五会：王重阳传教时期，先后在登州、莱州和宁海州建立传教的基地，它们是文登州的"三教七宝会"、宁海州（今牟平）的"三教金莲会"、福山的"三教三光会"、蓬莱的"三教玉华会"、掖县（今莱州）的"三教平等会"，号称三州五会。

86

来让弟子遵守。在《王重阳立教十五论》中，就有严格的立教规定：①凡出家者须投庵(即全真教的道观，修行安身之所)，身依心安，气神和畅；②云游访师，参寻性命；③学书，不寻文乱目，当宜采意以合心；④精通药理，若不通者，无以助道；⑤茅庵草舍，修建要遮形，以免触犯日月；⑥道人合伴，须先择人而后合伴，不可先合伴而后择人，立身之本，在丛林全凭心志，不可顺人情，不可取相貌，才算高明者；⑦静心打坐者须心如泰山，无丝毫念想，以求定心；⑧不可纵放，败坏道德，损失性命；⑨调和五行诸气于一身，以正配五气；⑩理性于定性之中以炼性；⑪性命是修行之根本，谨紧锻炼，不可松懈；⑫人圣之道，须苦志多年，职功宗行；⑬超脱欲界、色界；⑭养生之法在于得道多养；⑮脱落心地，超离凡也。此《立教十五论》为全真教弟子在心智上，行为上，言行上做了引导与约束。

王重阳还主张弟子要甘于清贫，不望奢靡，磨砺心性，作风高尚，所以若为全真教的弟子，必须要一直保持清修苦练的作风，不能违背教义思想和立教原则，否则必受到严厉的惩罚。王重阳的这一要求，对后来全真教的发展奠定了重要基础，因为全真教弟子以自己清修苦练及高于常人的作风在群众中树立了威望，受到大家的钦佩，以至于全真教后来的发展繁荣成为不可阻挡的趋势。

但是创教后，全真教的发展也不是一番风顺的。它的传播发展也经历了很多坎坷，活动区域也辗转不定，繁荣兴衰也经历了多个阶段。最初的崛起主要有以下几个阶段：

第一阶段：教派初创，效果不佳。全真教建立后，影响并不广大，大家只当普通的教派对待，并未引起较大反响。那时候王重阳先后在关中大魏村、刘蒋村传道，并修建茅庵，但经过艰辛的五六年传道，只招收到几名弟子，游走于关中地区，全真教的影响也不大，如何使自己的思想发扬广大，这是渐趋高龄的王重阳最为担忧的。饱学多识的他知道，最初是自己预测失误。关中虽是道风浓厚之地，但是全真教刚刚创立，没有办法在此地立足，没有影响力；加之当时关中地区位于内陆，思想相对保守，人们不易接受新鲜事物，且统治者对道教的管制教板教条，当地又没有真正道教知识源头，因此他必须寻找新鲜血液，以充实自己的思想。因此，必须转移目光，另择佳处。思考前后，他决定离开关中，去久负盛名的胶东(今山东)。

第二阶段：离陕入胶，峰回路转。因胶东地区，自古以来就是仙学流行的地方，能够孕育出优秀的向道之才。早在秦王朝，关于胶东地区海市蜃楼，海外蓬莱山的传说就络绎不绝，历朝统治者若有求长生之道的，胶东沿海地区无疑是首选之地。王重阳选择胶东地区传道，无疑是最明智的抉择，后来的结果也证明事实的确如此。离陕入胶，路途遥远，但收获颇多，王重阳后来在《题终南山资圣宫》的诗中对当时的情况有所描述:"终南山,重阳子,违地肺,别京兆,指蓝田,经华岳,入南京,游海岛,得知友,赴蓬瀛。"由此看来,赴胶东途中,路程不仅遥远艰辛,但他在途中也结交挚友,传播了自己的思想,少有收获。

到达胶东地区后,王重阳凭借自己出众的口才、识心见性的思想,及清苦高尚的作风,很快游走于普通市民与上层社会之间,名声大起,树立了自己的威望,成为最具仙风道骨的高人。在这里他招收到了大批弟子,为全真教的发展注入了新鲜血液,使他们紧随自己流淌于各方。在这些弟子中,不能不提到的便是王重阳最负盛名的七名弟子,即全真七子。

历来对于全真七子入门的顺序争论不断,依据郭武先生的《全真七子"入门"次序略考》,将他们的顺序暂且定为马钰、丘处机、谭处端、王处一、郝大通、孙不二、刘处玄。他们的道号分别为丹阳子、长春子、长真子、玉阳子、广宁子、清净散人和长生子。全真七子的出身、经历、入道契机各不相同,但都有一些共同的素质,那就是:第一,天资聪颖,悟性高,追求超凡脱俗的境界;第二,早年已接受齐鲁文化的熏陶,能刻苦自学,有人文功底;第三,能吃苦耐劳,坚受磨练,不惧传道过程中的艰辛痛苦。这些优秀的品质使全真七子不仅得到王重阳的信赖,更得到其他各方人士的肯定,使他们在后来的传教中事半功倍。全真七子兼通三教,一心向道,他们是当地文化士人中的佼佼者,也都具有人格魅力,故能撑起全真教的事业,使之走向繁盛。

没有王重阳,就没有全真教,但没有全真七子,亦不会用全真教。经过多年的经营,全真教终于在齐鲁大地站稳了脚根,但是王重阳知道,如果要继续扩大自己的影响力,还必须向内陆深入,仅胶东地区是不够的,于是他决定西归。

第三个阶段:携徒西归,反哺关中。利用在胶东地区引入的新鲜血液,王重阳决定带领徒弟,打开自己原来在陕西没有打开的局面。不幸在回来的路上,王重阳于汴梁去世。众弟子悲痛欲绝,但还是决定按照王重阳身前的想法做接下来的事情。于是,一部分弟子到其他省份传教,另一部分弟子扶柩西归,安葬遗体,继续在关中一带传教。其中首先深入陕西关中的便是王重阳的大弟子马钰。

马钰来到长安后,凭借自己的能言善辩及简朴优良的作风,一度在关中引起反响。博学多才的他还编写通俗易懂的诗词教义,便于传教。例如其中的两首:

赠华亭县道友

马风兹事效维摩,常病众生受苦多。

劝化诗词如省悟,免教投火效飞蛾。

赠众道友

有心入道莫推延,唯恐因循老了贤。

今日不知明日事,今年怎敢保来年。

渐渐地,马钰在关中地区撑起一片天。王重阳多年没有打开的陕西关中地区的教派局面,却被马钰和众弟子打开了。后来,丘处机1170年入陕,在陕传道达21年之久,又使全真教在关中地区扩大了影响力,其弟子遍及关中,形成全真道龙门派,慢慢地将全真教的推向了鼎盛。

至此,全真教都有相当大的发展。全真教的历代掌门人,凭借教派的清规及影响力,完好地统治着众多的门徒。当时说法叫"天下十分,全真居其七,天师居其三"。

全真教的统治者一方面在扩大自己的教派,另一方面利用宗教势力为统治者效劳,但终因其影响过大,受到统治者的猜忌和排斥。因此在元宪宗时期的佛、道之争中,统治者持明显的袒佛立场,使全真教在宪宗八年和惠宗十八年的佛道大辩论中败北,予全真教以沉重打击。全真教发展的鼎盛局面,亦随之宣告结束。明以后,全真教步入衰落时期,这有自身管理不利(后期的全真教,很多教徒奢靡成性,建造繁华建筑居住,名誉一度下降)的原因,也有统治王朝所施政策的影响。清朝时,全真教第七代掌门人王常月,号昆阳子,曾一度整理过门规,大肆发扬过全真教,使之一度复兴,他也被称为"中兴之祖",但未能恢复元朝时全真教鼎盛局面,不久这种复兴之光也黯淡了下去。

清末到如今,全真教虽再也没有重现鼎盛局面,但其影响久经年月未绝。后人对其称赞亦不曾绝。徐琰[①]在《郝宗师道行碑》里曾说:"重阳真君,不阶师友,一悟绝人,殆若天援。起于终南,达于昆仑,招其一家之教曰全真,其修持大略以识心见性、除情去欲、忍耻含垢、苦己利人为宗。"

在后来的发展中,全真教与正一道分道教天下,又代表着道教与儒佛两家形成三足鼎立之势,受到各界的尊重。

时至今日,道教里的思想主流仍为全真教,它的节俭、寡欲、修身、炼丹思想在民间影响依然很广泛。虽然不现往日的教派辉煌,但全真教作为一支教派,同时也是一种文化,我们必须了解和瞻仰。它的发源地,关中,刀风浓厚之地,是我们了解它的最佳胜地。

---

① 徐琰:元代著名文学家,翰林学士,元"东平四杰"之一(四杰:阎复、徐琰、孟祺、李谦)。

第七章

立心天地　太平天下
——关中书院与陕西文化教育

　　关中,历来不仅是中国的政治中心,而且是中国的文化教育中心。北宋时期,著名理学家张载创立了"关学",与当时周敦颐的"濂学"、二程的"洛学"、朱熹的"闽学"并称为宋代的"四大学派"。张载主张"以气为体""经世致用"等,他的哲学思想相当丰富。关中学派著名学者冯从吾受关学影响颇深,于明神宗万历三十七年(1609年)创办了著名的关中书院,希望有补于世,在有明一代产生了重要影响,关中书院的一些管理方法和教学思想,仍值得今天的我们学习和借鉴。

第一节　张载与横渠书院

一、张载其人

　　北宋一代,道学兴盛,蔚为大观。与周敦颐的"濂学"、二程的"洛学"、朱熹的"闽学"并称为四大学派的"关学"乃是中期宋学代表人物张载所创,颇负盛名,影响深远。张载,字子厚,世称"横渠先生",是北宋时期一位重要的思想家,理学的奠基人之一。其人"少喜谈兵",年愈弱冠,即"以书谒范仲淹",后博学《中庸》,遍访释、老,讲《易》于京师,并与二程"语道学之要",表现出"吾道自足,何事旁求"的淳如思想。张载生于1020年,宋仁宗嘉佑二年(1057年),举进士。宋神宗熙宁二年(1069年),神宗询以治国之方,张载对"皆以渐复三代为对",出崇文院校书。其弟张戬,因反对王安石变法而被黜贬,张载唯恐牵连,解职归田。此后以讲学读书为业,著作颇丰。张载神宗熙宁十年(1077年)卒。嘉定十三年(1220年),宋宁宗赐谥"明公",陪祀孔庙。张载一生著述很多,晁功武《郡斋读书志》录有《横渠春秋说》《信闻说》《横渠孟子解》《正蒙书》《崇文集》五种;陈振孙《直斋书录解题》录有《易说》《理窟》《正蒙书》《祭孔》四种。现世所传有1987年中华书局出版的《张载集》。

二、张载思想

中期宋学,除周敦颐、邵雍而外讲宇宙论的,便是"粹然一儒者"的张载[①],思想体系严密,意蕴丰富,现分述之。

《西铭》是被二程尊为经典的著作,张载关于《西铭》曾说:"为天地立心,为生民立命,为往圣继绝学,为万世开太平。""圣人为天地立心,在他看,正犹孝子为一家打主意。圣人为生民立命,正犹孝子为一家立家业。若无孝子,这一家会离心离德,也会倾家荡产。若无圣人,则天地之道亦几乎熄灭。但孝子圣人终于会出生,这便是天地造化伟大处。"钱穆先生在《宋明理学概述》中如是解释,这也体现了张载的天道观与人伦关怀。

(1)为天地立心。所谓"为天地立心"者,实际上代表了他的天道观。身处宇宙天地之中,天与地是自由存在的一个物象,它是无意识、无思想的。正是因为有了人,这个世界万物、天地之间才有了价值和意义。从这个层面来说,因为有了人,天地才有了心。在人的不断探索和追寻之中,我们找到了宇宙万事万物的规律,发现了大自然的奥妙,感受到了厚德载物般的精神。孔子说的"五十而知天命",即是把人的命数与天地的规律紧紧联系在一起。从张载《西铭》的"天为父,地为母",到朱熹的"天地万物本吾一体",再到陆九渊的"宇宙便是吾心,吾心即是宇宙"可以看出,"为天地立心"并不只是一句话,它更是融合了各家的思想和古代文化的精髓。所以,这句话并不是没有依据的,而是有着深厚的文化内涵。他说:"太和所谓道,动静相盛之性。"又说:"太虚无形,气之本体。"意为宇宙最先只是一气,并且又是不可感知的。吕思勉先生也提到:"横渠之学,所以能合天地万物为一者,以其谓天地万物之原质唯一也。此原质为何? 曰:'气是已。'"张载提出"太虚"这一概念,表现了他的唯物主义自然观,具有直观性的特点。张载的天道观还表现在其提出的"一物两体"之说,他说:"其阴阳两端循环不已者,立天地之大义。"这使得"太虚即气"的思想更加深化。

天地的心和命运是与人的心和命运紧密联系在一起的。我们要用全人类的意识、全球的观念、大同的胸怀,来观照宇宙天地的事事物物。这样一来,宇宙万物才能达到和谐相处,人与自然、人与人才能更加融洽。

(2)为生民立命。《周易·说卦传》说:"立天之道,曰阴与阳;立地之道,曰柔与刚;立人之道,曰仁与义。"天地人虽为三才之道,但陆九渊说:"天地人之才等耳。"

---

① 钱穆.宋明理学概述[M].北京:九州出版社,2011:49.

这里的人是一个大写的人，人与天地是平等的，是应该相互尊重的。然而人身需要安，人命诉求立。立命者，孟子说："尽其心者，知其性也，知其性，则知天矣。存其心，养其性，所以事天也。天寿不贰，修身以俟之，所以立命也。"在这里孟子开出立命的两条路向：一是知天命的路线，穷极心的全体而无不尽，而觉解心性的本质之理，以达知天命。二是事天命的路线，操存本心，涵养本性，以事奉天命。这与张载的思想大体是一致的。

所谓立命，于当下的中华民族而言，则是要继承传统的中华文化，在现有的社会环境里，将它不断发扬光大。这也不是一句空话，这是需要我们每一个中国人，每一个炎黄子孙为之努力终身的。中华文化博大精深，源远流长，上下五千年的历史汇聚了众多优秀的文化。历史是文化的记录者，同样也是文化的杀戮者，流传至今，亦有众多文化和思想已经遗失在滚滚东逝水中。这就需要我们为之追寻，为之探究，为之传承。在古时候，许多深明大义之士常常为民请命，是为了民生百姓能安居乐业。张载的为生民立命，在不同的时代，涵义亦有所不同，当下看来，就是为振兴中华文化而立。

（3）为往世继绝学。自南北朝隋唐以来，佛教文化逐渐成为强势文化，梁武帝萧衍溺信佛道，四度舍身入寺。隋代文帝杨坚归依三宝，炀帝杨广亲受菩萨戒，唐朝李渊父子亦崇佛。经济上，"十分天下之财，而佛有其七八"，怎样才能继往圣的绝学，宋明道学家不是采取韩愈的"人其人，火其书，庐其居"的硬性方法，而是汲取柳宗元"综合儒释"的思想。两宋道学家们出入佛道或几十年，在"尽究其说"的基础上，融和儒释道三教，落实了"兼容并蓄"儒释道三教的文化整合方法于"天理"上，而开出宋明理学理论思维新体系、新观点、新方法，担当起拯救中华文化的历史使命，重新发现中华传统的绝学，使之焕然光大。当前，我们共同乘弘扬中华文化的春风，既继往圣的绝学，延续中华文化的薪火，又在多元文明的互动、对话、融合中，使中华文化的薪火愈燃愈旺。

（4）为万世开太平。中华民族几千年前就期望开太平的大同世界，直到孙中山祈求开出"天下为公"的太平盛世。经过祖辈努力至今，太平盛世、天下为公已经取得了初步的成效。虽不能说当下社会是极为和谐与公平的，但是在一定程度上，我们的道德水平、思想境界、社会民生已经达到了较好的层面。

如何开万世之太平？《大学》的三纲领、八条目指出了其要旨。"大学之道在明明德，在亲民，在止于至善。"对我们普通人来说，修身是第一要务，只有人人不断提升自我的修养和品格，社会大众的思想境界才能有所提升。如何修身，就又是一个重要的问题了。所谓修身，不仅仅要学习各种文化知识，充实我们的内心，同时，要学习传统的思想美德,用积极向上的品德情操来要求自己,从而成为一个有修养的人。对于君王来说,要将亲民放在第一位,民乃社稷之根本。要想求得天下太平,就要将民生百姓的幸福时刻牢记,也就是我们当前常说的以人为本。这也是我们中国政治一直践行的宗旨和追求的目标。

张载的四句教诲,构建了"为天地立心"的形而上本体,"为生民立命"给本体提供了依据,"为往圣继绝学"为其提供了觉解和内圣外王的修身养性工夫,而通达"为万世开太平"的价值理想境界,构成既立天极、又立人极的天人不二的圆融无碍的哲学理论思维体系,则是张载的终极追求。张载的四为句,既成为了关学的宗旨,也激励了一代又一代的知识分子的社会责任感和历史使命感。甚至在1992年的汉城奥运会开幕式主会场上,也赫然出现了这些句子。2004年,温家宝总理在美国哈佛大学的演讲中也无比自豪地引用了四为句。2005年,时任台湾国民党主席的连战先生访问大陆,也曾用以寄语北大学子。足见张载四句名言的精神感召力之强盛。古往今来,这四句名言经久不衰,可见张载的思想对中华文化乃至海外文明都产生了深远的影响。

三、关于横渠书院

张载祠原为横渠崇寿院,据说张载十五岁居家横渠大振谷口为父守灵。他一面种田,奉母教弟,一面去横渠崇寿院读书,从十五岁到三十八岁考中进士,张载一直就读于崇寿院。后来因他被邀到开封、长安等地讲学,关学此时也已经基本形成,直到张载去世后,他的门徒们为了怀念他的功绩,才把崇寿院更名为横渠书院。

图7-1　横渠书院

横渠书院,它不仅仅是张载讲学的地点,更是张载思想文化的积淀。在这里,我们能够感受到古代伟人为了社会苍生的一种匹夫之责的大义和精神。随着时光的流逝和岁月的变迁,横渠书院代表着关中文化的一个层面,向世人展示了百年前一位哲人的思考和理念,它不会随时光流逝,只会愈发厚重和光辉。

第二节　明清之际的李二曲

李颙(1627—1705年),字中孚,陕西周至人,周至的古字在《汉书》中解释为"山曲曰周,水曲曰至",故人们称他为二曲先生。李颙少时家贫,但苦读数载,成就非凡,提倡讲学,曾讲学江南,门徒很多,后主讲于关中书院。李颙与孙奇隆、黄宗羲称为清初三大儒。《清史稿》:"瓦明年寓富平,关中儒者咸成'三李'。"

清初大儒李二曲幼年读《三字经》时,曾向先生提出了一个问题:"既然人性都是善的,那么应该说成'性相同',为什么是'性相近'呢?"那时他只有九岁,就能根据自己的理解,提出问题,可见他自幼思维之敏捷。二曲十四岁时,父亲战死,他就和母亲相依为命,因为家贫,也只能辍学,但他在家时,并没放弃学习,继续读《大学》、《中庸》、《论语》等能找到的经典著作。二十岁时,周至县令樊侯辛亲访李二曲。经过一番交谈,县令对李二曲的学识感到十分惊叹,自题了一块"大志希贤"的匾挂以赠二曲。

李二曲虽然获得了县令的赏识,但并不因此而自满,而是继续努力学习。当时,周至县和邻近的眉县有几户世代读书为官的人家里,藏书甚丰,李二曲便去借阅,这样便使他的知识越来越渊博。同时,他对自己一举一动,要求也更加严格,家里虽穷困,却从不卑躬屈膝地向别人乞求什么,这使得他的品德修养更加高尚。此后李二曲在学问上逐渐迈上博览一途,经史子集、稗官野史、方士技艺、西洋典籍等,无所不涉。二十九岁时细心研究经济之学,他深切领悟:"学需开物成务,康济时艰……终是有用之学。"不然,一味博览下去,其最高成就也只是漫无统记的杂学和著作等身的学问家,而不是能躬身实践、开物成务的领袖学者。三十岁时,他研究的重点是军事方面,二曲先生生活在明末清初之际,社会动荡,人民饱受战乱之苦,他父亲就是在清军与李自成军队的作战中战死的。由于父亲的死,可以说是他辍学的直接原因,也是他和母亲生活清贫的原因,所以二曲希望和平,能学些军事谋略,尽快结束战争。这是二曲注重军事经济的一个阶段,在毕生学养中占重要分量。

　　二曲是一位颇有成就的思想家,他一生读书、教书,后终于形成了自己的思想体系。阳明专攻心学,程朱以理为主,而李二曲说:"仆学兼采众长,未尝专注一家。"但后人一直为他的思想寻找一个宗旨,一条核心。正如他所说,他的思想庞杂,所以只能从侧面去探究,借别人的评价与总结去认识他。"他绝对不作性命理气等等哲理谈……所以他的学风,带有平民的色彩。"侯外庐先生同样提到:"李颙的著作,没有像王夫之、顾炎武、傅山的反理学的风格,充分表现修正理学的态度。"①这也体现了他思想的一方面。

　　周至县令骆锺麟关于二曲的思想曾有这样一段论述:"……其学以慎独为宗,以养精为要,以明礼适用为经世实义,以悔过自新为做圣人入门。"那时二曲三十三岁。他认为古人讲修养的道理很多,都不如"悔过自新"这四个字目的明确。可以说"悔过自新"是二曲思想的基础。"二曲以悔过自新为入德之基,反身求自己,言言归于实践。"二曲指出:"经书垂训,实具修齐治平之理,岂专为一身一心,悔过自新而已乎? 天子能悔过自新,则君极建而天下以之平;诸侯能悔过自新,则侯度贞而国以之治;大夫能悔过自新,则臣道立而家以之齐;士庶能悔过自新,则德业日隆而身以之修。"可见悔过自新的目的,是为了让人做一个真正的人,是为了整个国家和民族。而现在人们的通病,就是不懂得做人的基本道理,廉耻之心丧失。因此,人们再也不能空谈了,而要注意悔过自新,培养羞恶之心,懂得什么叫廉耻,一个人只有具有廉耻之心,他的心才是真心,人才是真正的人,学才是真正的学。这就是二曲以"悔过自新"为宗的心性修养论。

　　二曲的高足王心敬在《二曲集》初次刊行时曾于序文中说:"……二曲先生……独以明心止善之旨为标准。其言曰:真知乃有实行,实行乃为真知。有真本体乃有真功夫,有真功夫乃有真本体,体用一原,天人无二。"这是王氏对过了不惑之年的二曲先生的评价与总结。二曲说:"形骸有少有壮,有老有死;而此一点灵原,无少无壮。塞天地,贯古今,无须臾之或息。会得此,天地我立,万化我出;千圣皆比肩,古今一旦暮。"万物无时无刻不在变化,唯有一点灵原不变。二曲先生提到了"灵原",其实"灵原"一词是他的著作《二曲集》的《学髓》中提出的一种思想,这本书是一篇很著名的教育哲学著作。所谓"学髓",就是学术的真髓,亦即学术最切要的宗旨。这篇论著是李二曲给门人的讲学录,由门人记录整理而成,有图有说,而图是李二曲自作的,体例有似周敦颐的《太极图易说》。其书分两部分:一为"揭出本来

---

① 侯外庐.中国思想通史[M].北京:人民出版社,2011:259.

面目"的心性本体论,一为揭示"下手工夫"的道德修养工夫论。在本体论方面,《学髓》认为"人生本原"(又称"灵原")是人的根本,也是天地万物的根本。实际上这种"人生本原"或"灵原"即指"人心"。二曲说:"此(一点灵原)天所以兴我者也。生时一物不曾带来,唯是此来;死时一物不曾带去,唯是此去……安此谓之安身,立此谓之立命。"①若把人生看透了,所谓赤裸裸的来,亦无一物的去,人生到头一场空。其实这种对人生的思考与人生的终极价值探讨自古就有,杜甫的诗"千秋万岁名,寂寞生后事",还有陆放翁诗"死后是非谁管的,满村听说蔡中郎"。二曲中年以后,其《学髓》一篇曾列图云:"虚明寂定。"此时达到了他人生境界的最高点。

二曲七十七岁时,当时官臣考证时,他们对二曲的书《四书反身录》评曰:"其书大旨,欲人明体适用,反身实践,人人能反身实践,皆人人皆可为君子,世世可踬于唐虞,此书流行,有裨于圣治。"其实在这之前二曲早将他的"学"概括为"明体适用"之学。他曾说:"明体适用,乃吾人性分之所不容已,学而不如此,则失其所以为学,使失其所以为人矣。"那么何谓"明体适用"呢?二曲指出:"穷理致知,反身于内,则识心悟性,实修实证;达之于外,则开物成务,慷济群生。夫是之谓明体适用……明道存心以为体,经世载物以为用……"显然,二曲的"明体适用"是由"明体"之学和"适用"之学两部分组成的。对"体"他做了很多解释,如"明明德"是"体","适用"之学由"明体"之学显发,引深为道德的行为。二曲阐释"明体适用"为"经纶参赞"。台湾作家林继平评:"经纶参赞取于《中庸》,经纶天下之大经与参天地,赞化育。"二曲又曰:"内足以明道存心,外足以经世载物。"实际上是儒家传统的内圣外王,同时也把儒家的文化和政治理想全都透显出来。二曲曰:"能经论万物而参天地,谓之儒;务经纶之业,而欲与天地参,谓之学。儒而不如此,便是俗儒,学而不如此,便是俗学,俗儒俗学,君子深耻焉。"这就是二曲先生"明体适用"之学。李二曲在学术思想方面,它提倡明体适用、真体真用之学,提倡以经世致用为读书目的,既有其理学家的保守性,又有其重实际的一面。在价值取向上倾向陆王心学,主张学术兼容并包,在"明体适用"的原则下改造教育内容。这些应当是可以肯定的。但是,《二曲集》所主张的默坐澄心、悔过自新、明心识体等道德理论和道德修养方法,具有唯心论的神秘色彩和封建禁欲主义本质,这些是与明末清初的反理学启蒙思潮不相容的,表现出它的落后性和局限性。

---

① 林继平.李二曲研究[M].台北:台湾商务印书馆,1999:122.

第三节 关中书院和关中学派

一、关中书院

明神宗万历三十七年(1609年)的一天,陕西著名理学大师、教育家、学者冯从吾先生在宝庆寺(今西安市书院门西安师范学校附小附近)会讲,参加会讲活动的,除了平时的莘莘学子外,还有慕名而来的当时陕西布政使汪可受、按察使李天麟、参政熊应占等政要,他们目睹着数千人挤在狭小的寺院内听讲的局促景象,遂临时商定将寺东的小悉园(今西安师范学校)划归为讲学场所,并正式命名为"关中书院"。书院创建后,冯从吾亲任院长,既负责书院的教学工作,又负责书院的组织管理工作,并延请了周淑远、龙遇奇、萧辉之等学富德高的关中名儒共执教席,在大家的共同努力下,经过短短几年时间,关中书院成为全国闻名的学术传播中心和人才培养机构之一。《徽州府志》记载,明清"海内书院最盛者四,东林、江右、关中、徽州,南北主盟,互相雄长。"①天启六年(1626年),魏忠贤指使其爪牙陕西巡抚乔应甲,拆毁书院,关中书院毁于一旦,冯从吾气病交加,次年离开了人世。

关中书院自创建到禁毁,在明一代仅仅17年,在政治上,他没有产生像东林书院那样巨大的影响力,但作为一个学术传播中心和人才培养机构而言,它对明代教育事业繁荣和发展起了很重要的推动作用,尤其是其"德教为先"的教育思想,对今天的教育事业发展仍有重大的指导作用。

冯从吾是一位理学大儒,所以,关中书院以谨守孔孟之道、圣人之学为教学宗旨,严守儒家道德规范培养人才。书院讲堂取名"允执","我关中形胜甲于天下,羲、文、武、周,先后崛起,弗可尚。自横渠后,理学名儒代不乏人,盖文献之邦,而学问之薮也。吾辈生于其后,何可无'高山景行'之思!且书院名'关中',而扁其堂为'允执',盖借关中'关'字,阐'允执其中'之秘耳。"②"允执其中"源于《中庸》,意思是要遵守中庸之道。书院还要求全院师生做到"纲常伦理要尽道,天地万物要一体,仕止久速要当可,喜怒哀乐要中节,视听言动要合礼。"③此外,书院还制定了一系列的规章制度,如"士戒""关中书院语录""关中大夫会约"等,这些规章制度包罗万象,我们从数条"士戒"即可窥其严格:不对父母尊长傲慢无礼;不在大庭广众中

① 《徽州府志》康熙年间线装。
② 《冯少墟集》卷十五《关中书院科第提名记》。
③ 《冯少墟集》卷十二《关中书院语录》。

高谈阔论,旁若无人;不对食物饮食等拣择;不凌辱耻笑贫贱之人;不攀附富人;不交结迷信相术之人;不看《水浒传》等违背纲常礼教的书籍;不轻易品评前辈著作及学问浅深、行事得失;不饮酒戏弈;不纵情声妓或深夜回家;不谈论人家私事;作课日不轻易告假;不彼此说话看稿以乱文思等。这些教学宗旨和管理条例,始终把"德行"的教育放在重要位置,这在今天忽视德行、偏重智育的教育现实中,值得每个教育者深思并学习和采纳。

此后几十年,关中书院屡废屡兴,康熙十二年(1673 年),总督鄂善复修关中书院,力邀其时的著名学者李颙主持书院。李二曲登台讲学之初,一时"德绅名贤、进士举贡、文学子衿之众,环阶席而侍听者几千人①"。至乾隆、嘉庆年间,书院曾盛极一时,之后,在清统治者严密的思想控制之下,政府不仅控制了书院的经费,而且控制了书院院长任命,至此,院长独立自主地延师讲学、精研学问的风气已不复存在,政府以功名利禄为诱饵,以考试作为控制书院的重要手段,对考试结果评出等级并给予一定的奖励,使之逐渐与地方官学的功能合流,书院完全成了科举考试的附属机构。

二、关学精神概况

1."立心立命"的使命意识

张载是一个有自觉的学术使命意识的理学家,他提出的"为天地立心,为生民立命,为往圣继绝学,为万世开太平"的名言,是对自己的学术使命的高度概括。这几句话,为人们提供了一个正确的世界观、人生观、价值观和文化观,表达了他的崇高使命和远大志向,受到人们的赞同和景仰。

关学的后继者们,无论其哲学思想是否与张载一致,但都以此使命来勉励自己。他的弟子吕大临,尽管有向"涵泳义理,空说心性"的洛学转变的趋势,但他仍坚持着"以教化人才、变化风俗为己任"的学术使命。明末清初被尊为"海内三大名儒"之一的李二曲认为,学术乃是"生人之命脉,宇宙之元气,不可一日息焉者也"。他说:"大丈夫无心于斯世则已。苟有心斯世,须从大根本、大肯綮处下手,则事半而功倍,不劳而易举。夫天下之大根本莫过于人心,天下之大肯綮莫过于提醒天下人之心,然于醒人心,惟在明学术。此在今日为匡时第一要务。"

由此可见,自觉的使命意识和强烈的学术责任感,是关学的重要精神,这种精神使关中学派的每位成员都把自己的学术活动与国家命运紧密结合起来,使自己

---

① 李颙.二曲集·卷 45 历年纪略[M].北京:中华书局,1986:274.

既成为闻名全国的学者,也成为社会历史价值的承担者。

2."经世致用"的务实作风

在濂、洛、关、闽四个学派中,关中学派是最具有务实精神的学派,张载以气为本的哲学体系,分析细致、逻辑严密。然而,张载为学却不尚空谈,而是"语学而及政,论政而及礼乐兵刑之学",有着鲜明的求实作风。早在青少年时代,张载即向邠人焦寅学习兵法,并曾想组织兵力对西夏作战,解除西北边患,二十一岁时上书延州知府范仲淹,提出"边议"九条。此后虽走上治学道路,但他依然关心当时的军事、政治,在他为政期间,"躬行礼教",晚年回到故乡横渠镇著书讲学时期,一边与弟子们读书论学、著书立说,一边又关心时政、体察民情。他认为治学讲学最终是为社会服务,是为了培养实用人才,他这种"经世致用"的思想,基本得到其后的继承者的发扬。

冯从吾提倡"困而能学""学而能行"的学风,认为知识应该运用于实践,他以学射为例,阐述学行结合的道理,说"学射者不操弓矢而谈射,非惟不能射,其所谈未必当。"李因笃认为治学的目的是治国,是有补于世。因此,在他的学术著作中,经常可以窥见关于国计民生的良策,例如,对于用科贡之法还是选举之法选拔人才的问题,他说:"天下必无无弊之法,善用之可也"。

"经世致用"的务实作风,是关中学派崇尚实学精神的体现,这种优良学风,不但在宋明理学中影响深远,而且在当今浮躁的社会中更值得我们提倡和学习。

第四节　关学的演变及陕西文化的延续

关学是宋代张载创立的以关中地域为名的学术流派,它实质上是宋代儒家思想即理学在陕西地区的表现形式。

所谓"关学"即关中(函谷关以西、大散关以东,古代称关中)之学,是从地域角度而言的,因其学者都是关中人,故其理学又称为"关学"。关学作为儒学史上承前启后的一个重要学派,从北宋到清末,延续了700余年,誉播华夏,影响深远。明代著名学者王阳明曾说:"关中自古多豪杰,其忠信沉毅之质,明达英伟之器,四方之士,吾见亦多矣,未有如关中之盛者也"。

北宋中期,张载创立关中地区的理学,他也是关中学派的代表学者。关学重视躬行实践,发扬实学学风,走上了笃实重礼的道路。在张载时代,"关学之盛,不下洛学。"而在张载之后,关学分成了三原学派、关中心学和关陇学派,仍有无数后人继续不遗余力地支撑着关学。张载的学生和从学者,据冯从吾先生的《关学编》,虽然只列出了张戬、吕大忠、吕大钧、吕大临、范育、侯仲良等人,但他们却对关学的形成和发展起着重要作用。

关学自张载创立之后,经由吕氏兄弟等人的传播才得以流传。虽然在张载去世之后,吕大钧、吕大临等弟子又投奔于二程门下,但他们"笃信师说",仍将关学作为他们思想的核心。此时,固守关学的弟子渐少,关学出现了一时冷落的局面,元代只有杨恭懿、杨奂等人在关学上有所建树。

然而,寥寥数人坚守的关学并未衰熄,到明代以后,关学的发展出现了转机,以薛瑄为代表的河东之学,崇尚气节,躬行礼教,发扬关学学风。他们在兰州讲学,于周蕙门下受学。周蕙门徒薛敬之、李锦又将这种学说再传到关中。薛敬之的学生吕柟更是承继了张载宗风,"关中之学益大显明于天下。若夫集诸儒之大成而直接横渠之传,则宗伯(吕柟)尤为独步者也"。

至明后期万历、天启年间,冯从吾成为关学的代表人物。冯从吾先生有志振兴关学,是明代关学中把程朱理学与陆王心学融合起来的集大成者。他曾与蓝田秦关等在许敬庵所开正学书院讲学,后又创立关中书院,专讲明理学,培养了许多"关学"学者。从那时起,关中的各类书院,大大小小,如雨后春笋,纷纷脱颖而出。王心敬在《关学续编》中指出:"盖夫中道学之传,自前明冯少墟先生后寥寥绝响,先生起自孤寒,特振宗风。"

至清代时,关学尤以"关中三李"最盛,他们开清初关中学术之新风气。明清之际,宋明理学已经深陷"空疏无物""虚谈玄理"的末端,而关学的发展也至李二曲结束。

关学自北宋张载建立到清代李二曲结束,凡700年间,虽有起落,但仍然是一脉相承沿袭下来的。从北宋张载的"以礼为教",吕氏兄弟的《吕氏乡约》,到明代冯从吾的关中书院,最后到清代"关中三李"的躬行孝道、崇尚气节,关学的这些思想发源于关中,流行于关中,而这些北宋到明清的关学代表人物,不仅对关学的发展起了很大作用,而且对关中移风易俗有很大影响,形成了关中人刚毅厚朴、务实重礼、崇尚气节、躬体力行的气节。

关中平原从古至今就是一个独特的地理区域,东有函谷关,西有大散关,北有萧关,南有武关,处于群山环抱之中,地理位置十分优越。关中平原气候温和,土地肥沃,物产丰富,交通便利,历来是兵家必争之地。"关中自古帝王州",先后有十几个王朝在此建都,这使得关中历史传统悠久,文化积淀深厚,人民的精神文化生活也十分丰富。尤其是"北宋五子"之一的张载在此创立了"关中学派",一大批笃信关学的大儒们,把孔孟儒学以一个新的姿态在关中大地传播,形成了独特的关中文化。而影响这种独特的关中文化的核心,即是关学。

关学发展的最大作用就是将儒家教化由官方推向民间,由士人推向百姓。以张载为代表的关学大儒们大多淡薄富贵功名,不因强势而折节,恪守儒家伦理道德。《明儒学案》中说,关学学者"多以气节著,风土之厚,而又加之学问者也"。又因为关中地区自古自给自足、安土重迁,才使得关中人养成了自我满足、安逸松散的意识。而关学在关中地区的发展和传播,使得关中的文化、经济,包括民风民俗、礼仪,甚至关中人的性格等,都十分清晰地承袭着关学文化的精神。关学是中国传统文化的重要组成部分,它以重使命、崇道德、求实用、尚气节、贵兼容的优秀精神,塑造了关中人浑厚、坚实、耿直、质朴的文化性格和关中学者勤奋、求实、严谨、有责任心、有正义感的精神品格,一直延续至今。我们现在研究关学,就是要理清关中文化的演进,批判和吸取整个过程中的弊端和优势,来进一步挖掘这些宝贵资源,使关中文化进一步发展。

第八章

群星璀璨 名家林立
——陕西的史学与文学

在今河南省西部陕县西南,有一个叫做陕原的地方。西周初年,周公与召公以此划分,"自陕而东者,周公主之;自陕而西者,召公主之"。宋朝时设陕西为路,以其地处陕原之西,故称陕西。陕西地处黄河中上游,分陕北、关中、陕南三个部分,北面是黄土高原,南部是秦岭和大巴山脉。它是中华民族和中华文明的重要发祥地,在五千年的中华文明史中留下了灿烂的资源,特别是周、秦、汉、唐时期所展现的"秦汉雄风""大唐盛世"景象和所创造的辉煌成就,留下了大量的史学和文学瑰宝,对中国、亚洲乃至世界文明的发展都产生了深远的影响。

第一节 司马迁与《史记》

《史记》由西汉司马迁著。司马迁,字子长,西汉左冯翊夏阳县(今陕西韩城南人),生于汉景帝中元五年(前 145 年)。司马迁生于史官世家。司马迁的祖父司马善是有军功的五大夫。他的父亲司马谈是汉朝恢复太史之职的第一任太史令,也是非常有名的学者。

《史记》记载了上自上古传说中的黄帝时代,下至汉武帝之初元年间共三千多年的历史。《史记》共 130 篇,52 万字,包括"本纪""世家""列传""书""表"五个部分,记事上起轩辕黄帝,中经唐、虞、夏、商、周、秦,下迄汉武帝太初年间。《史记》包罗广泛,体大思精,被列为"二十四史的开篇之作"。从夏开始到汉朝,历史事件人物都历历在目。

《史记》最初没有固定书名,称"太史公书",或"太史公记",也省称"太史公"。据现知材料考证,最早称司马迁这部史著为《史记》的,是东汉桓帝时写的《东海庙碑》,此前"史记"是古代史书的通称。从三国开始,"史记"由通称逐渐成为"太史公书"的专名。

《史记》取材相当广泛。当时社会上流传的《世本》、《国语》、《秦记》、《楚汉春秋》、诸子百家等著作和国家的文书档案,以及实地调查获取的材料,都是司马迁写作《史记》的重要材料来源。特别可贵的是,司马迁对搜集的材料做了认真的分析和选择,淘汰了一些无稽之谈,如不列没有实据的三皇,以五帝作为本纪开篇,对一些不能弄清楚的问题,或者采用阙疑的态度,或者记载各种不同的说法。由于取材广泛,修史态度严肃认真,所以,《史记》记事翔实,内容丰富。

司马氏世代为太史,整理和论述历史。《隋书·经籍志》载:"谈乃据《左氏春秋》、《国语》、《世本》、《战国策》、《楚汉春秋》,接其后事,成一家之言。"可见司马迁之父司马谈有意继续编订《春秋》以后的史事。司马谈曾任太史令,将修史作为自己的神圣使命,可惜壮志未酬。元封元年(前 110 年),汉武帝进行封禅大典,司马谈身为太史令,却无缘参与当世盛事,引为终生之憾,忧愤而死,死前将遗志嘱咐儿子司马迁说:"今天子接千岁之统,封泰山,而余不得从行,是命也夫! 余死,汝必为太史,无忘吾所欲论著矣……"司马迁则回答道:"小子不敏,请悉论先人所次旧闻。"可知司马迁乃秉承父亲的遗志完成史著。《史记》以《封禅书》为其八书之一,即见其秉先父之意。司马迁是绍继《春秋》,并以汉武帝元狩元年"获麟",撰写《史记》。

司马迁子承父志,继任太史令。他早年受学于孔安国、董仲舒,漫游各地,了解风俗,采集传闻。初任郎中,奉使西南。太初元年(前 104 年),司马迁开始了《太史公书》即后来被称为《史记》的史书创作。但是,事出意外,天汉三年(前 98 年),李陵战败投降匈奴,司马迁因向汉武帝辩护事情原委而被捕入狱,并处以宫刑,在形体和精神上给了他巨大的创伤。出狱后任中书令,他忍辱含垢,发奋继续完成所著史籍,以其"究天人之际,通古今之变,成一家之言"的史识,前后经历了 14 年,创作了中国第一部纪传体通史《史记》。

《史记》经过司马迁外孙杨恽的努力,才开始流传,但到东汉时已经有了残缺。今本《史记》一百三十卷,篇数跟司马迁自序所说的相符。但《汉书·司马迁传》说其中"十篇缺,有录无书"。三国魏张晏注:"迁没之后,亡景纪、武纪、礼书、乐书、兵书(即律书)、汉兴以来将相年表、日者传、三王余篇。"班固在《汉书·艺文志》中著录冯商所续《史记》七篇;刘知几认为续补《史记》的不只是褚、冯两家,而有十五家之多。

《史记》有两部,一部在司马迁的工作场所(宫廷);副本在家中。在汉宣帝时期,司马迁的外孙杨恽开始把该书内容向社会传播,但是篇幅流传不多,很快就因为杨恽遇害中止。《史记》成书后,由于它"是非颇谬于圣人,论大道则先黄老而后六经,序游侠则退处士而进奸雄,述货殖则崇势利而羞贱贫,此其所蔽也。"被指责为对抗汉代正宗思想的异端代表。因此,在两汉时,《史记》一直被视为离经叛道的"谤书",不但得不到应有的公正评价,而且当时学者也不敢为之作注释。

在西汉即使诸侯都没有全版的《太史公书》,东平王向朝廷要求赏赐宫廷中的《太史公书》也遭到拒绝。因为《史记》中有大量宫廷秘事,西汉严禁泄露宫廷语,因此只有宫廷人员才能接触到该书。汉宣帝时褚少孙在宫廷中阅读该书,其中已经有些篇幅不对宫廷官员开放,到班固父子时,宣称缺少了十篇,班固家被皇室赐予《太史公书》副本,其中也少了十篇。

司马迁创作的《史记》比较广泛地传播流行,大约是在东汉中期以后。东汉朝廷也曾下诏删节和续补《史记》。《后汉书·杨终传》云,杨终"受诏删《太史公书》为十余万言"。表明东汉皇室依然不愿全部公开《史记》,只让杨终删为十多万字发表。被删后仅十余万言的《史记》,在汉以后即失传,以后一直流传的是经续补的《史记》。

唐朝时,由于古文运动的兴起,文人们对《史记》给予了高度的重视,当时著名散文家韩愈、柳宗元等都对《史记》特别推崇。宋元之后,欧阳修、郑樵、洪迈、王应麟各家,以及明朝的公安派、清朝的桐城派,都十分赞赏《史记》的文笔。《史记》的声望与日俱增,各家各派注释和评价《史记》的书也源源不断出现。

《史记》在流传过程中,也窜入了其他文字,失去原貌。今本《史记》中有些篇章或者有些段落不是司马迁所撰写,明显有补窜痕迹,如《司马相如列传》有扬雄以为靡丽之赋劝百而讽一之语,《公孙弘传》中有汉平帝元始中诏赐弘子孙爵语,《贾谊传》中有贾嘉最好学、至孝昭时列为九卿语,等等,这些内容都是后人补窜。而对于《史记》缺篇的补写,裴骃在《太史公自序》末注文中引三国时张晏的话,说《史记》亡十篇,"元、成之间,褚先生补续,作《孝武本纪》、《三王世家》、《龟策列传》、《日者列传》,言辞鄙陋,非迁本意也"。认为褚少孙补了亡佚十篇中的四篇。张守节《龟策列传·正义》则认为褚少孙补十篇,赵翼《廿二史札记》卷一也认为褚少孙补十篇。但是,据《汉书·艺文志》《论衡·须颂篇》《后汉书·班彪传》注及《史通·古今正史篇》等,西汉后期补续《史记》的多达17家。张大可认为真正补续的只有褚少孙一人,其余均为续写西汉史,大都单独别行,与褚少孙续补附骥《史记》而行不同。赵生群则根据有关资料,认为真正补续《史记》的除褚少孙之外,还有冯商,《汉书·艺文志》对冯商所续《太史公》保留七篇,当是补亡之作;删除四篇,应是续《史记》之文。

《史记》中哪些属于窜入文字,古今以来的学者也有许多看法。最有代表性的是崔适，他在《史记探源》中认为，《史记》属于今文学，由于刘歆的窜乱，乃杂有古文说。刘歆伪造《左传》，凡《史记》中出于《左传》的内容，皆为刘歆所窜入。而且，崔适列举八条理由证明《史记》断限止于"麟止"（汉武帝元狩元年），所以，"麟止"（元狩元年）后的记载皆为窜入。他认为，《史记》中有29篇为后人所补和妄人所续，它们是《孝文本纪》《孝武本纪》《年表》第五至第十（6篇）、八书（8篇）、《三王世家》、《张苍列传》《南越列传》《东越列传》《朝鲜列传》《西南夷列传》《循吏列传》、《汲郑列传》《酷吏列传》《大宛列传》《佞幸列传》《日者列传》《龟策列传》。崔适还认为《年表》五至九为褚少孙所补，其余妄人所续。崔适的一些观点颇有偏激之处，朱东润《史记考索》附《史记百三十篇伪窜考》一文，对"十篇亡佚"和崔适提出的29篇补续及其他说法涉及的篇目共48篇进行辨析，有肯定前人者，也有反驳前人者。

《史记》从传说中的黄帝开始，一直写到汉武帝元狩元年（前122年），叙述了中国三千年左右的历史。据司马迁说，全书有本纪十二篇，表十篇，书八篇，世家三十篇，列传七十篇，共一百三十篇，约五十二万六千五百字。

《史记》分本纪、表、书、世家、列传五部分。其中本纪和列传是主体。它以历史上的帝王等政治中心人物为史书编撰的主线，各种体例分工明确，其中，"本纪""世家""列传"三部分，占全书的大部分篇幅，都是以写人物为中心来记载历史的，由此，司马迁创立了史书新体例"纪传体"。

"本纪"是全书提纲，以王朝的更替为体，按年月时间记述帝王的言行政绩。其中记载先秦历史的五篇，依次是五帝、夏、殷、周、秦；记载秦汉历史的七篇，依次是秦始皇、楚霸王项羽、汉高祖刘邦、高后吕雉、汉文帝刘恒、汉景帝刘启和汉武帝刘彻。

"表"用表格来简列世系、人物和史事；"书"则记述制度发展，涉及礼乐制度、天文兵律、社会经济、河渠地理等诸方面内容；"世家"记述子孙世袭的王侯封国史迹和特别重要人物事迹；"列传"是帝王诸侯外其他各方面代表人物的生平事迹和少数民族的传记。

史记独特的叙事艺术，非常注重对事件因果关系的更深层次的探究，综合前代的各种史书，成一家之言，纵向以十二本纪和十表为代表，叙写了西汉中期以前的各个历史时代，横向以八书、三十世家和七十列传为代表，统摄各个阶层、各个民族、各个领域和行业，形成纵横交错的结构。

另外，《史记》的章法、句式、用词都有很多独到之处，别出心裁，不循常规，以其新异和多变而产生独特的效果。

1. 注重语言,细节描写

《廉颇蔺相如列传》蔺相如所讲的"以先国家之急而后私仇也",即用人物自己的个性化的语言来表现人物的性格,也是作者司马迁提炼的,最能表现蔺相如思想境界的内在美的精粹语言,是蔺相如精神品质的升华,是他一切行为的思想基础,是全篇中至关重要的一名话。司马迁为了突出这句话,先写廉颇的骄横以与蔺相如的忍让映衬。但没有交代蔺相如这么做的动机,作一跌宕,从而引出舍人的规谏,以舍人的狭窄心胸反衬蔺相如的坦荡襟怀,又作一跌宕;蔺相如的答话,先将廉颇与秦王比较,引出舍人"不若也"的回答,又一宕;接着指出连秦王都不怕,何畏廉将军?又一宕;接着分析赵国的安全系"吾两人",不能两虎相斗,又一宕;几经腾挪跌宕,作了许多铺垫,到最紧要最醒目的地方,才点出"先国家之急而后私仇"这句话来,这确实是画龙点睛之笔。这个睛一"点",蔺相如的高大形象就如同巍巍的泰山一般在读者面前耸立起来了。

在《高祖本纪》《项羽本纪》里,司马迁用了许多细节语言来刻画人物,这些语言很具有个性。例如项羽见到秦始皇南巡时脱口说出:"彼可取而代也。"在刘邦道歉时说:"此沛公左司马曹无伤言之。"足见其粗豪率直的性格。而刘邦观秦始皇喟然太息说:"嗟乎!大丈夫当如此也!"话说得委婉曲折,能控制自己的感情,写出他虽气象不凡,但宽宏而有大度的性格。范增在鸿门宴上召项庄舞剑刺沛公时说:"……不者,若属皆且为所虏。"后来当刘邦脱逃时又说:"夺项王天下者,必沛公也。吾属今为之虏矣!"表现了他老谋深算的性格。

2. 正面描写与侧面描写、特写相结合,突出人物形象

在《史记》中,司马迁刻画人物,更多地采用了正面描写与侧面描写相结合的写法。比如项羽杀卿子冠军宋义一节,这是发生在起义军内部的一场斗争,这场战争关系到反秦斗争的成败。宋义作为起义军的将领在关键时刻却不去救赵,理由冠冕堂皇,实际上是苟且偷安,甚至另有图谋。作为次将的项羽看穿了他的意图,当机立断,斩杀宋义,夺取军权,扭转了局势。在司马迁的笔下,项羽表现了他的卓识和果断,表现了他关怀百姓士卒的胸襟、肩负国家安危重任的志气。又有"项羽最得意之战"——巨鹿之战,项羽破釜沉舟引兵渡河,"楚战士无不一以当十",所向披靡,无坚不摧。再看看诸侯军的反应,"诸侯军救巨鹿下者十余壁,莫敢纵兵。及楚击秦,诸将皆从壁上观","诸侯军无不人人惴恐","于是已破秦军,项羽召见诸侯将,入辕门,无不膝行而前,莫敢仰视"。这一仗,写出了项羽不畏强敌的精神、无比旺盛的斗志,莫敢纵兵、人人惴恐的诸侯军,更是衬托出了他的英雄气概。

司马迁对项羽有过肖像描写,与肖像描写相近的是人物的特写镜头,前者偏重于静态描写,后者则是动态的,将镜头直接对准人物,着眼于他的每一个举动,描摹人物的风姿、揭示人物的心理、展现人物的性格特征。在"霸王别姬"这段文字中,听闻四面楚歌,项羽"大惊""夜起""饮帐中""悲歌慷慨""泣数行下",美人骏马,是往昔叱咤风云的见证,也是今朝英雄末路的见证,慷慨悲歌,道尽胸中无限失意,将项羽这个末路英雄无可奈何的心情引到极致。

3. 运用对比映衬的方法

《史记》中的《李将军列传》描写李广就是用的这种手法。司马迁为了突出李广带兵特点,就附带写了程不识带兵的作风。"程不识故与李广俱以边郡太守将军屯。及出击胡,而广行无部伍行阵,就善水草屯,舍止人人自便,不击刁斗以自卫,莫府省约文书籍事,然亦远斥候,未尝遇害。程不识正部曲行伍营阵。击刁斗,士吏治军簿至明,军不得休息,然亦未尝遇害。"从这里,我们看到李广带兵的特点是宽缓简易"行无部伍行阵","莫府省约文书籍事",近乎无为而治。程不识带兵却非常严谨,"正部曲行伍营阵","击刁斗","士吏治军簿至明",乃是一丝不苟。在程不识的映衬下,红花绿叶,李广带兵的特点就格外显眼、突出。宽缓与严谨只是治军的作风不同,是时汉边郡李广、程不识皆为名将。然匈奴畏李广之略。"士卒亦多乐从李广而苦程不识"。从匈奴和士卒的反映中,流露出作者的倾向性,读者对李广的敬慕之情也不觉油然而生。在《李将军列传》中,要写李广毫不相干的程不识就是为了衬托李广。

写李广的不幸遭遇,司马迁又是把李蔡与李广对比:"蔡为人在下中,名声出广下甚远;然广不得爵邑,官不过九卿,而蔡为列侯,位至三公。"李蔡是李广的从弟,才能在下品之中,以九品论人属第八等,没有什么能耐,可他青云直上,官运亨通,爵封乐安侯,官一直做到宰相。而李广为抗击匈奴,驰骋疆场四十余年,身经七十余战,立下过许多汗马功劳,连匈奴人也敬畏而称之为"汉之飞将军"。可是这样一位名将却"不得爵邑",甚至还受到诬陷,终于被迫自刎。两相对比之下,李广的可悲命运就具体写出来了,当时用人制度,奖惩制度的不合理也深刻揭露出来了。

4. 在矛盾冲突中表现人物

司马迁生动具体地写出了人物之间的矛盾和冲突,再现出紧张多变的场面,人物置身其中,将各自的个性发挥到了极致。如《项羽本纪》中的"鸿门宴",作者选择表面平静,实际杀机四伏的鸿门场面,让众多人物在明争暗斗和彼此映衬中展示出了各自鲜明的个性。刘邦的圆滑奸诈,项羽的率直寡谋,张良的深谋从容,范增的偏狭与急躁，樊哙的粗犷豪放，项伯的善良与愚昧，传神尽相，如在眼前。

《廉颇蔺相如列传》中，司马迁将"完璧归赵""渑池之会"中紧张的场面与尖锐的矛盾冲突进行了细致的描写。在秦王的大殿上，面对秦王意欲毁约的状况，蔺相如随机应变、足智多谋，在面对面的斗争中计谋百出，将主动权始终掌握在自己手里。渑池之会上，秦王借着国力强大，肆意侮辱赵王，蔺相如寸步不让，严辞厉色，为维护国家尊严，置生死于度外。面对廉颇的步步紧逼，蔺相如隐忍退让，这一点不是所有人都能做到的。在尖锐的矛盾冲突中，充分表现了蔺相如炽热的爱国情怀，不怕牺牲，甘受委屈，豁达大度，能为常人所不敢为、不愿为的品格高尚、智勇兼备的形象。

5. 互见法的运用

司马迁写《史记》，既要突出人物的个性特征，又要保持人物性格的完整，保持历史的真实，在安排材料上他采用了"互见法"。背景事件人物基本相同，材料几乎交织在一起，司马迁按描写人物的需要，或详或略，或补或删，描写人物各具性格，记述史实则互相补足，这就是"互见法"。

如《魏公子列传》，主要是表现信陵君的"仁而下士"，但信陵君并不是时时都能坚持做到这一点。魏相魏齐曾将范雎一顿暴打，后来范雎做了秦相，要报仇，魏齐无藏身之所。赵相虞卿为了救魏齐，解去相印与魏齐一起投靠信陵君。但信陵君畏惧秦国，未及时接见他们，结果魏齐"怒而自刎"了。如果将这件事写进《魏公子列传》里，必然会对信陵君的形象造成损害。因此，司马迁将它写进了《范雎蔡泽列传》中。这样，既突出了信陵君的性格特点，又不损害人物性格的完整性，保持了历史的真实性，真正做到了"不溢美"，也"不隐恶"。

6. 个性化的语言，凸显人物风姿

高祖常繇咸阳，纵观，观秦皇帝，喟然太息曰："嗟乎，大丈夫当如此也！"看到秦始皇的仪仗旌旗蔽日气势威严，刘邦"喟然太息"，其羡慕之情溢于言表："大丈夫就应该是这样的啊！"将其贪图享受的无赖相刻画得入木三分。《高祖本纪》中，司马迁在刻画刘邦这个人物形象的时候，较多地使用了语言描写的方法，用极富个性的语言，将刘邦的形象生动地展现在读者面前。《高祖本纪》中有一段写刘邦打败项羽之后与群臣的对话。这段话刘邦陈述了自己之所以得天下的原因："夫运筹策帷帐之中，决胜于千里之外，吾不如子房。镇国家，抚百姓，给馈饷，不绝粮道，吾不如萧何。连百万之军，战必胜，攻必取，吾不如韩信。此三者，皆人杰也，吾能用之，此吾所以取天下也。项羽有一范增而不能用，此其所以为我擒也。"——能"与天下同

利",并且善于用人。层叠排比,滔滔而下,显出刘邦在取得胜利之后的志得意满。张良、萧何与韩信,都是杰出的人物,俱能为刘邦所用,则刘邦之才之德,更出三人之上。刘邦表面谦逊,实际上很自负。

在《史记》的其他篇章里,司马迁也多次使用个性化的语言描写,将人物性格刻画的惟妙惟肖。

《史记》中的"纪""传"是以人物为中心的纪传散文,通过展示人物的活动而再现多彩的历史画面。本纪、世家、列传中的人物来自不同阶层,上自帝王将相,下至市井细民,诸子百家、三教九流,应有尽有,所涉人物四千多个,重要人物数百名。《史记》的人物传记之所以有如此广大的覆盖面,和司马迁进步的历史观及开阔的视野密不可分。司马迁本人"鄙没世而文采不表于后"(《报任安书》),希望借助于《史记》一书而扬名后世,实现立言不朽的人生追求。出于这种心态,司马迁对那些在历史上虽有卓越表现、终因无人奖掖而难以扬名的布衣平民怀有深切的同情,为他们鸣不平。司马迁清楚地看到,一个人知名度的高低,乃至他是否能够青史留名,固然和他本身的业绩有关,同时也和是否有人宣扬提携密不可分。在司马迁看来,战国四公子或凭借王者亲属的血缘优势,或身居卿相之位,有的是二者兼备,他们显名诸侯犹如顺风而呼,事半功倍。"至如闾巷之侠,修行砥名,声施于天下,莫不称贤,是为难耳。然儒墨皆排摈不载,自秦以前,匹夫之侠,湮灭不见,余甚恨之。"司马迁对儒墨等学派由于门户之见排斥这些出自平民的侠客而深感不公。司马迁在按照惯例为帝王将相立传的同时,也把许多下层人物写入书中,其中包括刺客、游侠、商人、方士等,使得《史记》所收的人物非常广泛,并且都刻画得栩栩如生。

《史记》中的人物形象各具姿态,都有自己鲜明的个性特征。不但不同类型的人物迥然有别,就是同一类型的人物,形象也罕有雷同。同是以好士闻名的贵公子,信陵君和其他三公子在人格上高下有别,而孟尝君、平原君、春申君也各有各的风貌。同为战国策士,苏秦主要是一位发奋者的形象,而张仪身上更多的却是狡诈权谋。张良、陈平同是刘邦的重要谋士,但司马迁笔下的张良令人莫测高深,带有几分神异;而陈平这位智囊却富有人情味,没有张良那种仙风道气。《史记》同类人物形象之间尚有如此明显的区别,不同类型人物形象之间更是形成巨大的反差,鲜明的对照,人物的个性在差异、区别中得到充分的显示。

司马迁在刻画人物时,能准确地把握表现对象的基本特征加以渲染,使许多人物形象的个性非常突出。《万石张叔列传》突出石奋祖孙三代的谨小慎微,唯命是从。《樊郦滕灌列传》写到夏侯婴时,主要叙述他对刘邦一家的精心呵护,他和刘邦家庭的特殊关系,多次提到他的太仆之职。《李将军列传》在描写李广时着意表现他高超的祖传射艺,他射匈奴射雕者、射白马将、射追击者、射猎、射石、射敌方裨将,百发百中,矢能饮羽。《史记》中的人物形象之所以各具风采,就在于司马迁充分地展示了他们的个性特征。

司马迁在表现人物的个性特征时,充分注意到他们的家庭出身、文化教养、社会经历等各方面的因素,恰如其分给以表现,不但展现出人物的个性特征,而且对形成人物个性特征的原因也有或明或暗的显示,有时一开始就为人物性格的发展作了铺垫。萧何是刀笔吏出身,故能谨守管钥,因势奉法。陈平年青时贫而好学,所以始终有读书人的气质,见识高远,在皇帝面前对答如流;周勃最初从事杂艺,没有什么学问,执政之后就显露出知识的不足,在文帝面前陷入窘境;樊哙发迹前以屠狗为业,成为将军以后保留那种莽撞豪爽之气,他大块吃肉,大杯饮酒,对刘邦、项羽也敢于直言直语、大声大气;写窦婴是一副老年失势的窘态,写田蚡则是少年得志的猖狂。总之,影响人物个性的许多重要因素,司马迁都充分注意到了,因此,他使《史记》中的人物都按各自的方式说话行事,符合自己的年龄、身份和教养。

《史记》中的人物形象各有各的风貌,各有各的性格,同时,他们身上还表现出许多带有普遍性的东西,即得到社会广泛认可,并对后代产生深远影响的某些共性。这是《史记》在刻画人物方面取得的重要成就,最容易引起读者的共鸣。《史记》人物形象的共性是多方面的,主要有以下几点:一是知恩图报,以德报德。苏秦之于宗族、朋友,刘邦之于萧何,陈平之于魏无知,韩信之于漂母、亭长,王陵之于张苍,都是受人之惠而报人之恩。类似这样知恩图报的人物在《史记》中有一大批,他们百倍、千倍地报偿恩人,以表示自己不忘本、不负人。二是以牙还牙,以怨报怨。这是和知恩图报、以德报德相对应的一种行为,伍子胥之于楚平王,李广之于霸陵尉、主父偃之于昆弟宾客,采取的都是这种做法。三是士为知己者死,为报答知遇之恩而赴汤蹈火,甚至不惜献出自己的生命。这是知恩图报的升华,是它的极端形式。司马迁在《刺客列传》和《报任安书》中两次提到"士为知己者死,女为说己者容",他本人是赞成这一信条的。《刺客列传》中的专诸、豫让、聂政、荆轲等人都是为知己者死;《孟尝君列传》中的得粟者,《魏公子列传》中的侯嬴,《张耳陈余列传》中的贯高,也都是为知己者而死。《史记》人物形象还普遍存在宝贵还乡的想法,这是他们共同的理想和追求。《史记》描写了许多人衣锦还乡的场面,苏秦、刘邦、司马相如、主父偃等人的传记都有这方面的记载。

《史记》中的人物既有鲜明的个性,又有普遍的共性,是共性与个性完美的结合。有许多人物所做的事情相近,但是怎样去做,却是各人有各人的选择,各人有各人的方式。同是衣锦还乡,韩信显得雍容大度,不计私仇,主父偃却心胸狭小,报复心极强。同是知恩图报,豫让、贯高先是忍辱负重,顽强地活下去,关键时刻又死得极其壮烈;而侯嬴、田光等义士,却是痛快地以自杀相谢。人物的共性寓于鲜明的个性之中,二者都得到了充分的表现。

司马迁在刻画人物时,采用多维透视的方法,笔下人物显露多方面的性格特征,有血有肉,生动丰满。李斯这个人物,司马迁反复刻画他外似刚愎而内实游移的矛盾状态:在农民起义风起云涌的形势下,他想知难而退,却又贪恋富贵,下不了决心;在赵高废立之际,开始像是要以身殉国,经赵高劝之以利害,马上退缩妥协;对于秦二世的无道,本想犯颜直谏,一旦二世责问,立刻苟合求容。李斯的双重人格表现得非常充分,一个内心分裂的可悲形象跃然纸上。司马迁在刻画人物时,一方面能把握他的基本特征,同时对其性格的次要方面也能给予充分的重视,多侧面地展现人物的精神风貌。

《史记》的叙事写人都围绕"究天人之际,通古今之变"的宗旨,司马迁虽然也从琐碎的生活细事写起,但绝大多数的人物传记最终都在宏伟壮阔的画面中展开,有一系列历史上的大事穿插其间,他所选择的题材多是重大的。司马迁不是一般地描述历史进程和人物的生平事迹,而是对历史规律和人物命运进行深刻的思考,透过表象去发掘本质,通过偶然性去把握必然规律。这就使得《史记》的人物传记既有宏伟的画面,又有深邃的意蕴,形成了雄深雅健的风格。

司马迁善于把笔下的人物置于广阔的社会背景下加以表现,在叙述一系列重大历史事件的过程中,展示个人命运偶然性中所体现的历史必然性。在《苏秦列传》和《张仪列传》中,司马迁对于战国诸侯间微妙复杂的利害关系反复和予以演示,以七国争雄为背景展开了广阔的画面。苏秦、张仪准确地把握了当时形势的特点,抓住了机遇,相继干出了一番惊天动地的事业,成为那个时代的倾危之士。陈平年轻时就胸怀大志,足智多谋,适逢秦末动乱和楚汉相争,于是他大显身手,屡献奇计。他设计离间项羽和范增,使楚霸王失去"亚父"这位谋士。荥阳被困,他令二千女子夜出东城门迷惑楚军,刘邦得以出西城门脱险。是他暗示刘邦封韩信为齐王以稳定形势,又是他建议刘邦的伪游云梦泽而借机擒韩信。刘邦在平城被匈奴围困七日,又是陈平出奇计化险为夷。陈平所献五计,无一不是关系到刘邦的生死存亡、关系到天下的兴衰安危。陈平这位谋士的形象,也就在驾驭历史风云的过程中日益丰满。《史记》中的人物形形色色,或卑琐、或伟岸;有的先荣后辱,有的先辱后荣;有的事业成功,人生幸运,也有的虽然事业成功却命运悲惨。司马迁既把他们写成重大事件的导演、演员,又把他们写成重大事件的产儿,通过描写、叙述他们对时势、潮流的顺应与抗拒、对历史机遇的及时把握与失之交臂,以如椽巨笔勾勒出历史和人生的壮廓画面,点出其中蕴含的哲理。

司马迁的人生遭遇是不幸的,他的命运是悲剧性的,《史记》也成功地塑造了一大批悲剧人物形象,使全书具有浓郁的悲剧气氛。

《史记》中的悲剧人物有多种类型。按其在历史上的地位和作用而论,有些悲剧主人公身上体现的是历史的必然要求和这个要求的实际上不可能实现之间的矛盾。这类悲剧人物是历史的先行者,他们的行动具有超前性。尽管他们的主张是正确的,但由于当时的条件还不成熟,他们付出了惨重的代价,有的甚至献出了生命,推行变法的吴起、商鞅,主张削藩的贾谊、晁错,都是这类悲剧英雄。还有一类悲剧人物尽管死得非常壮烈,但他们的悲剧性不是体现了无法实现的历史必然要求,而是他们相信旧制度的合理。田横是司马迁着力描写的英雄人物,他兵败之后不愿意投降汉朝而自杀,其随从和东海五百义士也相继殉难,涌现出的是一个悲剧群体。从本质上看,田横所要维持的不过是诸侯称雄、列国割据的局面,早已失去了存在的合理性。田横相信已经过时的制度仍然是合理的,并为之而奋斗拼搏,这就决定了他必然成为悲剧人物。《史记》中许多反抗中央朝廷的诸侯王,都属于这类相信旧制度合理性的悲剧人物。《史记》中的悲剧人物按其品格划分,又有完美型和缺失型两类。《赵世家》中为保护赵氏孤儿而付出巨大牺牲的义士公孙杵臼、程婴,《刺客列传》《游侠列传》中的刺客游侠,都是具有高尚品格和献身精神的英雄,他们的所作所为几乎无可挑剔,是把身上最有价值的东西毁灭给人看,是完美型的悲剧英雄。还有一些悲剧人物的品格存在明显的弱点,由这些弱点而导致的失误最终毁灭了自身。但由于他们终归是英雄,所以其毁灭也是悲剧性的。这类缺失型悲剧英雄以项羽为代表,他生前战功赫赫,死得慷慨壮烈,他的弱点也暴露得非常明显,只是他自己没有意识到本身的缺欠。

司马迁在探讨人物悲剧的根源时,流露出对天意的怀疑,以及命运不可捉摸、难以把握之感。他在《伯夷列传》中慨叹:"天道是邪,非邪!"在《外戚世家》中反复强调"人能弘道,无如命何""岂非命也哉!"对于像萧何、陈平那样的幸运儿,司马迁认为他们的人生偶然性中体现出历史的必然性,自身才能、对历史潮流的顺应使他们扮演英雄的角色,命运对于这些人来说不是难解的谜。而从那些悲剧人物身上,司马迁更多感受到的是历史和人生的不确定、不公平和难以理解。司马迁还通过为悲剧人物立传,揭示了异化造成的人性扭曲。吴起为了当上鲁国将军而杀妻,未为卿相而母死不归,名缰利锁把他变成一个刻暴少恩之人,最终也因此亡身,政治上的巨大功绩与人性的严重异化形成直接冲突。张耳、陈余早年为刎颈之交,后来却反目为仇,也是利欲把他们拆开。

《史记》富有传奇色彩。司马迁喜欢猎奇,把许多传说故事写入人物传记中,造成一种神秘感。写秦始皇晚年行迹,穿插许多怪异反常的事情,以及神灵的出没,用以预示秦王朝末日的到来。写汉高祖发迹,则用刘媪感蛟龙而生子,刘邦醉斩巨蛇等传说以显示他的灵异。除了类似荒诞不经的传说之外,《史记》所写的许多真人真事也带有传奇色彩。鲁仲连为人排患解难而无所取,超然远引,终身不复见,是一位奇士。《留侯世家》中的张良是位传奇人物,文中出现的商山四皓同样来得突兀,恍若神仙。《史记》中的许多故事都疏离常规,出乎人的意料之外,也富有传奇性。《外戚世家》中的薄夫人因遭冷落而大富大贵,窦姬本欲入赵王府而宦官误赐代王,她却阴错阳差成了皇后。这些宫廷故事也是表现人生命运的不可捉摸,但它酿成的不是悲剧,而是喜剧。《田单列传》的传主田单是一位智谋之士,这篇传记写了一系列的奇谋奇计,尤其是用火牛阵大破齐军一节,更是精彩绝妙。传记赞语又附奇士王蠋、奇女君王后的事迹,可谓奇上加奇。《史记》的传奇性还源于司马迁叙事写人的笔法。司马迁为文疏荡多变,忽起忽落,其来无端,其去无迹,起灭转接,令人莫测端倪。《伯夷列传》是为伯夷、叔齐作传,但却以议论开篇,又引许由、卞随、务光等人为伯夷、叔齐作陪衬,几乎使人不辨宾主。叙伯夷、叔齐事迹后,在议论中引出颜渊、盗跖,从正反两方面说开。结尾点题,指出砥行立名者必附青云之士才能流传后世。通篇意到笔随,纵横变化,烟云缭绕,扑朔迷离。《史记》的章法、句法、用词都有许多独特之处,它别出心裁,不蹈故常,摇曳回荡,跌宕有致,以其新异和多变而产生传奇效果。

史记史学影响主要表现为以下方面:

一、建立杰出的通史体裁

《史记》是中国史学史上第一部贯通古今、网罗百代的通史名著。正因为《史记》能够会通古今撰成一书,开启先例,树立了榜样,于是仿效这种体裁而修史的史家也就相继而起了。通史家风,一直影响着近现代的史学研究与写作。

二、建立了史学独立地位

中国古代,史学是包含在经学范围之内没有自己的独立地位的。所以史部之书在刘歆的《七略》和班固的《艺文志》里,都是附《春秋》的后面。自从司马迁修成《史记》以后,作者继起,专门的史学著作越来越多。于是,晋朝的荀勖适应新的要求,才把历代的典籍分为四部:甲部记六艺小学,乙部记诸子兵术,丙部记史记皇览,丁部记诗赋图赞。从而,史学一门,在中国学术领域里才取得了独立地位。饮水思源,这一功绩应该归于司马迁和他的《史记》。

三、建立了史传文学传统

司马迁的文学修养深厚,其艺术手段特别高妙。往往某种极其复杂的事实,他都措置得非常妥贴,秩序井然,再加以视线远,见识高,文字生动,笔力洗炼,感情充沛,信手写来,莫不词气纵横,形象明快,使人"惊呼击节,不自知其所以然"。

《史记》被鲁迅先生誉为"史家之绝唱,无韵之离骚",列为前"四史"之首,与《资治通鉴》并称为"史学双璧"。因此司马迁被后世尊称为"史迁""史圣"。与司马光并称"史界两司马",与司马相如合称"文章西汉两司马"。

第二节　董仲舒与谶纬

董仲舒是西汉时期著名的哲学家和经学大师,其故居因史料的不足,还没形成一个定论,但是学界一般认为他出生于西汉河北广川郡董家(今属河北景县董故庄)。在世年代,从汉高祖九年,到汉武帝元封五年,即公元前 198 年至公元前 106 年,一生见四世(惠帝、文帝、景帝、武帝)。周桂钿在《董仲舒考补》中经过考证,说董仲舒应该是景帝时代迁徙到了长安。此后便在这里发扬了他的"天人感应""君权神授"等"大一统"思想。他对中国古代政治、哲学、伦理学等领域有着重要的贡献,在中国历史上留下了浓墨重彩的一笔。

《说文解字·言部》亦云:"谶,验也,有征验之书。河、洛所出书曰谶。"有学者认为"谶纬是经学的支流,谶主要是迷信预言,纬书则有少数科学内容。"谶,是为假托神灵天命的隐晦的语言。谶的目的多倾向于给人暗示,可以说是一种神秘的判断或预言,这些预言往往暗含着上天对人的启示,向人们昭示吉凶祸福、治乱兴衰等信息。纬,是相对经而言的,根据谶纬之学的论述需要,托名孔子以诡语解经的书。

谶纬之学古已有之。谶的起源最早可追溯至先秦时期,当时的谶比较零散,没有形成一个理论系统,只能偶尔见到为数不多的具体谶语,加上年代久远,历史上的毁书事件不断,这些谶语已经散失殆尽。秦始皇命方士卢生到海上寻长生不老之方,带回了《录图书》,其中有言"灭秦者胡也"。"亡秦者胡也"就是谶语,载有这种谶语的书就是谶书,或称图谶。因此秦始皇把矛头指向了胡人,大力灭胡。到了秦二世胡亥,秦朝灭亡。原来那谶语中的"胡"指的是胡亥之"胡"。此类史料到了汉代更加丰富,谶纬之学也越发活跃,成为了汉代儒者的必修课。

学术界普遍认为,从西汉中晚期开始,社会上的谶纬之风逐渐流行开来,并影响了社会政治生活。仕途开辟者们充分汲取谶纬之学中的好处,补充丰富自己的思想体系,往往以"博通五经,尤善谶纬"而受到统治者的赏识与重用。虽然有一小股儒生奋起反对,但面对当时的形势,很快就认同了。

武帝继位,董仲舒献对"天人三策""罢黜百家,独尊儒术"得到了重用。就此,他利用特殊的身份地位,推行他带有神秘主义色彩的儒学,即具体谶语的理论框架。董仲舒的很多谶纬理论在今天看来,都经不起严谨的逻辑推理,都是根据现实的需要,加入主观色彩以便联系起来的。比如他的"三纲五常":"君臣父子夫妇之义,皆取诸阴阳之道。君为阳,臣为阴;父为阳,子为阴;夫为阳,妻为阴。"(《春秋繁露·基义》)可以看出,他利用了普通老百姓因为知识文化水平低,没有清晰思维而敬畏的阴阳学说,来把君臣、官民、男女等伦理关系确定下来。这样的强加联系,我们也可以随意举例,如把人心当作阴,形貌当作阳,人心隐而不可揣测故为阴,形貌显而可端详故为阳;人心处内为阴,形貌在外为阳。对此,也有人说"他主要是通过对阴阳五行学说的歪曲以及对与自然界现象随意比附、解释来论证天是有意志的"[①]。他的灾异之说,"其大略之类,天地之物,有不常之变者,谓之异,小者谓之灾,灾常先至,而异乃随之,灾者,天之谴也,异者,天之威也,谴之而不知,乃畏之以威"。(《春秋繁露·必仁且智》)利用了人们不可预测的天灾和自然变化,来说明天人之间相互感应的关系。倘若董仲舒生于科学发达、科学观念深入人心的当世,其愿定不可以遂成。

董仲舒钻研《春秋公羊传》,所引用的事例中,有很大一部分属上古时代,而上古时代是我国历史中最为不精确的一段。上古神话历史中,保存着大量的神话传说,其真实性和真实度都难以确定,有些记载涉及信仰图腾,有些记载是被文学艺术化了的,所以这些信度效度尚且模糊的"史料"不能作为天人之间存在"感应"的证据。董仲舒举先例以证"天人感应",诸如简狄吞玄鸟卵而生商,姜嫄踩了神的遗迹"感而生子"之事,且有悖于生物学原理,只能诱骗古代未开化臣民而已。

"改正朔""新王必改制""三统"等,与其说是董仲舒总结前代王朝的经验,不如说是他为了证明自己的思想,在前代的历史文化中强加了必要的概念,将前代的历史事件等附和到自己的理论之上。这一点,我们可以在康有为、梁启超等清末资产阶级改良派身上得到映射。为了变革社会,康有为利用孔子在人们心目中的牢固地位,假托孔子改制,写下了《孔子改制考》《新学伪经考》等书。这些书问世也确实

---

① 北京大学哲学系中国哲学教研室.中国哲学史[M].北京大学出版社,2001:156.

得到了广泛的关注,推动革命的发展。从某种意义上说,康梁实际上套用了董仲舒的做法。另外,"改正朔""新王必改制""三统"之说也符合了统治阶级和被统治阶级的双方价值。孙家洲先生认为,"它以'天有三统'的神秘之说为掩护,论证了政权更迭的不可避免性,批判了统治者'传之万世'的贪欲与无知;它满足了当代儒生批评时政的基本需要,又能保护其他人的安全"。

如此看来,董仲舒的思想确实迎合了当世的统治需要,与谶纬之学的关系并不大,然而就是这些元素,构成了他谶纬的基本理论,成为他发布"预言"的强大后盾。其实,先前秦末陈胜吴广的起事也得到了应用,他们发动大泽乡起义之前,制造舆论的故事,实际上揭示了造作谶语的实际情形:"卜者知其指意,曰:'足下事皆成,有功。然足下卜之鬼神乎?'"陈胜吴广就利用了人们对神秘的鬼神预言——谶纬,以便取得舆论上的支持。汉武帝也需要这样的预言效果来定国安邦,这就是董仲舒成功的第一步。

董仲舒的谶纬思想是利用儒家代表人物孔子思想,来阐发他对乱世的治国方略。对于他的谶纬,不能以偏概全,彻底否定,更不能因为难以定论而持模棱两可的回避态度,而更应该深入研究其存在的价值。董仲舒的思想中,隐含着他在混乱时代中,看到统治秩序的失常,人民百姓的疾苦,迫切希望通过构建一套具有至高无上的统治思想体系,使得君王能爱护百姓,而百姓能够顺从君王的统治,安居乐业。其中也继承了儒家"仁政"的思想,可以说,董仲舒为汉代封建社会的社会稳定作出了重要的贡献。通过神秘的谶纬之学,百姓和君王都有所畏惧,都根据自己的身份,在"天命"的栅栏内获得生存。总之,权衡董仲舒的思想,其利远大于弊。

第三节　班固与《汉书》

班固,东汉著名的文学家和史学家。在文学界,他与扬雄、张衡一起被称为"班扬""班张";在史学界,他与司马迁并称为"班马"。为了完成父亲班彪未完的事业,潜精集思二十余年著成《汉书》。不同于《史记》的雄放酣畅,《汉书》从容典雅,自有一番韵味。

班固"年九岁,能属文诵诗赋,及长,遂博贯载籍,九疏百家之言,无不穷究"。又性情宽和谦让,因此深为当时儒者所钦重。父班彪是当时的著名学者,因《史记》自成帝太初以后缺而不录,作《后传》,补写《史记》以后西汉的历史。父亲死后,班固想要补完全书,"既而有人上书显宗,告固私改作国史者,有诏下郡,收固系京兆狱,尽取其家书"。弟弟班超上书辩解,才得以获释。汉明帝很赞赏固的才能,召为兰台令史,转迁为郎,典校秘书。班固历二十余年,基本完成《汉书》的写作。史学上的巨大成就易让我们忽视其文学创作上的影响。其实,班固还是东汉时著名的文学家。"固所著《典引》、《宾戏》、《应讥》、诗、赋、铭、谏、颂、书、文、记、论、议、六言,在者凡四十一篇。"值得一提的是,在辞赋发展史上,他与司马相如、扬雄、张衡并称为汉赋四大家。其赋今存《两都》《幽通》《竹扇》三篇,及《终南山赋》《览海赋》《耿恭守疏勒城赋》等残文。他在宫室游猎之外,又开拓了写京都的题材,后来张衡写《二京赋》、左思写《三都赋》,都受他的影响。和帝永元元年,大将军窦宪出征匈奴,固从为中护军。永元四年,窦宪因擅权被迫自杀,固被牵连入狱,死于狱中。这位对中国文化史作出杰出贡献的人物竟冤死狱中,不得不令人扼腕叹息。

班固一生创作的作品不少,其中最让人印象深刻的莫过于他毕生致力撰写的《汉书》。《汉书》是继司马迁《史记》之后的又一部重要的历史著作,文学价值也较高。那么,《汉书》是如何被创作出来的呢?

武帝时,自司马迁著了《史记》,从太初年间以后就停止不录,后来陆续有人续写《史记》但是文笔鄙俗,不足以与《史记》相衔接。班彪于是继续采集前朝历史遗事,还从旁贯穿一些异闻,写下后传数十篇,参照前面的历史而评论得失。班彪死后,班固回到老家扶风安陵。与太史公司马迁在父亲临终前接受告诫"为太史,毋忘吾所欲论著矣"、"予为太史而不论载,废天下之文,予甚惧焉,尔其念哉"著《史记》类似,班固"以彪所续前史未详,乃潜精研思,欲就其业"。虽说曾被人以"私改作国史"告发入狱,但最终"显宗甚奇之,召诣校书部,除兰台令史","固又撰功臣、平林、新市、公孙述事,作列传、载记二十八篇,奏之。帝乃复使终成前所著书",潜精集思二十余年完成了《汉书》的创作。

《汉书》"起于高祖,终于孝平王莽之诛,十有二世,二百三十年,综其行事,傍贯《五经》,上下洽通,为《春秋》考纪、表、志、传凡百篇",共十二纪、八表、十志、七十列传。班固和司马迁,两人均为陕西人,同样生活在汉代,又各自著成了影响巨大的两部史书,后人不可避免地就会对两人的著作进行比较。其中范晔的《后汉书》是这样评论,"迁文直而事赅,固文赡而事详。若固之序事,不激诡,不抑抗,赡而不秽,详而有体,使读之者亹亹而不厌,信哉其能成名也。"意思大概是说与《史记》雄放酣畅的风格不同,《汉书》整体上呈现一种在严格法度之下具有的从容娴雅之美。《汉书》典重含蓄的特点是与时代风气以及班固严谨的作史态度密切相关的,东汉前期士风儒雅厚重,影响到文风也以醇厚相尚。作为严肃的史家,班固更是本着切于世用的原则,努力客观地展示西汉一代兴衰成败的历史画卷,以垂鉴当世。《汉书》对文字的改造尽管受到种种批评,但从史学角度观之,不能不说要较《史记》更加严谨。其语言较《史记》更为雅洁,其情感较《史记》更为含蓄,特有一种文质彬彬之美。如果说《史记》以夺人的气势胜,《汉书》则以沉稳的风度胜。

总的来说,《汉书》有其独特的成就和史学价值。

首先,《汉书》作为首部大一统皇朝史,开了断代史修撰之先河。在这之前,中国没有一部断代史,在反映中国社会阶段性发展特点方面存在不足,而《汉书》刚好弥补了此空白,并成为历代"正史"编纂的依据。断代史较之通史,显然不易写出历史的发展,却能写清一代之始末,也易于详写近代史和当代史。它不仅便于史家及时成书,也易于避免通史的相互重复。故"学者寻讨,易为其功"。《史记》创纪传体通史,以帝纪为全史之纲,已是帝王中心的体现;《汉书》创纪传体断代史,专写一代帝王之史,更突出了君主集权的特征。所以自《汉书》问世,纪传体断代史便深为古代史家所尚,也为封建统治者重视。至《三国志》,写皇朝革易之际创立回护之法,开辟一些新类传,则更便于表述封建王朝的兴亡及其历史内容。于是纪传体断代史遂日趋成熟和完备。东汉而后,世有著述,皆仿而拟之,作者尤广,"一代之史,至数十家"。数量之多,已是惊人,而地位之尊,更为其他体裁的史书所莫及。梁时已呼其为"正史",至唐初官修《隋书》,"正史"之称更获封建最高统治者钦允。自此以后,纪传体断代史遂独尊于中国史坛千余年。

其次,班固对史实的记载详尽严谨。《汉书》比《史记》记载了更多更有价值的史料,甚至与《史记》重叠的部分也作了许多补充,如《史记·屈原贾生列传》把贾谊仅仅写成一个落魄文人,传中只收录了他的《吊屈原赋》《鹏鸟赋》。而《汉书·贾谊传》则收集了他的《陈政事疏》等一些重要论文,将贾谊写成一个政治家。此外,如淮南厉王刘长、晁错、中山王刘胜、公孙弘等人的传记,以及新增加的如长沙王吴芮、蒯通、伍被等人的传记,都补充了不少史料。《汉书》除对《史记》的重叠部分作了有价值的补充之外,还新写了汉武帝以下七篇帝纪,创作了一百多个人物的传记。志表中增加《百官公卿表》《刑法志》《食货志》《地理志》《艺文志》等,对西汉一代的官制和刑法制度、财政经济、政治地理以及西汉的学术源流、著作目录作了系统的叙述和记录。《汉书》还有一个特点,就是在人物传记中,喜欢全文收录历史人物的奏疏、辞赋等作品,几乎成为西汉文章总汇,保存了许多政治、文学史料,这也是它的史料价值的重要方面。

再者,班固根据儒家的政治观点和伦理道德观念,对西汉统治者的荒淫残暴作了暴露,对一些仁惠爱民的统治者作了歌颂。如《外戚传》中写了宫闱中的种种秽行,尤其是写汉成帝和赵昭仪亲手杀死许美人儿子的一段,充分暴露了统治者的残忍险毒的本质。《霍光传》揭发了外戚专横肆虐及其爪牙鱼肉人民的罪行,字里行间表示了对他们的谴责。《东方朔传》中抨击了汉武帝微行田猎和扩建上林苑而扰害人民,破坏农业生产的行为,对东方朔的怀才不遇寄予了同情。在《酷吏传》中对酷吏的残酷凶暴作了斥责。在《循吏传》中对人民"困于饥寒而吏不恤"不得不铤而走险,寄寓了深切的同情,对那些能体恤人民疾苦的循吏如龚遂等特为表彰。

《汉书》的语言不像《史记》那么感情浓烈,气势雄放,它表现为简洁规范,韵味悠远,自有发人深思的妙处。班固喜用古字,语言倾向骈偶,文字艰深,故《汉书》自问世之初即被认为是难读之书,当时的大学者马融"伏于阁下,从昭受读"。《汉书》远不如《史记》之运用口语的生动活泼,通俗易懂。《汉书》移植《史记》的作品语言有所加工,简明规范有所提高,生动传神多数变弱。《后汉书·班固传》说:"迁文直而事核,固文赡而事详。若固之叙事,不激诡,不抑抗,赡而不秽,详而有体,使读之者娓娓不厌,信哉其能成名也。"宏博、典雅、深厚、严密,是《汉书》突出的特点。历来《史》《汉》并称,又与《后汉书》《三国志》列为四史,成为我国封建正史的名著,是有道理的。

读了《汉书》,我们更深一步了解史书名人刘邦、张骞、刘彻、司马迁、韩信、司马相如、东方朔、霍去病、王昭君、苏武、赵飞燕、张汤、王莽等。而投鼠忌器、草菅人命、前车之鉴、赴汤蹈火、水滴石穿、罄竹难书、固若金汤、以身试法、一丘之貉、人面兽心、穷凶极恶、攀龙附凤、子虚乌有、斩楼兰、珠联璧合、哗众取宠等典故都是来自史籍《汉书》。

第四节　刘歆《七略》与其他杂史

《七略》是我国第一部综合性目录学著作。它是刘歆在其父刘向《别录》的基础上"撮其指要"而成,它吸收了中国古代学术的分类思想,采用互著和别裁的著录方式,著录内容丰富详尽,对后世目录学的发展产生了深远而广泛的影响。

刘向(约公元前 77 年—前 6 年),沛(今江苏沛县)人,汉皇族楚元王刘交四世孙,西汉后期著名学者。《汉书·艺文志序》载:"成帝时,以书颇散亡,使谒者陈农求遗书于天下。诏光禄大夫刘向校经传诸子诗赋,步兵校尉任宏校兵书,太史令尹咸校数术,侍医李柱国校方技。每一书已,向辄条其篇目,撮其指意,录而奏之。"著有目录学著作——《七略》。

刘歆(约公元前 53 年—公元 23 年),字子骏,沛(今江苏沛县)人,后改名秀,字颖叔,出身贵族,是西汉学者刘向的小儿子,在刘向诸子中学问最知名。《汉书·楚元王传》载:"少以通《诗》、《书》能属文召见成帝,待诏宦者署,为黄门郎。""河平中,受诏与父向校领秘书,讲六艺传记、诸子、诗赋、数术、方技,无所不究"。青年时代参与其父领导的校书工作在治经方面造诣很高,后因参与谋诛王莽,事泄自杀。

刘向死后,刘歆袭父官职为中垒校尉。哀帝初年,王莽向皇帝举荐刘歆:"宗室有材行,为侍中太中大夫,迁骑都尉,奉车光禄大夫。"尔后,刘歆继承其父刘向遗志,《汉书》载"集六艺群书,种别为《七略》"。历史学家范文澜先生说:"西汉后期,继司马迁而起的大博学家刘向、刘歆父子,做了一个对古代文化有巨大贡献的事业,就是刘向创始、刘歆完成的《七略》。"据阮孝绪《七录序》,刘歆的《七略》是在其父《别录》的基础上,"撮其指要"而成。《汉书·艺文志》记载:"歆于是总群书而奏其七略,故有辑略,有六艺略,有诸子略,有诗赋略,有兵书略,有数术略,有方技略。"阮孝绪《七录序》谓辑略曰:"其一篇即六篇之总最,故以辑略为名。"辑略用以说明六略的意义与学术源流,阐述六略的相互关系和六略书籍的用途,是六略之总最,诸书之总最。

《七略》是我国第一部综合性分类目录,刘歆最早将学术分类思想运用到图书整理,创造性地把全部书分为六略,38种,603家,著录图书共13129卷。其中大类叫"略",小类叫"种","种"下有"家","家"是师徒授受的一个学派。同类之书基本上以时代先后为次序,全书分类层层展开,层次分明,条理清晰。每种之内,前后相继,以更好地体现古代学术发展的脉络。但也有例外,如道家之郑长春,他本是六国时人,却列于汉武帝时人郎中婴齐之后。

(1)六艺略分易、书、诗、礼、乐、春秋、论语、孝经、小学九种;

(2)诸子略分儒、道、阴阳、法、名、墨、纵横、杂、农、小说十种;

(3)诗赋略分屈原赋之属、陆贾赋之属、孙卿赋之属、杂赋、歌诗五种;

(4)兵书略分兵权谋、兵形势、兵阴阳、兵技巧四种;

(5)数术略分天文、历谱、五行、蓍龟、杂占、刑法六种;

(6)方技略分医经、经方、房中、神仙四种。

六艺略主要是儒家的经典著作,汉武帝独尊儒术,故而六艺略置于六略之首。诸子略主要包括政治、经济、法律等书。赋是汉代流行的文体,武帝时曾专门设乐府,采集歌谣,故仅次于诸子略。汉武帝好大喜功,在位时期对外征伐较多,以此巩固政权,故而将兵书略置于数术略、方技略之前。

《七略》著录内容丰富,书目详细齐全,每部图书不仅著录书名、篇数、作者,而且著录内容提要、图书来源、成书时代以及对其评价。特别是诸子略的著录,尤为后人称道,如《晏子》八篇。"名婴,谥平仲,相齐景公。孔子称善与人交"。寥寥数语,尽现作者的情感,包含很多信息,达到短小精悍的效果。《七略》同时对于书少不能成一类者,附入性质相近之书,如春秋家后,附录《国语》21 篇、《新国语》54 篇、《世本》15 篇、《战国策》33 篇、《奏事》20 篇、《楚汉春秋》9 篇、《太史公》130 篇、冯商所续《太史公》7 篇、《太古以来年纪》2 篇、《汉著记》190 篇、《汉大年纪》5 篇。

《七略》著录方式独特。人们一般把"一书重出"叫做互著,把"裁篇别出"叫做别裁。《七略》在不同类目下,著录同一本书以显示其书内容的丰富性和思想的复杂性,如《伊尹》《太公》两书,分别见于诸子略道家类和兵书略兵权谋类是为互著。诸子略中"《伊尹》五十一篇"、"《太公》二百三十七篇"和兵书略兵权谋中"省《伊尹》、《太公》、《管子》、《孙卿子》、《苏子》"使读者对《伊尹》、《太公》各自的内容以及价值功用有了更为清晰的认识,无论是在诸子略中著录这两本书的全部内容还是在兵书略中著录这两本书的全部内容都似乎不妥。刘歆采用互著的方式使前后互相著录,互为补充,避免重复,恰到好处地处理了图书内容丰富性的问题。刘歆把《管子》归入诸子略道家类,其中《弟子职》一篇裁出别归六艺略孝经类,是为别裁。一个人的思想不可能是绝对单一纯粹的。换言之,即使一部作品,我们也可以从很多方面解读它,进而将其归入不同的类别,比如语言、思想、功用等。这种著录方式相对自由客观,同时也符合人类认识客观事物的规律。

作为第一部综合性分类目录,《七略》对古代文化的保存与传播起到了重大作用,它全面反映了西汉以前的图书文献资料情况,其直接影响便是《汉书·艺文志》的产生。《汉书·艺文志》基本保留了《七略》六分法的分类思想。而后,目录学不断发展,官修书目层出不穷,日益完备。

第五节　杜佑的《通典》与其他《会要》

唐开元末年,刘秩仿周礼六官所职,根据经史百家文献资料,撰《政典》三十五卷。杜佑以该书为基础,增益资料,扩充规模,撰成《通典》,于贞元十七年(801 年)进呈。

杜佑与同朝代的著名诗人李白、杜甫相比,仕途顺利。"生于世宦之家。父杜希望,官至鄯州都督、陇右节度留后。佑以门资入仕,历任江淮青苗使、容管经略使、水陆转运使、度支郎中兼和籴使等,又以户部侍郎判度支。后出为岭南、淮南节度使。在淮南期间,开雷陂以广灌溉,辟海滨荒地为良田,积米至五十万斛。唐德宗贞元十九年(803 年),杜佑入为同中书门下平章事,历顺宗、宪宗二朝,均以宰相兼度支使、盐铁使。唐宪宗元和初,杜佑以年老,屡次请求致仕,元和七年(812 年)六月,始获准以守太保杜佑致仕。十一月病卒。"杜佑,撰下这部巨著,有他的必然性,他是唐中叶的著名政治家,在地方任职使他积累了很多从政经验,主张裁减官吏,节省开支。他又是著名的史学家,纵观《通典》,我们也不难看出杜佑的学富五车。

《通典》各门的体裁是从纪传体史书中的"志"发展而成的。纪传体史书的志,本有它的局限性:"苟不追叙前代,则原委不明;追叙太多,则繁复取厌。况各史非皆有志,有志之史,其篇目亦互相出入,遇有缺疑,见斯滞矣,于是乎有统括史志之必要(梁启超《中国历史研究法》)",通典的出现,便弥补了史志的局限当代、原委不明的缺陷。《通典》全书共二百卷,分为九门:食货十二卷,选举六卷,职官二十二卷,礼一百卷,乐七卷,兵十五卷,刑法八卷,州郡十四卷,边防十六卷。每门又分列若干目,每目之下即按朝代顺序记述。如此宏大的著作出自杜佑一人之手是不易甚至是惊人的。《通典》与宋代郑樵《通志》、元代马端临所著《文献通考》并称"三通"。作为一部古典文献,《通典》不仅证实了自己的历史价值,同时也载下了很多至今已亡佚的作品,使得后世得以更多的历史资料,让我们更好地了解过去,如《全上古三代秦汉三国六朝文》。《通典》以食货为基础,详细记述了自黄帝时期至天宝之前的社会政治、历史。杜佑在《理道要诀》的写作中秉持着"详古今之要,着时宜可行"的宗旨总结摘要于二百卷的《通典》,他辅佐唐顺宗、唐宪宗,是三代朝臣,有着高贵的身份,杜佑是一个爱国忠心的儒臣,他的一生都奉献于他挚爱的国家。在《进通典表》中,杜佑尽表忠心。作为杜佑的孙子,杜牧曾作诗自夸:

我家公相家,剑佩誉丁富。

曹第阴朱阴,畏安城中央。

杜佑为人谦和谨慎,熟谙官场,便远离是非,很少去得罪别人,《唐语林》卷一记载:"杜司徒常言:'处世无立敌。'"杜佑起初在韦元甫手下任职,本来就对官场有所留心的他遇到精通吏术、精于简牍的上司韦元甫,自然是会对古籍、文献,与政治有关的条例、规章有自己的关注。

《通典》中礼占一半,这也就将杜佑的政治追求进行铺展,他的著作不仅是为后世,也是为现实所服务。这本书记述时间跨度大,但书有关唐代的内容约占四分之一以上,多取自当时的官方文书、籍账、大事记以及私人著述,诸如诏诰文书、臣僚奏议、行政法规、天宝计账等,均属一手材料,是研究唐史的基本史料。

作为在唐王朝稳步高升的杜佑,极力地想将唐文化、唐历史记录下来,总结归纳好,希望能使其发挥真正的作用。他在《通典·自序》中写道:"夫理道之先,在乎行教化;教化之本,在乎足衣食。《易》称聚人曰财。《洪范》八政,一曰食,二曰货。

管子曰:'仓廪实知礼节,衣食足知荣辱。'夫子曰:'既富而教',斯之谓矣。夫行教化在乎设职官,设职官在乎审官才,审官才在乎精选举,制礼以端其俗,立乐以和其心,此先哲王致治之大方也。故职官设然后兴礼乐焉,教化堕然后用刑罚焉,列州郡俾分领焉,置边防遏戎狄焉。是以《食货》为之首,《选举》次之,《职官》又次之,《礼》又次之,《乐》又次之,《刑》又次之,《州郡》又次之,《边防》末之。"这样的排序体现了杜佑的民本思想,但这也是令人生疑的,杜佑写礼典一百卷,却将礼放在"又次之"的位置,这又说明了什么?《食货典》记述历代的土地、财政制度;《选举典》记述官吏的选拔任用以及考核等制度;《职官典》记述历代官制的沿革变化;《礼典》记述历代各种礼仪制度;《乐典》记述历代乐制;《兵典》记述历代兵略、兵法;《刑典》记述历代刑法制度;《州郡典》记述历代地理沿革;《边防典》记述历代边防和四境各族政权。笔者认为这部著作汇集了大量史料,若一一评述自然是一项浩大的工程,但我们不妨跟着杜佑的构书思路来走进这部展现中国历史的书籍。

《食货典》,杜佑将它放在首门,很明显地体现了长期在地方任职的杜佑对民本思想的重视,明确表达了重视"足衣食"的历史观,显示其对于经济基础与国家(即上层建筑)之间矛盾运动的一种自觉认识,这是进步的历史观,是继承管子、司马迁等政治家、史学家之后,在历史学领域重视经济的朴素唯物史观的表现。体现了重视人口(生产力)和土地(生产资料的主要资源)的经济史观。在史学贡献方面,《食货典》编纂了中国古代经济制度通史,体现了古代史学新贡献。

《选举典》,科举选贤是有历史足迹的,科举制从隋朝大业元年(605年)开始实行,到清朝光绪三十一年(1905年)举行最后一科进士考试为止,经历了一千三百多年。而在唐朝是科举考试发展的鼎盛时期,杜佑选此六卷也体现了他的政治远见,贤能的人才是必要的,在任何一个朝代都是这样的。

《通典》的影响是巨大的,随后出现的各代会要,也对其体例有所效仿,会要"是以某一朝代的国家制度、历史地理、风俗民情等为主要收辑内容的一种史书"。由于会要内容涉及典章制度,其所保存的原始历史资料较为丰富,可以弥补二十四史的志、表之不足。会要之创修,始自唐代。最早编成的会要是《唐会要》,苏冕以高祖至德宗九朝史事,编成《唐会要》40卷。就陕西而言,也是有一大批《会要》作品面世,如《西汉会要》《秦会要》等。作为历史胜地的陕西散发着无尽的魅力。

第六节 王昌龄、白居易、杜牧与其文学作品

唐朝是诗的国度,也是诗歌艺术发展的顶峰。诗人灿若群星,盛唐诗人王昌

龄,中唐诗人白居易,晚唐诗人杜牧便是其中璀璨的明珠。其中杜牧、王昌龄都是陕西人,白居易是后来迁居陕西的。三人都是进士出身,"终唐世为常选之最盛者,不过明经、进士两科而已",王昌龄和杜牧的七绝,白居易所倡导的新乐府运动,都对当时乃至后世产生了很大影响。

一、王昌龄

王昌龄(690—756 年)字少伯,籍贯应是京兆。"开元、天宝间,文士知名者汴州崔颢,京兆府治即长安"。唐朝人就称他为"诗家夫子"或"诗天子",后人又赞他为"七绝圣手"。王昌龄是盛唐著名边塞诗人,早年贫贱,困于农耕,年近四十,才中进士。一开始任秘书省校书郎,又中博学宏辞,授汜水尉,因事贬岭南。开元末返长安,改授江宁丞。安史乱起,为刺史闾丘晓杀。作品有《王昌龄集》。

王昌龄的诗以七绝见长,在他留下的 180 余首诗中,七绝诗就占了 75 首。这些诗作多以边塞从军、宫怨闺情、饯行赠别等为题材,反映了较为深刻的思想内容和一定的社会意义。尤其在艺术上,他的创作吸取了建安风骨和乐府神韵之美境,取得了辉煌的成就,使他成为唐代诗坛上享有极高盛誉的"七绝圣手"。"前人论七绝,盛唐推王昌龄、李白,中唐推李益、刘禹锡,晚唐则举杜牧和李商隐。"他的七绝尤以边塞诗最著。他的边塞诗气势雄浑,格调高昂,充满了积极向上的精神。《出塞》《从军行》便是其中佳篇。

王昌龄不仅边塞诗写得非常好,他的宫怨诗也很有名。特别是他的《长信秋词》五首。《长信秋词》五首,是王昌龄创作的一组绝句。这组诗是拟托汉代班婕妤在长信宫中某一个秋天的事情而写作的。五首诗从五个不同的角度写了宫怨,诗人手法高妙,不去道破怨情而怨情自见。

王昌龄作为盛唐伟大的诗人,他的诗歌至今仍被我们传颂。殷璠《河岳英灵集》把他举为体现"风骨"的代表,誉其诗为"中兴高作",他在诗坛上的地位是不容置疑的。

二、白居易

白居易(772—846 年)字乐天,晚年又号香山居士,原籍太原,后迁居下邽(今陕西渭南),和元稹并称"元白",与刘禹锡并称"刘白",是中国文学史上负有盛名且影响深远的著名的唐代现实主义诗人和文学家,与李白、杜甫齐名,有"诗魔"和"诗王"之称,他的诗在中国、日本和朝鲜等国有广泛影响。他的诗歌题材广泛,形式多样,语言平易通俗,官至翰林学士、左赞善大夫。有《白氏长庆集》传世,代表诗作有

《长恨歌》《卖炭翁》《琵琶行》等。

白居易十六岁时赴长安,贞元十六年进士及第,是年二十九岁,长安是白居易一生中开始步入仕途实现兼济理想的地方。他一生求学,应试为官创作,有二十多年时间是在长安度过的。据统计,在《白居易全集》中,白居易书写"长安"的诗作共有 80 余首,其中 36 首是在长安写的,如《长安正月十五日》《长安闲居》《凶宅》《长安早春旅怀》《青石》等这些提及和书写长安的诗歌蕴含了作者丰富、复杂的情感。

在白居易的作品中《长恨歌》影响尤为广泛,在当时妇孺都会背,人们甚至以会背《长恨歌》为有才学的标志。《长恨歌》是一首长篇叙事诗;这首诗是作者的名篇,作于公元 806 年(元和元年)。全诗形象地叙述了唐玄宗与杨贵妃的爱情悲剧。诗人借历史人物和传说,创造了一个回旋宛转的动人故事,并通过塑造的艺术形象,再现了现实生活的真实,感染了千百年来的读者。

白居易的主要贡献是和元稹一起提倡新乐府运动。白居易写作新乐府提倡"文章合为时而著,歌诗合为事而作",要求诗歌能"补查时政""泄导人情"。白居易去世后,唐宣宗写诗悼念他说:"缀玉连珠六十年,谁教冥路作诗仙?浮云不系名居易,造化无为字乐天。童子解吟《长恨》曲,胡儿能唱《琵琶》篇。文章已满行人耳,一度思卿一怆然。"可见,白居易在当时的影响特别大。

三、杜牧

杜牧(803—约 852 年),字牧之,京兆万年(今陕西西安)人,晚唐时期杰出的诗人、散文家。人称"小杜",以别于杜甫。与李商隐并称"小李杜"。祖居长安郭杜樊川,因称"杜樊川"。

唐文宗大和二年(829 年)杜牧二十六岁进士及第,授弘文馆校书郎。后赴江西观察使幕,转淮南节度使幕,又入观察使幕,史馆修撰,膳部、比部、司勋员外郎,黄州、池州、睦州刺史等职,最终官至中书舍人。杜牧晚唐杰出诗人,尤以七言绝句著称,内容以咏史抒怀为主。

杜牧著名的文学作品有《江南春》《泊秦淮》《过华清宫》。他擅长文赋,其《阿房宫赋》为后世传诵。杜牧写下了不少军事论文,还曾注释《孙子》,有《樊川文集》二十卷传世。又有宋人补编的《樊川外集》和《樊川别集》各一卷。《全唐诗》收杜牧诗八卷。杜牧有抱负,好言兵,以济世之才自诩,工行、草书。《宣和书谱》云:"牧作行、草,气格雄健,与其文章相表里。"董其昌《容台集》称:"余所见颜、柳以后,若温飞卿与(杜)牧之亦名家也",谓其书"大有六朝风韵"。传世墨迹有《张好好诗》。行草墨迹,系太和八年(834 年)三十二岁时所书。真迹现藏故宫博物院。

杜牧写得关于长安的诗句有"长安回望绣成堆"(《过华清宫绝句三首》),"北走长安道"(《赴京初入汴口晓景即事先寄兵部李郎中》),"分锁长安富贵家"(《街西长句》),"却遮西日向长安"(《途中一绝》)等。杜牧曾在很多诗中提到长安,可以看出诗人对长安是有着很深的情感的。

在诗学理论方面杜牧主张:"凡文以意为主,气为辅,以辞彩章句为之兵卫。"杜牧在《答庄充书》说道"意"即是意旨的意思,是指作诗为文应有一个主要意旨贯穿其中,并要求文辞章句为表现这一意旨服务,至于此意旨的具体内涵为何物则无关紧要。这种诗学理论在当时产生了很大影响。

杜牧的《泊秦淮》被称为唐人七绝压卷之作。从作者对历史兴亡的感慨中,我们可以感受到作者忧国忧民的情怀。他讥讽的实际是晚唐政治,即群臣们又沉湎于酒色,以至于步陈后主的后尘。秦淮一隅,诗人寄托了如此深沉的兴亡感。

杜牧说自己的创作是"苦心为杜牧诗,本求高绝,不务奇丽,不涉习俗,不今不古,处于中间"(《献诗启》)。他的创作确实是这样的。据《唐才子传》载,"后人评牧诗,如铜丸走坂,骏马注坡,谓圆快奋争也"。杜牧的诗文的确是晚唐亮丽的一笔。

王昌龄、白居易、杜牧是唐代不同时期的三位诗人,他们在诗歌创作方面都取得了很大的成就。他们都生活在长安,他们的诗歌都从不同程度上反映了当时的社会现实。他们的诗歌作品以及文学主张产生了很大影响。他们在文学上的地位是不容置疑的。

第九章

苍凉高古　金声玉振
——陕西秦腔文化

　　陕西地方传统戏种多达 30 余种,其中列入国家非物质文化遗产保护名录的有秦腔等 11 种。秦腔又称乱弹,流行于我国西北的陕西、甘肃、青海、宁夏、新疆等地,是我国丰富多彩的民族戏曲艺术中最古老的剧种之一。它的历史悠久,源远流长,艺术精湛,流播面广,影响深远。秦腔形成于秦,精进于汉,昌明于唐,完整于元,成熟于明,广播于清,几经演变,蔚为大观,是相当古老的剧种,堪称中国戏曲的鼻祖。其表演朴实、粗犷、豪放,富有夸张性,角色行当分为四生、六旦、二净、一丑,计十三门,又称"十三头网子"。秦腔唱腔为板式变化体,分欢音、苦音两种,前者长于表现欢快、喜悦情绪;后者善于抒发悲愤、凄凉情感。依剧中情节和人物需要选择使用。板式有慢板、二六、代板、起板、尖板、滚板及花腔,拖腔尤富特色,主奏乐器为板胡,发音尖细清脆。总之,秦腔唱腔音乐丰富多彩、优美动人。2006 年 5 月 20 日,经国务院批准,秦腔被列入第一批国家级非物质文化遗产名录。

第一节　秦腔的历史渊源

　　秦腔的产生与发展有着深刻的历史渊源与厚重的文化背景。在秦腔发展与传播的各个阶段,都有着独特的文化背景,都深深烙上了鲜明的时代印记。

　　秦腔,是起源于古代陕西、甘肃一带的民间歌舞,是在中国古代政治、经济、文化中心长安生长壮大起来的,经历代人民的创造而逐渐形成,因周代以来,关中地区就被称为"秦",秦腔由此而得名。因以枣木梆子为击节乐器,又叫"梆子腔",因以梆击节时发出"恍恍"声,俗称"桄桄子"。

　　清人李调元《雨村剧话》云:"俗传钱氏缀百裘外集,有秦腔。始于陕西,以梆为板,月琴应之,亦有紧慢,俗呼梆子腔,蜀谓之乱弹。""乱弹"一词在我国戏曲声腔中的含义很多,过去曾把昆曲、高腔之外的剧种都叫"乱弹",也有曾把京剧称为"乱弹",也有的剧种以乱弹命名,如温州乱弹、河北乱弹,便更多的仍用在以秦腔为先、为主的梆子腔系统的总称上。

秦腔历史悠久,明代万历间(1573—1620年)《钵中莲》传奇抄本中,有一段注明用"西秦腔二犯"的唱腔演唱的唱词,且都是上下句的七言体,说明秦腔在当时或在那以前不但形成,而且已外传到其他地方了。

然而,它的起源,众说不一,大体有形成于秦代(或先秦),形成于唐代,形成于明代三种说法。《钵中莲》是江南无名氏之作,证明已传播到江南。江南远离陕西,传播需要时间,据此,秦腔在明中叶当已形成。另据调查,明代最早的秦腔班社是周至人所创办的华庆班,曾驰名甘、陕一带。后来,秦腔在陕西省内又发展成东、西、中、南四路。东路即同州梆子,西路即西府秦腔,南路演变为汉调桄桄,中路为西安乱弹,即今通常所称的秦腔。秦腔艺术源远流长。相传唐玄宗李隆基曾经专门设立了培养演唱子弟的梨园,既演唱宫廷乐曲,也演唱民间歌曲。梨园的乐师李龟年原本就是陕西民间艺人,他所作的《秦王破阵乐》称为秦王腔,简称"秦腔"。这大概就是最早的秦腔乐曲。其后秦腔受到宋词的影响,从内容到形式上日臻完美。明朝嘉靖年间,甘、陕一带的秦腔逐渐演变成为梆子戏。清乾隆时,秦腔名角魏长生自蜀入京,以动人的腔调、通俗的词句、精湛的演技轰动京城,如今京剧的西皮流水唱段就来自于秦腔。

秦腔可分为东西两路:西路流入川成为梆子;东路在山西为晋剧,在河南为豫剧,在河北成为梆子。所以说秦腔可以算是京剧、豫剧、晋剧、河北梆子这些剧目的鼻祖。秦腔又名"秦声""乱弹""梆子腔"。民间俗称"大戏",清代中叶以后,北京等地亦称"西秦腔""山陕梆子"。秦腔在陕西境内,因各地方言、语音的不同而演变形成了四路:流行于关中东府同州(今大荔)地区的,称"同州梆子"(即东路秦腔);流行于中府西安地区的,称"西安乱弹"(即中路秦腔);流行于西府凤翔地区的,称"西府秦腔"(即西路秦腔);流行于汉中地区的,称"汉调桄桄"(即南路秦腔)。秦腔流传十分广泛,盛行于陕西的关中、商洛、汉中等地,流行区域西抵陇州,东至潼关,北达榆林,南过宁强,向外曾流行至京、津、冀、鲁、豫、皖、浙、赣、湘、鄂、粤、桂、川、滇、青、宁、新、藏等省区。1949年后还传至台湾,域外远达吉尔吉斯斯坦。

清代是秦腔的繁盛时期。秦腔的鼎盛时期在乾隆年间(1736—1795年),这个时期,全国很多地方都有秦腔班社,仅西安一地共就有三十六个秦腔班社,如保符班、江东班、双寨班、锦绣班等。康熙四十四年(1705年)前后出现的张鼎望《秦腔论》,乾隆年间(1736—1795年)严长明《秦云撷英小谱》、吴长元《燕兰小谱》、周元鼎《影戏论》,都是较有影响的论述秦腔著作。《秦云撷英小谱》载:"西安乐部著名者凡三十六。"这些班社均为秦腔班社,每个班社均拥有一批有影响的艺人。乾隆、嘉庆(1736—1820年)年间,秦腔演员魏长生曾三次到北京演出,使京腔六大班几无人过问,不少昆曲、京腔艺人改习秦腔。此后半个多世纪,秦腔几乎一直是北京舞台上的一个重要戏曲剧种,同时也是流行全国许多地区的剧种。就清代有关史料统计,当时除山海关以外的东北三省尚未有秦腔的足迹外,其他各省都有流行。在流行过程中,秦腔与其他戏曲形式和民间艺术结合,逐渐递变形成各地多种多样的梆子声腔剧种,秦腔在各地流行的地位遂被代替而渐趋缩小。至清末,又变成流行于西北一带的地方剧种。

1912年,在西安成立了以"移风易俗"为宗旨的陕西易俗社,对秦腔剧目、音乐唱腔、表演艺术、导演、舞台设计等方面进行了一些革新,并大量编演反映资产阶级民主革命的新剧目。在此影响下,山东、河北、天津、甘肃、宁夏等地,都相继成立了仿陕西易俗社建制的戏曲团体。如山东、河北、天津的易俗社,甘肃的化俗学社、平乐学社,宁夏的觉民学社等。易俗社曾先后两次赴北平、武汉和甘肃等地演出。西安先后成立的还有三意社等秦腔班社。

抗日战争期间,陕甘宁边区秦腔艺术工作者,为戏曲表现革命的现实生活,塑造工农兵英雄形象,进行了大胆的探索。1938年7月成立的陕甘宁边区民众剧团,在抗日战争和解放战争中,紧密配合革命斗争,创作排演了大批新秦腔剧目,如《血泪仇》等。彭德怀同志在给《血泪仇》作者马健翎的信中说:"为广大贫苦劳动人民、革命战士热烈欢迎,为发动群众组织起来有力的武器。"1944年陕甘宁边区文教大会还特此授予马健翎"人民艺术家"称号,民众剧团获得了"特等模范"的奖旗。

新中国成立后,陕西、甘肃、宁夏、青海和新疆五省、区陆续在县级以上建立了专业秦腔剧团,至20世纪80年代初,共达三百多个,其省属剧团有陕西戏曲研究院秦腔剧团、甘肃省秦腔团、宁夏回族自治区秦剧团、青海省秦剧团(后改为西宁市秦腔剧团)、新疆维吾尔自治区猛进剧团。此外,各地还建立戏曲学校,为繁荣秦腔艺术积累了大量的人才资源。

第二节　秦腔的特点

在漫长的发展历程中,秦腔形成了自己独具魅力的艺术特征。秦腔语言与音乐特点相融合,语调高亢激昂;唱腔为板式变化体,饱满酣畅,极富表现力;秦腔表演自成一家,角色各有千秋,表演技艺丰富,表演服饰寓意深刻。本节主要从秦腔的语言、唱腔、表演技艺、表演服饰等方面来介绍秦腔的特点,进而深刻体会中国传统戏曲文化的魅力。

作为地方戏剧的鼻祖,在漫长的发展历程中,秦腔形成了自己独具魅力的艺术特征,分别表现在语言、唱腔、角色、表演技艺和服饰等方面。

1.秦腔的语言

秦腔作为一种地方文化,所以它一大的特点是所谓的唱、念全都是以陕西关中方言为基础的,同时也融入了我国汉唐时期的一些诗、词、曲的语言,这些语言特点与音乐特点相融合,共同形成了秦腔艺术独特的声腔风格,即语调高亢激昂、语音生硬、语气硬朗结实等风格。秦腔的唱词语言节奏也是非常丰富的,唱词结构是永言体,唱词的句子按照表现思想内容的需要有长有短,但其句式基本上可归纳为十字句、七字句、五字句、散文句等。常见的有十字句和七字句,也就是整出戏词如同一首无韵诗歌一样排列整齐。

2.秦腔的唱腔特点

秦腔的唱腔为板式变化体,也就是以一个曲调为基调,通过节拍、节奏、旋律、速度等的变化而形成一系列不同的板式。秦腔唱腔包括"板路"和"彩腔"两部分,板路有二六板、慢板、箭板、二倒板、带板、滚板等六类基本板式。彩腔,俗称"二音",音高八度,多用在人物感情激荡,剧情发展起伏跌宕之处。秦腔用假嗓唱出,其中的拖腔必须归入"安"韵,一句听下来饱满酣畅,极富表现力,这也是秦腔与其他地方戏曲不同的地方。

秦腔的板式和彩腔每部分均有欢音和苦音之分。苦音腔最能代表秦腔特色,深沉哀婉,慷慨激昂,适合悲愤、怀念、凄哀的感情。欢音腔欢乐明快,刚健有力,擅长表现喜悦、明朗的感情。秦腔宽音大嗓,直起直落,既有浑厚深沉、悲壮高昂、慷慨激越的风格,同时又兼备缠绵悱恻、细腻柔和、轻快活泼的特点,凄切委婉,优美动听,为广大群众所喜爱。秦腔的艺术表演形式多样,表演技艺质朴、粗犷、细腻、深刻,富有夸张性,生活气息浓厚,程序严谨。

秦腔的表演自成一家,生旦净丑,各有千秋。秦腔的角色体制有四生、六旦、二净、一丑,共计十三门,又称"十三头网子"。其突出特点主要体现在演唱时,须生、青衣、老旦、花脸多角重唱,所以也叫"唱乱弹"。民间有"东安安西慢板,西安唱的好乱弹"之说。这些生角的大板乱弹,长达数十句之多。如《白逼宫》中的汉献帝的器音乱弹,要唱五十多句,讲究唱得潇洒自然,优美动听,民间称为"酥板乱弹"。此外,作为武净的花脸讲究架子功,以显威武豪迈的气概,群众称之为"架架二"。

秦腔的表演技艺非常丰富,身段和特技应有尽有,常用的有趟马、拉架子、吐火、扑跌、扫灯花、耍火棍、枪背、顶灯、咬牙、转椅等。神话戏的表演技艺,更为奇特而多姿。如演《黄河阵》,要用五种法宝道具,如量天尺、翻天印,可施放长串焰火,金交剪能飞出许多蝴蝶。这些技巧的运用是为了烘托舞台气氛,增强戏剧效果。秦腔的演出是以唱、坐、念、打为中心的综合表演。每个表演手段都必须始终在歌舞化、程式化、戏剧化、节奏化的特性中完成,演员在舞台上的动作,加上配乐,可以让观众感受到现实的感觉。

秦腔的表演特点还体现在音乐伴奏上。其伴奏乐队俗称"场面",分文场和武场。伴奏乐队是文场在舞台左侧,武场在舞台右侧。传统的秦腔伴奏以板胡为主奏乐器,人们称之为"秦腔之胆",发音尖细清脆,最能体现秦腔板式变化的特点。

3.秦腔的服饰特点

秦腔的服饰经过长期的发展演变,逐渐形成了约定俗成的规律性的程式,尺寸的大小、质地的优劣、纹饰的选择、色泽的浓淡以及各种颜色,都有着独特的寓意。服饰的宽、大、长、直代表文、富;短、小、窄、曲,代表武、贫。服饰厚、重、滑代表文、富;轻、薄、软、素代表武、贫。龙、虎、山、石完整寓示刚强;花、鸟、虫、鱼零乱寓示智慧;静物、花草简单寓示善良;狼、狗、鹰、雕复杂、纷乱寓示凶猛;蝴蝶、花卉细小、素洁寓示美丽、窈窕。深、素、暗寓示老、穷;浅、艳、明寓示少、富。白色,寓示公正、纯洁、端庄、正直、少壮。黑色,寓示清廉、凝重、严肃、粗豪、愚蠢、贫寒、愁苦、微贱。红色,寓示伟大、热忱、忠耿、喜庆、可怕、危险。黄色,寓示尊贵、明朗、稳练、衰老、无力。绿色,寓示鲁莽、倔强、乖谬、险诈。粉色,寓示聪明、活泼、风流、浪漫、荒唐、妖艳、淫荡、轻佻。蓝色,寓示青春、敏锐、朝气、正派、义气、轻快。雪青色,寓示优美、秀丽、柔和、舒适。葱绿色,寓示智慧、宁静、沉默、安详。紫色,寓示森严、持重、忍耐、果断。古铜色寓示老迈、慈祥、苍劲、周密。灰色,寓示软弱、不定、两可、冷淡。

观众通过戏中角色所穿服饰的色彩,大致可以了解和判断他们的年龄、身份、贫富、少壮及其基本性格和情感。

通过对秦腔语言、唱腔、表演等艺术特点的了解,我们可以进一步感受到秦腔的魅力,这对于我们了解中国的戏曲文化也产生了重要的作用。

第三节　易俗社

西安易俗社原名"陕西伶学社",成立于民国元年(1912 年),是陕西秦腔著名科班,也是中国现存最古老的剧社。中国现代戏剧奠基人田汉先生曾说:"世界上具有半个世纪历史的剧团有三个,一个是法国芭蕾舞剧团(一说英国皇家剧院),一个是前苏联的莫斯科大剧院,再一个就是西安易俗社。"这样的赞誉之于一个有着百年历史积淀的易俗社来说是当之无愧的。下面我们就它的历史发展轨迹、创作、价值与传承几方面作简要的叙述。

1912年建社之日起至今,易俗社已经走过风风雨雨的一个世纪。其中有曲折也有辉煌,由于创始人和全社成员的不懈努力与无私奉献,所以即使在最艰难的岁月里它也能渡过难关,逐渐成长壮大起来。辛亥革命后,中国资产阶级和小资产阶级知识分子面对民族危亡,以及封建文化的流弊忧心忡忡。他们中的有志之士渴望推翻封建专制统治,孜孜不倦地寻求改良社会的良方。李桐轩和孙仁玉两位"本地文人士大夫"的代表在这一时代背景下应运而生了。

陕西都督府创立修史局,李桐轩任总编纂,孙仁玉任修纂。他们在修史之暇常常讨论社会改良的问题。因二人志趣相投又都是同盟会会员,便萌发了从改良戏曲入手进而达到改良社会教育的目的的想法,经过再三探讨达成一致意见后就立即开展行动。由孙仁玉草拟《章程》,这一《章程》对破除旧戏班的陈规旧俗,"启迪民智"发挥了重要作用。孙先生说:"爰结斯社,取名易俗,意在移风易俗。俾久压于专制之民程度骤高,有共和之实焉。声音之道,与政相通,予以为补助之,教育庶有当也。"此《章程》得到了包括陕西辛亥革命领导以及社会各界名流的大力响应和支持。之后孙仁玉先生借银700两完成筹备工作。1912年8月13日,易俗社在陕西省议会礼堂召开成立大会。社内分工明确,至此一个新型的具有戏曲学校性质的秦腔艺术团体诞生于古城西安。在最初给拟定创办的新班社起名为"陕西易俗伶学社"之后,又更名为"陕西易俗学社",但是由于许多旧戏班也来凑热闹,纷纷效仿也改为"学社"。为了与旧戏班有所区别,便去掉了"学"字,最终定名为"陕西易俗社"。虽然只是换名事件,但是我们不难发现易俗社是一个具有独立个性和自我精神的艺术团体,所以它能在以后的岁月里比其他班社走得更远、走得更稳。

易俗社成立后,严格执行大纲规定,全社设有五个部,即干事部、评议部、编辑部、学校部、训练部,改变了旧戏班行会式管理体制,使其带上了明显的资本主义民主精神。除了在经营管理、训练学生、编导剧目方面建立了严格的规章制度外,易俗社还十分重视学生对文化知识的学习。易俗社将三民主义、国语、常识、算术、习字、历史、地理、修养学、戏剧学、服装学、心理学、戏曲音乐等课程列为学生学习文化与专业知识的主要内容。与此同时还派专职教练进行戏曲专业教育,经过六年技艺培训,合格者发给戏曲专科毕业证书,始能成为演员。这就从根本上区别于当时的江湖班社,成为将文化学习与戏曲训练、演出实践相结合的新型秦腔剧社。

为了实现"寓教育于戏曲""移风易俗"的宗旨,易俗社于 1912 年 11 月经过认真选拔测试,招收了杨启华、赵振华、王安民、马平民等第一期学生 50 名,并按"中、华、民、国、秦、易、俗"排名,每个学生须按自己的实际情况,将名字的最后一个字改为上述七个字中的一个。经社内研究,每期招收学生保持甲、乙、丙三班,甲班为早期毕业之优秀学员,乙班为近期毕业能演戏的演员,丙班则为正在训练的演员。随着时间的推移,甲班淘汰一些,由乙班中的优秀演员递补,而丙班则又与原乙班合并,另招新的丙班。如此循环延续使得"尖子"人员相承接和发展。

1913 年 9 月 5 日,第一期甲班学生在西大街城隍庙举行首场演出,由于学员们将文化知识与戏曲表演融为一体,再加上每出戏的唱腔、道白、音乐和程式表演都不同凡响,一举轰动了古城西安。1921 年易俗社南下武汉演出,短短一年的时间就轰动了武汉三镇,尤其是名旦刘箴俗的表演更是令人赞不绝口,甚至有人将其与梅兰芳、欧阳予倩相媲美,誉为"北梅、南欧、西刘"。1924 年,鲁迅先生一行来西安讲学,在 20 天内就曾五次观看易俗社演出。同年 8 月 13 日,在易俗社成立十二周年之际,鲁迅先生深有感触地对易俗社的领导成员和随行同仁说:"西安地处偏远,交通不便,而能有这样一个立意提倡社会教育为宗旨的剧社,起移风易俗的作用,实属难能可贵。"他还亲笔题词"古调独弹"四个字,制成匾额送给易俗社,并将讲学所得酬金 50 元捐赠给易俗社,说:"讲学金取之于陕,用之于陕。"遗憾的是,鲁迅先生所题的匾额由于保管不善,被日寇轰炸毁坏未能保留至今,只剩拓片尚在。1932 年 12 月,受驻河北邯郸的国民党 48 师师长高桂滋之邀,易俗社赴北平演出,这是自清末秦腔名家魏长生进京,一声清唱压倒所有剧种之后的第二次秦音远播记录。1937 年 5 月,易俗社二次赴北平演出,这是一个特殊时期,全面抗战即将爆发,两剧《山河破碎》和《还我河山》以史为鉴,针砭时弊,在当时起到了振聋发聩、鼓舞人心的作用。这次演出时间虽短,但却以它特殊的意义永载易俗社及秦腔东征的史册。抗日战争全面爆发后,易俗社新老知识分子在爱国情感的推动下,创作了许多以爱国主义为题材的剧本。如 1938 年,冯杰三之《投笔从戎》,郝心田之《平民革命》,樊仰山之《长江会战》《血战永济》《湘北大捷》《民族魂》《从军行》等抗战五部曲。1946 年,解放战争爆发后,国民党政府加紧对人民的盘剥,致使物价飞涨,民不聊生。易俗社难以正常演出,甚至连日常基本生活也难以为继。整个易俗社陷入瘫痪状态。1949 年 5 月 20 日西安解放,才使易俗社得以重生并开始谱写新的历史篇章。

易俗社自建立之日起就是一个熔培养艺术人才和戏曲训练为一炉的先进戏曲团体。正如在易俗社建社七十周年之际,时任中国戏剧家协会主席、著名戏剧理论家郭汉城先生如是评价:"易俗社是一个熔戏曲演出和培养演员为一炉的戏曲团体。他们忧国伤时,深感于国家贫弱和人民的愚昧,主张改革戏曲,作为进行'社会教育'的辅助,以达到'开发民智'、'移风易俗'、'改造社会'的目的。它是我国近代史上一个进步的、重要的戏曲改革团体。"他说:"从辛亥革命、护国运动、抗日战争以及为了争取民族解放,易俗社都投身到斗争的漩涡之中,用戏曲的武器'欲令满座哭一场、笑一场、怒一场、骂一场,知国耻之宜雪、信民族之可振。'"

易俗社无论是从规模、运作模式、纲领上,还是艺术风格、关注现实的程度、创作理念以及影响的深度和广度上,都对秦腔的继承和发展作出了重大贡献。

建社至今,易俗社招收培养了学生近千人,遍及西北各个秦腔剧团,而且许多都是家喻户晓的大家,如被誉为"秦腔须生泰斗"的刘毓中,被誉为"西京梅兰芳"的王天民,"秦腔皇后"肖若兰,以及在观众中享有盛誉的孟遏云等。在人数上是这样,西安易俗社剧场在历史上也曾经历了三次大规模的整修,重修后的易俗社剧场不仅规模宏大,而且具有典型的明清建筑风格。在易俗社创建伊始,它就以资产阶级民主制建立领导机构,主要负责人由社员选举产生,并规定任期时间,任期内不称职可随时罢免,并且先后采取了社监制、社长制、委员会制等办法,带有明显的资本主义民主性。

易俗社非常重视剧本的编写,从一开始就以主要演出自己编写的剧本为特点,这个团体聚集了一批具有民主思想和文学修养的文人学士,如李桐轩、孙仁玉、高培支、范紫东、吕南仲、李约祉、王绍猷、封至模等二三十位著名剧作家,他们的剧本编写十分精彩令人称道。这对于秦腔的发展作出了卓越的贡献。1913年,李桐轩的《甄别旧戏》一文在《易俗社杂志》上刊登,从思想理论上指导易俗社剧目创作。主张"以膏粱易藜藿""推其陈、出其新",对传统剧目"逐目甄别改编上演"以符合时代需要。他指出区别新与陈的标准是"以影响人心为断"。根据这一原则,他们在解放前先后写出大小500多个剧本,绝大多数剧本具有鲜明的民主主义和爱国主义倾向,而且对当时社会恶习——女子缠足、吸食鸦片、买卖婚姻、迷信鬼神、赌博给以针砭,如李桐轩的《一字狱》,孙仁玉的《三回头》《柜中缘》,高培支的《夺锦楼》,范紫东的《三滴血》《软玉屏》《翰墨缘》,李约祉的《庚娘传》《韩宝英》等剧本具有极高的艺术水平,成为秦腔中经久不衰的优秀剧目。易俗社还开创了秦腔演清装戏、时装戏及外国题材戏的先例。

易俗社并非是一个保守、墨守成规的团体,它能够博采众长,吸收其他地方剧种特长以丰富和改良秦腔的音乐与唱腔,经过赴汉演出和两度进北平演出,得到多方指导,技艺上有了很大改进。由于众多的新编剧目中小生、小旦戏的增多,唱词文学性的增强,音乐方面也随之有了改变。为烘托缠绵悱恻的抒情气氛,不仅在唱词上打破原秦腔七字和十字句式的旧规范,而且对弦乐也作了较多改进,创造了清新、委婉的优美唱腔。如《双锦衣》中的"数罗汉",《三滴血》中的"虎口缘",《昆阳戡》中的"骂月",《杨贵妃》中的"游园"等唱腔都有较大的突破。武打戏方面,在继承秦腔打击乐的基础上,吸收了不少京剧的锣鼓经,增强了打斗气氛和节奏感,舞台美术方面不断革新,增强了舞台艺术的真实感和审美感。尤为引人注目的是化妆方面,由于汉口、北平等地的演出交流,受到了欧阳、梅、程、尚、荀、筱等先生的具体指导,汲取了京剧的化妆艺术,改进了秦腔原来比较粗简的化妆。如旦角从勒人字额到贴云鬓,从梳大头到古装顶子,头饰从土银货、假花朵到玻璃管串子以及全付假钻石头面;生角、净角从用黑帕子勒头到用水纱网子;生、旦的面部施胭粉、画眉点唇以及戏剧服装的面料、色彩、刺绣的图案,旦角宫装、古装、清装、时装的使用等方面,都有突出的改进。在布景道具、灯光方面,设置人力转台,从使用硬片布景到电光布景,使舞台美术面目一新。尤其是 20 世纪 40 年代,舞美师陶渠加盟易俗社,使该社舞台美术更加现代化。这一切在秦腔舞台上都起到了首创和率先的作用,推动了秦腔艺术的全面更新。

易俗社的运作模式不同于一般江湖卖艺的班社。首先,文人参与剧本创作提高了剧本的文学性和美学品格;身怀绝技的老艺人担当教练(导演)使得许多优秀的剧目被搬上舞台,给广大观众带来一场场戏剧盛宴。此外,易俗社学员把学习文化知识和戏曲表演融为一体,扎实的文化功底对于他们对剧本内涵、人物塑造的把握显得更为准确到位。正如戏剧史学家徐慕云先生所说:"易俗社为秦腔的模范科班,其角色之整齐、脚本之精美、戏装之华丽,自应执秦腔班之牛耳。全班学生,除了上台演戏之外,均按时上课,授以学识。较北京著名之富连成科班相比,完善多矣。"

百年易俗社已成为一种品牌,其价值内涵蕴藏在数百部的戏剧作品中。如常演不衰的经典剧目《三滴血》《三回头》《软玉屏》《一字狱》等或以离奇曲折的情节取胜,或因塑造的鲜明的人物形象令人再三玩味,或凭借优美动听的唱腔让人欲罢不能,或高倡爱国主旋律而起到了振聋发聩的社会作用……

第四节　秦腔的传统八大绝技

秦腔传统绝技有吹火、变脸、顶灯、打碗、鞭扫灯花、踩跷、牙技、尸吊八种。从汉代长安百戏兴盛的局面来看,秦腔绝技在传统杂剧方面有继承、有创新。那么,本书对秦腔绝技的讨论对学习中国传统文化方面就有进步意义了。

1. 吹火

吹火是秦腔、同州梆子（又称东路秦腔或西秦腔）、西府秦腔（又称西路秦腔或西府乱弹）、汉调桄桄（又称汉调秦腔、南路秦腔）、汉调二簧（又称陕二簧，是秦腔第二大剧种）等剧种的旦角表演特技。火，在中国古代是一个较早为人认识的自然现象，也是具有毁灭性的自然力量，所以，吹火一般多用于有妖怪、鬼魂出现的剧种中。秦腔《游西湖·救裴生》中李慧娘用此技。

在汉代的时候长安出现了"百戏陈杂"的兴盛局面。张衡于汉安帝永初元年脱稿的《西京赋》中，记述当时的盛况时说："打假幸乎平乐之馆……蟾蜍与龟，水人弄蛇；奇幻攸忽，易貌分形，吞刀吐火……"由此可见，吹火便是百戏表演中的一种。清康熙七年（1688 年）陈大强等修的《咸宁县志》有曰："俗乐自唐以来，流行日炽……百戏则有鱼龙曼延、高絙、凤皇安息、五按都卢……吐火、激水转石、噭雾、扛鼎、象人、怪兽、舍利之戏，骇人听观。"（卷七）自此经过唐代梨园的形成以及歌舞的戏剧化，在安史之乱之后戏曲表演在艺术上较多地吸收了秦地民间戏曲的技艺，其中就有吐火杂技的表演，保留到后来的秦腔就称为"吹火"。

吹火的方法是先将松香研成粉末，用箩过滤，再用一种纤维长、拉力强的白麻纸包成可含入口中的小包，剪去纸头。演员吹火之前将松香包噙在口里。用气吹松香包，使松香末飞向火把，燃起腾腾火焰。

常见的形式有直吹、倾吹、仰吹、俯吹、翻身吹、蹦子翻身吹等。根据火的形状而言可分为单口火、连火、翻身火、一条龙、蘑菇云火等。

（1）单口火。即一口一口吹火。主要用鼻子吸气，丹田用气，冲着火把的火苗直吹。

（2）连火。用气方法与单口火相同，吹时要紧密一些。在火头上吹第一口火，在其未灭时，紧接着吹一口火，使火连续不断，故称为连火。

（3）翻身火。踏左步，半卧鱼势，从火头上引火（即借助吹出的火苗，使火苗不断地延续长达四五尺）翻身，转一圈后，火苗仍然连续不断。

（4）一条龙。半卧鱼势俯冲火把头吹火，然后离开火把，均匀地一口气吹引过火来，使火苗不断延续长达数尺，犹如一条火龙一样摆过去。

（5）蘑菇云火。半卧鱼势，在"一条龙"火的龙尾上紧接着再摆回来，重重地一口一口吹火，即成一朵一朵的蘑菇状（也叫天女散花或火中凤凰。后来吹这种火时，还可将火的颜色变成雪青色）。

上面介绍的是最基本的吹火绝技。擅长此特技的著名演员有秦腔党甘亭、何振中、李正敏、马蓝鱼、张咏华、孙利群、张燕;同州梆子王德元;西府秦腔曾鉴堂、李嘉宝等。其中,马蓝鱼的鬼吹火享誉全国,她也曾在北京、上海等市专门传授过此技。

2.变脸

秦腔调剧的生、旦、丑行皆有此特技。相传古时候人类面对凶恶的野兽,为了生存便把自己的面像勾画出不同的形态以恫吓入侵的野兽。川剧将这种传统继承在其表演艺术形式上,并形成一门独立的艺术,而秦腔对脸谱的运用也源于此。

早明杂剧《灌口二郎斩健蛟》中就有"变化青脸"的记载。当时变脸的方法简单,变法单一,技术性也不强。

变脸有大变脸、小变脸之分。大变脸意思就是全脸都变,有三变、五变乃至九变。小变脸则是局部变脸。变脸的手法大体上分为"抹脸""吹脸""扯"。此外还有一种"运气"变脸。

"抹脸"是将化妆油彩涂在脸的某一特定部位上,需要换表情时一抹脸,就变成了另外一种脸色。如果全脸都变,则油彩涂于额上或眉毛上;若只变下半部脸,油彩可以涂在脸或鼻子上;局部变脸,油彩只需涂在需要改变的部位上即可。如《白蛇传》中的许仙、《放裴》中的裴禹、《飞云剑》中的陈仓老鬼等都采用"抹脸"的手法。"吹脸"则只适合粉末状的化妆品,如金粉、墨粉、银粉等。有的是在地上摆一个很小的盒子,内装粉末,到变脸的时刻,演员做俯地的舞蹈动作,趁机将脸贴近盒子一吹,粉末吹起涂在脸上,变换成另一种颜色。《活捉子都》中的子都、《治中山》中的乐羊子等人物的变脸,采用的便是"吹脸"的方式。"扯脸"是一种复杂的变脸方式。它是在表演之前将一张张脸谱画在绸子上剪好,每张脸谱都系上一把丝线,再把脸谱按表演次序贴在脸上,丝线则系在演员身上不醒目的地方,如腰带等。随着剧情的需要,在表演时将一张张脸谱在舞蹈动作的掩护下扯下来。如《白蛇传》中的钵童(紫金铙钵),可以变绿、红、白、黑等七、八张不同的脸。"扯脸"需要一定的技巧,在于动作的干净利落以及表演之前准备的恰到好处,具有很高的艺术价值。"运气"变脸则是传说已故川剧名演员彭泗洪,在扮演《空城计》中的诸葛亮时,当琴童报告司马懿大兵退去以后,他能够运用气功而使脸由红变白,再由白转青,意在表现诸葛亮如释重负后的后怕。

3.顶灯

顶灯是秦腔小戏中一些丑角表演的绝技。表演者将一盏油灯点着,置于头顶,耍各种动作。秦腔《三进士》的丑角常天保因赌博被其妻处罚顶灯。常天保头顶油灯,跪地、行走、仰卧、钻椅、钻桌、上桌等,均很自如,并能使油灯不掉、不洒、不灭。这全凭演员脖颈的平衡技巧。秦腔丑角演员刘省三、晋福长和汉调桄桄演员王半截、赵安学,以及汉调二簧演员蔡安今等,均擅长此技。王半截还能自己将头顶之灯吹灭。

4.打碗

打碗是秦腔中演神庙会戏时常用的打鬼特技。《打台》的天官、《太和城》的孙武子等净角、须生也用此技。其表演方法是将一碗掷于空中飞转,用另一只碗飞出击打,两碗同在空中粉碎。打碗表演有平打、斜打两种打法。

(1)平打。先将一碗底朝下平掷于空中飞转,再将另一碗底朝上掷出,两只碗底对击相撞,破碎落下。

(2)斜打。两手各拿一碗,碗底相对转磨,打时先将碗侧立掷出,使其在空中如车轮滚行状旋转,然后将第二个碗如法掷出,以碗底边撞击而破碎。

我们常常说"碎碎平安",其意寓为"岁岁平安",是人民对安宁的原始渴望。而打碗在西安民间活动中也成为一种传统活动。现今陕西省西安市户县石井镇终南阿姑泉牡丹园下的村民还举行类似的活动。

5.鞭扫灯花

鞭扫灯花是秦腔表演中净、旦行的表演特技。有鞭扫灯花和"纸摆子"(把纸拧成绳子一样的条子)扫灯花两种。

表演法是先用黄表纸在鞭梢扎成约四寸多长的纸花,然后加足灯油,拉长灯捻(用纸裹香做成),使其多出灯花。表演时演员经过一系列过顶的动作,在特定打击乐伴奏中,用鞭梢前面的纸花反复扫向灯捻上所结的灯花,使火光扩散,洒向空中。演员会根据节目的不同使用各种扫花绝技,使舞台空间火星闪闪,四下飘落,忽明忽暗,扑朔迷离,演员靠近亮相的那盏灯,观众可以清晰地看到其面部表情与眼神。《太和城》中的孙武子与《黄河阵》中的闻仲用此技。前者是表现孙武子得胜后的兴奋情绪,后者是表现闻仲盛怒与神威,二者都有烘托舞台气氛、增强演出效果的作用。

以前演出时用清油灯照明,为了达到灯光效果特用此技,随着科学技术的发展,照明条件的改变,此特技已经无人使用。

6.踩跷

踩跷是秦腔中旦角所用的特技。跷子是木制的脚垫,尖而小,约三寸长,外面套绣花小鞋。演员只能用两个脚趾穿假鞋,而且要将鞋绑在脚趾上,因此,称之为扎跷。扎跷之后,演员只能凭两个脚的脚趾行走,脚跟高高提起,行走、舞蹈,像跳"芭蕾"一样,不同的是芭蕾演员有时还可以脚跟着地,而扎跷演员则始终都得用二趾着地。戏演完后才可以解跷休息。更难的是,不仅要求模仿三寸金莲的步子和形态,还有特为扎跷设计的高难动作,如踩跷走凳、踩跷过桌、踩跷踢石子等,沿低上高,蹦跳不止,才可以显示出演员的踩跷技巧来。

7. 牙技

牙技是秦腔中毛净所用的一种特技。牙技分为"咬牙"和"耍牙"两种,主要用于番王、判官、鬼怪一类角色。咬牙,也叫磨牙,毛净常用此技。演员用上、下牙齿咬紧磨动,发出咯吱吱的声音,表示咬牙切齿的恨。这一技巧主要在于控制,咬响并不难,难点在于声音要响并要传得远,还不能有疹人的噪音。秦腔名演员彦娃、刘金录、范仲魁、华启民、陈西秦、周辅国等在《反长沙》《虎头桥》《祭灯》《淤泥河》《八义图》等剧中,扮演魏延、盖苏文、屠岸贾等,均用此技。

所耍的牙有两种。一是将两颗较长的猪牙洗净,空根灌铅,外部刻细槽,扎上细丝线,使两牙相连,演出时含于口中,以舌操纵;一种是用牛骨磨制而成的。耍牙有六种样式:①阴阳齿,即左边牙尖朝上弯,右边牙尖朝下弯,或相反;②獠牙,即两颗牙齿同时向上,并微向外撇,呈倒八字形;③鼻孔齿,即两颗牙齿同时向上,将牙尖钻进两个鼻孔内,根部微撇,呈正八字形;④一字齿,即两颗牙齿分别从嘴两边出,伸向两边腮部,同嘴唇呈一字形;⑤巨齿,即巨灵神的齿形,两颗牙齿从嘴角两侧向下斜伸,在下巴两侧呈倒八字形;⑥疤牙,即两颗牙齿由口中向下伸直,呈"Ⅱ"形状,西府秦腔艺人谢德奎、温良民、赵文国、焦定国等常用此技。

8. 尸吊

尸吊亦称"大上吊",秦腔、同州梆子、西府秦腔、汉调桄桄、汉调二簧、眉户等剧种均有此特技。演出前,先将一根长吊杆平绑在入场口的柱子上,杆的一端在台口,另一端藏于台内侧。剧中表演者上吊时,站在椅上,将白绫吊圈绑于杆头,然后将吊圈套在脖子,蹬倒椅子。这时台内即将吊杆一端压下,右移,使杆头上翘并伸出台口,使上吊者高高吊于台前。演员在化妆时,腰里绑一椭圆形铁裹肚,上端有两个铁钩,由胸部直通脖颈。上吊时,往脖子上套的吊圈一定要套在铁钩上,然后将一水袖绕脖搭肩,以作掩饰,另一水袖下垂,呈现出活人被吊死的景象。现在已不用此技。

第五节　秦腔的著名剧目

秦腔作为一种独特的剧种,其所演的剧目,据现在统计约三千多个,多取材于"列国""三国""杨家将""说岳"等英雄传奇或悲剧故事,也有神话、民间故事和各种公案戏。它的传统剧目丰富,已抄存共 27498 本。其中最著名的剧目有《狸猫换太子》《三滴血》《火焰驹》《铡美案》《八义图》《白蛇传》等。这些著名剧目有的甚至已经成为经典。这些剧目之所以出名,一方面与它本来的故事有密切的关系,另一方面,秦腔剧作家在剧本创作时赋予剧本的意义及所使用的艺术表现手法,也是这些秦腔剧目成功的关键。

《八义图》和《三滴血》是秦腔著名剧目中的代表作品,也是新中国成立后经过改变和整理过的传统剧目,深得大众喜爱,取得了很大的成就。《八义图》(又名《狗咬赵盾》《赵氏孤儿》)是秦腔的传统戏。此剧本事见《左传·宣公二年》、《史记·赵世家》,汉刘向《说苑》《新序》均有记载。宋元戏文有《赵氏孤儿报仇记》,元代有纪君祥《赵氏孤儿大报仇》杂剧,明代有徐元九《八义图》传奇。现存秦腔传统剧本收录在《陕西传统剧目汇编·秦腔》第二集。这是中国古代著名四大悲剧之一,影响极为深远,昆曲、京剧及各较大的梆子剧种都有此剧目。在国外,英法等国也早有译本。秦腔传统本的特点,是对故事情节及人物作了大的剪裁和伸缩,故事本来是经历了晋国的灵公、成公、景公、悼公四代国君。而秦腔传统本则从景公嗣位之后开始,这省了许多叙述性的笔墨,以便更集中地塑造主要人物。整本戏中,《盘门》《拷卜凤》《挂画》为著名折戏,常单独演出。此剧新中国成立后演出本以马健翎改编之《赵氏孤儿》影响最大,是 1959 年、1960 年陕西省演出团赴京演出,及巡回大江南北十三省之主要剧目。

《三滴血》是著名剧作家范紫东的代表作,取材于清人纪昀《阅微草堂笔记》。此剧行当齐全,唱做并重,1919 年由陕西易俗社首演,导演是陈雨农、田畴易,主演为苏牖民、刘箴俗等。其剧情是:山西商人周人瑞在陕西经商时,其妻生下二子后病故。周自己抚养长子天佑,次子则卖给李三娘。后来周经商亏本,带天佑回老家,其弟周人祥为夺家产而不承认侄儿天佑。人瑞告至官府,县官晋信书以滴血之法将父子断散。李三娘为养子更名李遇春,与己女晚春订婚。后三娘病故,恶少阮自用假造婚书逼晚春与其成婚,晋信书又以滴血之法断晚春与遇春为亲兄妹。在与阮自用的花烛之夜,晚春逃出。周人瑞寻找天佑,遇晚春奶娘,奶娘随周人瑞去县衙对质,晋信书居然还以滴血断定周人祥与其子牛娃非血缘关系……天佑和遇春投军立功并得官,平反冤案,全家团聚。此剧故事生动,情节曲折,人物鲜活,形象地反映出封建时代商人家庭的矛盾和不幸,揭露了封建官僚的迂腐。1958年,杨公愚、蒋炳泰、谢迈千再次改编该剧,删去了周人瑞卖子、贾连香偷房、天佑和遇春边关立功等情节。导演为杨公愚,主演是刘毓中、樊新民、郭明霞、全巧民、雷振中等众多名家。该剧的演出引来巨大轰动,受到朱德、周恩来、刘少奇等国家领导人的盛赞,田汉、曹禺、梅兰芳、欧阳予倩、马少波等文化界名人对该剧的创作给予很高的评价,《人民日报》《光明日报》《文艺报》《戏剧报》等纷纷发表文章盛赞此剧,曹禺更是声称此剧的情节和编剧"简直可以同莎士比亚的剧作媲美"。这出戏构思巧妙,剧情发展波澜壮阔,情节离奇曲折,极富于传奇和浪漫色彩。

秦腔著名剧目中除了新时期创作和改编历史故事而成的作品外,还有许多经典剧目耐人寻味,例如《五典坡》《狸猫换太子》。不管是哪一类,它们到底为何有生命力?

首先是这些著名剧目中的故事大多都是广泛流传的。这些年许多传统戏剧改编取得了骄人的成绩,不但在主题思想上有所升华,而且在人物塑造上有所突破,但要看到,原有的故事是一个了不起的基础。同时,这些经典剧目中的一个个故事,多是一种情感结构,而不单单是现实生活当中那种处于因果范畴的逻辑建构。"现在戏剧不景气,原因是多方面的,但剧本创作水平普遍不高,不能不是一个重要原因。表现在具体创作上,常常是讲一个干巴巴的逻辑故事,前因后果分析得清清楚楚,不敢跨越雷池一步,缺乏广阔而浪漫的想象空间,缺少丰腴沛然的情感水分。"(胡安忍《〈秦腔传统经典剧目选〉阅读手记》)

其次,赋予人民性是这些著名作品能够得以流传的更为重要的原因。不管写什么,总是站在老百姓的立场来说话,说的总是老百姓的话,抒的总是老百姓的普通情感。我们看到的剧目,从题材上考察,多为宫廷戏、公案戏,帝王将相、才子佳人是主角。可是透过这个表象,它们表达的是百姓情怀,人之常情,人生普遍的酸甜苦辣。《五典坡》围绕着嫌贫爱富这个话题,演绎了"击掌""别窑""探窑"一系列故事情节,实际上使人感动的是父女断裂之悲、母女相惜之痛、夫妻离别之苦。是这种悲欢离合的人间情感,赋予了这个剧目经久不衰的艺术生命力。再如《狸猫换太子》,宫廷的权力争斗是个表象,从人性的角度来考察,刘妃心灵的那种丑恶,陈琳等人心灵的那种善良,以及那种人性的丑恶与善良之间的较量,是能够跨越时代得以恒久流传的重要原因。普通百姓的普通情感永远是优秀艺术作品具有生命力的重要源泉。

再次,从艺术手法上来看,这些剧目有许多浪漫主义手法,例如上面提到的《三滴血》,验了三次血,滴了"三滴血",就促成了一个悲剧。可是峰回路转,很快天佑和遇春投军居然都立功得官,衣锦还乡,平反冤案。再如《蝴蝶杯》中的"蝴蝶杯",斟上酒,竟然就有蝴蝶翩翩飞来。呼之即来,挥之即去,本来就是舞台艺术的本质特征。从哲学的角度来讲,它更多的是处于主体的精神层面。它不是对现实生活的反映,而是对现实生活中"人"的一种描述。作为现实生活中的人,既有现实人生的一面,也有追求理想的一面。现实生活中的一面,更多的是使人处于理性的一面;而理想的一面,更多的是使人处于一种追求之中。著名剧目中的这些浪漫主义情节,如果说是对现实的反映,实际上反映的是人的理想的真实。现在有的作品平庸、落实、不空灵、缺乏张力,原因就在于,只重视逻辑考量情节,而忽视人的情感状态。

第十章

文化名胜　源远流长
——陕西重要历史人物及其古迹概览

中华文化源远流长，经久不衰。陕西是文化大省，在历经了沧桑的岁月后依旧风华正茂，历久弥新。而正是由于这厚重的历史积淀，使陕西别具风韵。这既是一个朴素淡雅的文化大省，也是一个霸气凛然的历史名省，一座座风格迥异的建筑，一方方诠释生命价值的陵墓，一个个诉说性情的塑像，以及一件件承载历史的遗物，无不为陕西的人文内涵增添色彩。无论是财神赵公明、龙亭侯蔡敬仲、留侯张子房、忠武侯诸葛亮还是药王孙思邈等，都是那一幕幕辉煌历史的见证者。

第一节　财神赵公明

中国的神仙谱系是庞大的，除了来自于远古的神话传说之外，还有一些是与人民的生活息息相关的。这些来自于民间的神仙大多在不断的演化过程中寄托着人们对生活所持有的愿望。这其中财神，在中国人心中是一个被长久追捧的神明，在不断的发展中，财神的形象也在不断完善。而赵公明作为财神更有着长久的演化，同时也一直被人们视为"正财神"所尊奉着。

每个人的心中都有着一片有关于财富的沃土，同时在每个人的心中都或多或少地做过些许有关于财富的美梦。无论是有着梦想成真之后的喜悦，还是得知只是"南柯一梦"之后的悲凉，至少我们都曾希望与自己心中的财神爷相遇。因而在中国的每一片土地上，财神都演绎出不同的神话：儒商之祖端木赐、浙商之祖范蠡、晋商之祖白圭、冀商之祖比干，甚至是关羽。虽然每个人都做着不同的发财梦，但是在人们的心中，象征着充足和富裕的财神总是作为被贪恋和追捧的主要对象，而在众财神中，最出名的要数赵公明了。

1. 作为"财神"的出现

赵公明，本名赵朗，字公明，又称赵玄坛，是道教虚构的一位传说中的神明。在道教的传说中，赵公明是终南山人，在山中隐居修道，又经张天师收为门徒，被派去守护丹房——玄坛,因而也被称作"赵玄坛"。又因为他常常执鞭跨虎,所以又被称做"黑虎玄坛"。修道成仙后,天帝封他为"正一玄坛赵元帅",遂而统领天兵神将掌管风雨雷电、去瘟除灾等事宜。道家所说"玄坛"意为护法之意,而在中国,赵公明最早也是起源于道教。然而赵公明一名的起源有较多版本,其中时间相符且人物性格相同的有以下几个。

道教经典《典籍实录》中同样有记载曰:"赵公明乃'日之精'。上古时,天上现十日,尧命羿射九日。八日落入青城之内为鬼王,发病害人。唯一日幻化成人,骑黑虎,执银鞭,隐居蜀中,乃赵公明也。后天师张道陵让其守护丹室,丹成之后得一份,变化无穷,法力大增。天师又使其护玄坛,故以'玄坛元帅'称之。天师升天后向天庭保举,封其为'天将'。"这段话最早记载了赵公明由"鬼王"到"天将"的过程及其形象特征。

而在明代王琏《琅琊金石辑注》中有言曰:"财神者,姓赵名朗,字公明,琅琊古来有之。昔者天上生十日,帝命羿射九日。其八坠海为仙,海上八仙是也。余一陨于天台,其身为石,太阳石是也,其精为人,赵公明是也。既长成,至峨眉山修炼,得神仙之术。商周交兵,遂受闻太师之邀下山助商,失利为太公所杀。太公岐山封神,朗受封玄坛真君,日精再归天台,遂真阳附石,神体合一。辖招宝天尊、纳珍天尊、招财使者、利市仙官,专司人间迎祥纳福之责。此后石下有庙供真君之位,'天台山'亦易名'财山'焉。"

如果以上有关于赵公明的传说相距平民百姓甚远,那么接下来这个有关于财神赵公明的故事似乎则显得更加贴近群众,贴近实际,贴近生活了。相传赵公明在农历三月十五日出生于赵大村,那时候他家境贫寒,但他有着比较大的力气,且干活较为灵敏,所以他选择为木材商打工,干着搬运木材的工作。年纪轻轻的他不仅为人诚实守信,而且仗义勇为,深得工友信任,也正因为这样,他时常受到老板的赞赏与多次的奖励。他以自己不断辛勤且诚恳的劳作,一点一点地积攒着钱财。与此同时他又凭着自己较强的理财能力,向工友借贷钱款,且又凭着他特有的勇气、胆识以及那早已被人们夸赞的诚信,成为了一名木材商人,并细心地经营着自己的事业。因为他有着远大的目光、宽广的胸怀,自然也就深得客户的信赖,客户们都争着和他做生意,最终使得他积累下了巨额财富。有人借赵公明的百金做生意,但不幸的是天灾难料,那个人做生意失败了,一时无力偿还所借的债务。那时候对于赵公明而言,百金已经不算是多么巨额的债务了,所以赵公明仅仅让那个借他钱的人还一双筷子,抵消所欠的债账。像这样的人,在人们的心目中,不仅仅只是一个富有的人那么简单,赵公明为富行仁,义利双收,不但周济贫困,出手大方,而且资助国家的军事行动,亲自参军打仗,十分勇敢。赵公明一边经营商业,一边到终南山楼观拜访道家学者,精研道理修得正道。他还驯服了一只曾经骚扰平原百姓的黑色老虎,人们视为奇迹,称之为赵公明的黑虎坐骑,后来赵公明成为了仙,被誉为"财神"。

上面几种较为可信的说法已经确定了赵公明的形象,即"阔面黑髯,手持打神鞭,坐骑黑虎"。在以上的不同版本中,前两个版本为神话传说,只有第三个版本接近民众的现实生活,这似乎也成为了在现代意义上赵公明能够为财神的佐证之一。

2. 作为"财神"的演化

凡是所提赵公明,总会是被称做财神,但事实上赵公明被直接"封"做财神也只是上面所述的流传而已。前几种神话中,如《典籍实录》所说的"玄坛真君",赵公明并不是直接就是财神,而是在往后漫长的传说中不断演变形成的。在神话故事中,赵公明的"财神化"又有不同。神话传说中,赵公明初只为"金龙如意"的形象,后到了魏晋时期,赵公明一度曾被当做专为上帝勾取人魂魄的形象,如东晋干宝的《搜神记》记载,甚至是在南朝梁陶弘景的《真诰》中,赵公明也被化作瘟神的形象。元代成书明代略有增纂的《道藏·搜神记》和《三教源流搜神大全》开始将赵公明称为财神。在老子哲学思想中有"物极必反"的说理,当赵公明的瘟神、凶神形象达到一定程度时也就要发生一些变化了。如《三教源流搜神大全》中赵公明财神的形象才基本上可以算做是被定型了。书中记载:"赵公明,终南山人,头戴铁冠,手执铁鞭,面如黑炭,胡须四张,跨黑虎,授正一玄坛元帅。能驱雷役电,呼风唤雨,除瘟剪疟,祛病禳灾。如遇讼冤伸抑,能解释公平,买卖求财,宜利合和,无不如意。"就这样赵公明摇身一变,直接由一位瘟神、凶神变成了一位福神、财神,正应了老子的"物极必反"之理。而使得赵公明全然由一个看似十恶不赦的瘟神转为一个专职行善、助人为富的善良之神,并且以财神形象深深植根于老百姓心中的功绩则要首推晚明神魔小说《封神演义》,书中第四十七、四十八回,写到峨眉山道人赵公明助商,武夷山散人萧升、曹宝助周。双方交战,各显道法,姜子牙最后用巫祝术将赵公明杀死。以后姜子牙封神,封赵公明为金龙如意正一龙虎玄坛真君,统帅招宝天尊萧升、纳珍天尊曹宝、招财使者陈九公、利市仙官姚少司。显然,作者是把赵公明作为财神来写的。由此赵公明作为一个十足的财神,其正财神的地位得以巩固,得到了中华民族的广泛认同。

3. 作为"财神"的出生

有关于财神赵公明何时出生历来就有着不同的说法。有一种说法认为赵公明生于商末周初,主要的依据是《武王伐纣平话》《封神演义》等小说野史及前人诗作等,如清周至县令邹儒诗中有"周时碑误称秦代"句。另一种说法则认为赵公明生于秦代,其依据如前述碑文、《三教源流搜神大全》等资料。这一说法的另一依据是道家创始人老子为东周末年人,后来被封为道教人物的赵公明不可能先于老子而生于商末周初,因此推断赵公明应当生活在秦代。但赵大村的人却认为赵公明是生在商代。这种认识源自于 2009 年 4 月 10 日传统节日"财神庙会"上有着"赵公明财神诞辰 3241 年"的文字推算,赵公明应该是出生在公元前 1232 年夏历三月十五日,时为商朝末年。

无论财神赵公明一开始在人们心中是怎样的形象,无论财神赵公明出生于哪个年代,他在人们心中的地位是不可忽视。大概从明清时起,人们就开始在各地道观广建财神庙,广塑财神像,以此来表达他们对富裕生活的向往,其中要数陕西省周至县赵大村传统的"财神庙会"最为著名。

4. 拜财神的习俗

我国各地对财神祭拜方法大相径庭,到了现在,人们多在家或者在自己的店面里供奉财神,多在塑像上放置钱财,以求得生意兴隆。同时祭祀赵公明,有农历大年初一争烧头炷香的习俗。村民半夜即起,在寒风中伫立守候,待到鸡叫第一声,涌进财神庙,燃起一炷香,恭敬地献给赵公明。据说第一炷香能给全家带来一年的好运。每月初一、十五亦有村民前往敬奉财神。

5. 对财神的信奉

对于财神赵公明的信奉,除部分少数民族地区外广泛分布在中国大陆和港澳台,影响到东南亚地区以及世界华人住地。广东潮洲、汕头等家家供俸财神赵公明。中国台湾大里市佑福宫有近百万人信奉财神,赵氏后裔也以赵公明为光荣,他们由 20 世纪 80 年代末起,在大陆艰辛寻觅赵公明故里十余年,最终定得陕西周至,而今周至县也成为全国纪念赵公明(财神)唯一得到公认的地方。

中国人对财神的信奉已有数百年的历史,在中国过春节时人们最喜欢以"恭喜发财"互赠祝福,而这一句"恭喜发财"包含了对财神爷的渴求。这其中也无不彰显着中国财神文化的魅力,深深植根于中国人心目中的乐善好施的财神形象也已成为了中国特有文化中的一部分。

第二节　洋县龙亭的蔡伦

蔡伦是改进还是推广造纸,一直是关于蔡伦不休的争议。造纸术发明于谁手已不可考,但是造纸术却真真实实在蔡伦手中成熟。

长期以来，人们都认为蔡伦是造纸第一人，更有"蔡伦造纸"的传说，同时人们也认为纸的文明的历史是由他开创的，但这些都只是后人对历史错误的解读，只有真实的历史遗迹文物考古，才是最值得信赖的。后人根据《后汉书》的记载，把蔡伦向汉和帝献纸的元兴元年，也就是公元105年，作为蔡伦发明造纸术的年份。社会在发展，历史在演变，人们的认识也在不断地进步着。于1935年发现的罗布淖尔纸证明西汉已经有纸，随后又相继在甘肃、陕西发现灞桥纸、金关纸、中颜纸、马圈湾纸等西汉古纸。而1986年甘肃天水放马滩一个汉墓出土的"又薄又软"的纸，是"目前已知最早的纸实物"。它的发现不仅证明西汉初期就有纸出现，而且已用于绘图或书写，把纸的历史提前至西汉初期。至此，历史文物的话语使我们对蔡伦与造纸有了全新的认识——改进而非发明。那么为什么历史树立了这样的蔡伦形象？为什么一个宦官能名垂青史？既然有纸，那么蔡伦改造的动机又是什么？这一系列的疑问，只有回到那个时代，回到蔡伦一生的足迹里去探寻一二。

东汉明帝永平五年（62年），在湖南东部的耒阳县耒水河畔，一个男婴呱呱坠地了，这男婴便是后来成为大发明家、名垂青史的蔡伦。蔡家是南国稻米之乡中一个普通的农民家庭，耕读传家，家境小康。幼年蔡伦读了几年私塾，取字敬仲，他天资聪慧，为人伶俐，遇事喜欢穷根究底，加之勤奋好学，小小年纪便明白了许多道理，深得长辈喜爱。

永平十八年（75年），宫廷派人到各郡县挑选俊美少年入宫充做太监，年仅十三岁的蔡伦被选中，选入洛阳皇宫内当起了小太监。次年，汉章帝刘炟即位，年号建初，蔡伦开始在章帝身边担任小黄门。由于蔡伦勤奋好学，文化基础知识扎实，处事颇有风仪，几年后便崭露头角，被选做黄门侍郎，负责掌管宫内外公事传达及引导诸王觐见、安排就座等事务。

章和二年（85年），汉章帝驾崩，十岁的刘肇登基，是为和帝，由窦太后把持朝政。深受窦太后青睐的蔡伦很快被提拔为中常侍，随侍幼帝左右，参与国家机密大事，秩俸二千石，地位与九卿等同。不料，窦太后临朝听政后，以私情授重权于窦氏兄弟，窦氏兄弟骄横肆虐，侵暴百姓，甚至擅自征调边防部队，引起了群臣的愤怒。永元四年（89年），十四岁的和帝在内廷宦官的支持下，一举扫平了外戚窦氏集团的势力，开始亲理政事。和帝乃和顺勤勉之君，虽然严惩了窦氏集团的首恶，但对窦太后依然一如既往。永元九年（97年），窦太后去世后，其随葬宝剑及其他一应物品，均由三十五岁的蔡伦设计和监制。

永元十四年（104年），和帝立邓绥为皇后，蔡伦恪尽职守，尽心服侍，又得到邓皇后的信赖。邓皇后酷好舞文弄墨，命蔡伦兼任尚方令，主管宫内御用器物和宫廷御用手工作坊。蔡伦学识渊博，又勤于钻研，为人敦厚谨慎，关心国家利益，办事专心尽力，曾数犯龙颜，匡弼时政，都得到了和帝的采纳。蔡伦主管尚方期间，"曾监作秘剑及诸器械，莫不精工坚密，为后世法"。

蔡伦以前的中国，书籍经历了从龟甲、兽骨到竹简、木牍的革新。然而，这样的书籍仍然极其笨重，宫中文书往来更是苦于竹简木牍之繁。少数专用典籍是书写在丝绸上的，虽然轻便，但造价极其昂贵，难以替代竹简。西汉以来虽然陆续有简易的絮纸问世，但结构松散，无法书写，同时产量有限，无法满足日常需要，仍以竹简为先。蔡伦目睹和帝每天早起临朝，深夜批阅奏章，一捆捆奏章需要车载肩扛，不仅御览十分辛苦，就是随时取用也极不方便。蔡伦服侍左右，心中焦虑不安，渐渐萌生了造纸的念头。为此，他潜心钻研西汉以来用动物纤维造丝絮纸的技术，利用供职之便，经常到乡间各类作坊考察。他发现蚕妇缫丝漂絮后，竹簟上常常会留下一层薄如蝉翼的丝绒絮，揭下颇似缣帛，晾干后竟然可以用来书写简单的文字。于是，蔡伦在吸取借鉴前人造纸经验的基础上，开始收集树皮、废麻、破布、旧渔网等，作为造纸原料。桑树、楮树树皮是比麻类丰富得多的原料，可以大幅度提高纸的产量。然而，桑、楮树皮中所含的木素、果胶、蛋白质远比麻类高，因此树皮的脱胶、制浆又要比麻类难度大，这就促使蔡伦改进造纸的技术。他采用了一些民间作坊利用石灰水制浆的方法，又添加了有较大碱性的草木灰水制浆，对纸料施以锉、煮、浸、捣、抄等法，逐步改进了造出了第一张漂亮的植物纤维纸——皮纸。

元兴元年（105年），蔡伦将造纸过程、工艺方法写成详细的奏章，连同新造出来的皮纸一起呈送和帝。一捆竹简上的奏章文字几乎在一张白皮纸上一览无余，御览顿时轻松而又便捷。和帝不禁大喜过望，对蔡伦赞赏有加，于是下诏在全国推广。从宫廷到民间，从御用作坊到山乡工场，造纸术很快普及开来，人们把这种纸称为"蔡侯纸"，全国"莫不从用焉"。就在蔡伦造纸获得成功的同年，和帝驾崩，皇后邓绥迎百日婴儿即位，不到两年又夭折了。邓皇后再立十三岁的皇侄刘祜嗣位，是为安帝。刘祜乃清河王刘庆之子，即位之初由邓太后把持朝政，蔡伦继续受到重用，官至九卿之一的长乐太仆，成为邓太后的首席近侍官，受到满朝文武的奉承。由于有了轻便的纸张，邓太后又命蔡伦组织人力对内廷所珍藏的典籍进行校订、整理和抄写，装订成册，从而形成了大规模用纸的高潮，也促使纸本书籍渐渐取代了竹简木牍，成为传播文化的有力工具。元初元年，蔡伦被安帝封为"龙亭侯"，食邑三百户，食邑龙亭（即今汉中洋县龙亭镇）。

然世事盛极必衰，正当蔡伦权位处于巅峰之际，建光元年，邓太后驾鹤西归，二十七岁的安帝亲政。权倾一时的蔡伦骤然遭到朝臣的攻讦，当初受窦太后指使，参与迫害安帝祖母宋贵人、剥夺安帝父亲刘庆皇位继承权的往事被一一揭发,安帝诏令他到廷尉对峙。从权力巅峰上走下来的蔡伦,自知在劫难逃,为了避免遭受侮辱,他将身体洗浴干净,换上整洁的衣冠,一杯鸩酒结束了自己的生命,时年五十九岁。

蔡伦虽为宦官,但他在兼管尚方时,采用多种原料,改进造纸工艺,提高了纸的品质,推广了造纸术,贡献良多,被称为东汉时期的科学家。因为衷心于朝廷又善于总结发现,积极改良纸质,促成了"蔡侯纸"的诞生,再一次验证了那句"机会永远垂青有准备和善于发现的人"。更重要的是,因为"蔡侯纸"大规模使用,替代了笨重的竹简和昂贵的缣帛,便于携带传抄,整理校订,极大地促进了文化的传播。同时传入西方,推动了整个人类文明的进程。

提及洋县龙亭可能知之者甚少,但说到蔡伦,老少又都略知一二。对于蔡伦与造纸术的认识也由之前一直所说的"发明"到现在所说的"改进",虽然提法变了,但是蔡伦在后人心中,在整个中国乃至世界的历史文化进程中依然保有不可磨灭的地位。在洋县有许许多多关于蔡伦的传说,传说中有关于蔡伦造纸取材广泛的,有关于造纸工艺的,有极具传奇色彩的,很有特色。后人口口相传,共同表达对这位伟大人物的敬意,至今洋县仍有保存古老造纸工艺的作坊,表达一种文化纪念。

第三节　张良庙与辟谷洞

张良庙位于张良归隐辟谷的秦岭紫柏山中,是祭祀张良的祠庙,它将宗教、祭祀和园林艺术融为一体。整体的建筑都是以张良一生的事迹为依托逐步展开。布局上不拘一格,将南北建筑风格以及宗教文化熔于一炉,使其整体给人一种天外仙境的感觉。同时又加入道家文化的精髓形成天人合一的格局,使其文化内涵更加丰富。

《史记·留侯世家》记载,张良,字子房,是战国时期韩国(今河南一带)宰相的后裔,先祖曾历任韩国五代国君之相,家财颇丰。在张良年少时,韩国被秦国所灭,这虽使得张良失去了报效韩国的机会,但同时也使得他在内心燃起了一团火焰——复仇秦国。他不惜散尽家产寻求刺客暗杀秦王。后来,张良终于找到一个大力士,给他打造了一个120斤重的铁锤,趁秦始皇东游至博浪沙(今河南省原阳县东南)时猛然投掷过去,结果失败了。此后张良被通缉,逃亡到了下邳(今江苏省宁县西北),在独立桥头之时,遇到黄石公,后授予他《太公兵法》一书,并说:"读此则为王者师矣。"从此,张良开始潜心研究兵法。这后来就演化成了一段有名的传奇故事——"圯桥三进履"。李商隐有一句诗:"张良黄石术,便为帝王师。"

不仅如此,就因这圯桥奇遇是一个难解的千古之谜,苏轼还曾专门为此撰写了一篇《留侯论》,他是如此解读这个千古之谜的:"夫老人者,以为子房才有余而忧其度量之不足,故深折其少年刚锐之气,使之忍小愤而就大谋。"

公元前209年,秦末农民起义风起云涌,张良也聚集一百多年轻人准备投奔景驹(楚国贵族的后裔,秦二世时秦嘉立他为楚王),路遇刘邦,于是就归属了刘邦。自此,刘邦便拥有了一名不可多得的大将,而张良也如黄石公所说,开始了他"王者之师"的生涯。

在张良的帮助下,刘邦建立了自己的帝国。对于这位开国功臣,刘邦的态度是坦率的,他曾说:"运筹策帷帐中,决胜千里外,子房功也。"他也曾承认"吾不如子房"。而当群臣争功不已时,张良却坚辞不受,只选中了一个小小的留县,被封为留侯。他曾说:"家世相韩,及韩灭,不爱万金之资,为韩报仇疆秦,天下振动。今以三寸舌为帝王师,分万户,位列侯,布衣之极,于良足矣。愿弃人闲事,欲从赤松子游耳。"张良知足而退,谢官辞赏,随赤松子隐居紫柏山之中,以道家的养生之术——"辟谷"——来达到物我两忘的境界,这为他传奇的一生增添了些许神秘的色彩。因而后世为纪念张良,在其久居之地留坝县,建立祠庙。明以前,本名"刘坝"。明清之际,因"留侯祠"取其雅意,改名"留坝"。

张良庙始建于东汉末年,相传由张鲁兴建,俗称老庙。此后各朝代人民屡有增建修茸,形成了今天的规模。有大小院落九重,房屋一百七十八间,属陕西古寺庙中最大的建筑群落。明代大学士赵贞吉被贬还蜀,途经紫柏山,题留《怀山好》碑刻,感叹当时的官场,并且引起相当的反响。

张良庙建筑主要以张良的生平事迹为依托,不仅是祭祀的祠庙,而且还是道教活动的场所。张道陵创立"天师道教",道藏《张天师世家》:"其始祖为留侯,九代而至张道陵……陵既以鬼道惑人,而托诸留侯,传至其孙,必率奉道之人祀其先祖,而立留侯。"张鲁即张道陵之孙。历经岁月的洗礼,张良庙成为了集祭祀、宗教、园林艺术为一体的建筑。而其特殊的选址和自然环境,都使得其不仅在外在的设计上有其突出的特色,同时也具有丰富的人文内涵。

张良庙位于陕西省汉中市留坝县西北约17公里处,在秦岭山系柴关岭和紫柏山的南麓,周围群山环抱,两溪夹流,而张良庙就在这中央,因而它就有了自己独特的自然环境。秦岭是我国南北气候的分界线,来自北方的冷空气经过秦岭时,已有大部分被阻挡,而这一小部分则到达柴关岭;南方的暖空气经巴山诸峰的阻挡也只有一小部分到达柴关岭。据地理知识分析,冷暖空气在此交汇从而形成浓重的雾气,常年笼罩着这片山林,这必然使得此地的气候湿润,植被葱郁。而紫柏山浓重的湿气经太阳光照射,云雾腾升弥漫,环绕着周围的山峦,张良庙在其中若隐若现,而这如此清幽、神秘之地,正好符合了道家所崇尚的自然与天人合一的理念,同时又是留侯所向往的人间仙境。

张良庙是集宗教和祭祀为一体的,而其建筑的独特风格将这两种功能巧妙地结合在了一起,它采用严谨对称的布局,给人一种庄严肃穆的感觉,但后山及两边却采用自然的园林布局,兼南北建筑风格于一体,轻松洒脱之中又不乏严谨庄重,达到了一种浑然天成的效果。如照壁、大门、进履桥、保安观、灵官殿、三清殿等道教建筑(祭拜神仙)纵横南北;二山门、张良拜殿、大殿等祭祀建筑(祭祀凡人)依山势而建纵横东西。这种风格不仅体现了建筑上的独到之处,同时由于南北居正东西次之,因而从建筑的分区上又可以体现张良恪守封建等级制度,但却有机地将仙、人合一,体现道教的理念,人文内涵蕴藏于每个部分。

(1)大门。高宽各九米的正方形青砖牌楼,有一种历史沧桑感,但不失厚重。牌楼中部高两边低,入口为拱形门洞,楼檐四角翘起,用走兽装饰,门楣中央有一雕刻砖匾"汉张留侯祠",两侧砖刻对联"博浪一声震天地,圯桥三进升云霞"。

(2)进履桥。进大门有一溪桥廊亭,匾题"进履桥"两边设凳子,桥下溪水潺潺流动。桥廊是四檩卷棚,就在这座桥上曾演绎了"圯桥三进履"的传奇故事。

(3)三清殿院。坐南朝北的道观院落,各组殿堂布局紧凑,等级分明。保安观以南轴线上为灵官殿,八边形平面,屋角飞翘,十分雄伟。此外殿院内有钟、鼓楼,体态小巧,还有冯玉祥将军所立的石碑:"豪杰今安在,看青山不老,紫柏长存,想那志士名臣,千载空余凭吊处;神仙古来稀,设黄石重逢,赤松再遇,得此洞天福地,一生愿作逍遥游。"尽端是正殿三清殿,共三间,十二米,是全院等级最高的。其东西对称分布三官殿和三法殿,规模逊于三清殿。东厢正殿为东华殿,南北对称水云堂和十方堂。西厢正中为二山门,南北是娘娘殿和观音殿。三清殿院整体的感觉是错落有致,其建造均以自然地势作为基石,整体给人一种平整、新奇的感觉。

(4)二山门。门前有一对石狮子,门楣高悬"帝王之师"的匾额,这正好点明了张良的至尊身份,同时也是对他生前所作出的成绩的肯定。

(5)大殿。进入后院,豁然开朗,院落小巧方正主要建筑是张良大殿,大殿在原山下"汉留侯张子房先生辟谷处"碑刻遗址上建造,殿内有张良金身塑像,殿额高悬"相国神仙",这寓意着张良知足隐退的高风亮节。

(6)北花园。依北山而建,深幽典雅,意境美妙,活泼清新。沿着山廊北上到下官厅,再垂直西拐西南面是上官厅,上下官厅与北面游廊构成庭园。毗邻上官厅南坡为六角形"拜石亭",取意张良拜黄石公为师。亭前立"英雄神仙"碑石。

(7)授书楼。两层楼阁,八角展翅,高耸入云,似神仙欲飞。楼阁中,黄石公手执拂尘亲自授书于张良。站在授书楼上,凭栏远眺,山峦美景尽收眼底;俯首下望,张良庙一览无余。

(8)第三洞天。沿草亭西南小径而下,可达"第三洞天"。传说张良与赤松子在此对弈诵经,又称"留侯洞",洞内有方桌石凳,洞口门额刻"第三洞天"。

(9)竹林。顺着石阶往下走,便可到张良庙中别具一格的翠竹幽林中。竹子长得很奇怪,出土的竹子是弯曲的,长到一定高度才是直直地插入云霄,远看会误以为那是竹子在水中的倒影,当地人称其为"拐拐竹",传说张良的气节使竹子都为之折腰了。这无形之中为张良庙平添了几分乐趣。

这一系列的建筑群都是以自然为主,依托山势将每一部分都完全地与自然融合,布局不拘一格,建筑风格既具北方之庄重,又融入南方园林式清新活泼,既是祭祀的祠庙,又是道教胜地,同时也是园林艺术中的经典。

张良庙的建筑整体体积不大,等级也不是很高,给人一种亲切的感觉,从而突出了宗教以及祭祀的庄重和神圣。建筑大都朴素无华,展示了张良一生淡泊名利、寄情山水的气度,同时也符合了道家清淡朴素、崇尚自然的道义。建筑、人文和自然景观融为一体,浑然天成,如一块温润的玉石,赏心悦目,无一点瑕疵。

张良庙蕴含的丰富的人文内涵,以及它独特的富有情趣、富有哲理的建筑景观都体现了现代社会"以人为本"的设计理念。无论是从关注自然还是关注人文方面,它都达到了一个相当的高度。

第四节　诸葛武侯祠、墓与定军山

诸葛武侯名垂千古,古今中外赞举者颇多。若以时下流行词言之,可称之为"高富帅"者。然则学术领域不同,对其评价之言亦有不同。述其一生,"隆中对策""出使江东""北上伐魏"此三件事迹为后人著述者颇多。然人之年寿终有尽时,纵使诸葛武侯有"立德、立功、立言"不朽之业绩,荣华名利终究有尽。后人为追念其功绩,立祠修墓加以祭祀。今陕西汉中勉县定军山下亦有一祠一墓以示哀念,节气时日,游念者颇多。

咏怀古迹

诸葛大名垂宇宙,宗臣遗像肃清高。

三分割据纡筹策,万古云霄一羽毛。

伯仲之间见伊吕,指挥若定失萧曹。

运移汉祚终难复,志决身歼军务劳。

唐·杜甫《咏怀古迹五首》(其五)

正如杜甫诗中所言,三国时期蜀国丞相诸葛亮名垂宇宙,尚且伯仲于商朝的伊尹和吕尚之间,怎能将汉代的萧何与曹参与其相媲美。在史学界,可谓是治世之英雄;在文学界,堪称辅国之能臣;在戏剧界,则被赋予行军之神功。无论是史学资料所记载的形象,文学艺术所刻画的形象,还是在民间流传的故事中所塑造的形象,其中为赞举者颇多。如若以时下最流行的审美标准来品评诸葛亮其人,可堪称为"高富帅"群体之最。只不过需要对其中的具体内涵重新界定:

论其高者,有二。其一为外在形象之高,诸葛亮"身长八尺"。厦门大学文学院中文系教授易中天先生曾在《百家讲坛》上品读三国时,有谈到诸葛亮的八尺身高,他指出八尺是汉尺,合现在市尺五尺五寸,相当于一米八四。就诸葛亮一米八四的身高而言,的确要算得上是一个高大的形象了!其二为行军用兵的战略战术之高明。当技术达到一定的程度时就可以称之为一门艺术,或者更确切地可以称之为一种技艺。正如《庄子·养生主》篇中的"庖丁解牛",古典小说中出现的"七圣刀法",皆宛若行云流水一般,时时刻刻透露出些许神韵。诸葛亮对于战略战术的应用也亦然如此,就连其对手司马宣王也曾黯然而叹曰:"天下奇才也。"正如晋代陈寿所言:"亮性长于巧思,损益连弩,木牛流马,皆出其意;推演兵法,作八阵图,咸得其要云。"虽然1972年于山东省临沂县银雀山汉墓中发现的《孙膑兵法》中有文字残缺不全的《八阵法》已经很清晰地证明了"八阵图"并非由诸葛亮所创,但就如同晋陈寿所言诸葛亮推演"八阵图"确实不假。仅凭这"损益连弩""木牛流马""八阵之图"论其高者,足矣。

论其富者,亦有二。其一为外在物质之富,虽然诸葛亮很早就很不幸地成为一名孤儿,但是正如海伦·凯勒所言:"当上帝为你关上一扇门的时候,同时会为你打开一扇窗户。"诸葛亮在成为遗孤的生活中能够躬耕于陇亩之中,遂而能有"成都有桑八百株,薄田十五顷,子弟衣食,自有余饶。"纵然这算不得是百万富翁,但这可以说算得上是民间人们所常说的"大钱没有,小钱不断"的那种充裕生活。在躬耕之余诸葛亮还能做到的就是埋首于典册之间,最终以其超凡的学识与智慧使得先主刘备三顾其于茅庐之中,以"游鱼得水"之兴,推其为蜀中丞相。其丞相之位,更是为古今中外多少人所梦寐以求。这些均可以算做是诸葛亮拥有外在物质之富的表现。然而更为宝贵、也真正能够使他称得上富有的是他所拥有的另一个方面的财富,那就是他内在智慧与忠义之富。诸葛亮学有满腹经纶,"好为《梁父吟》""每自比管仲、乐毅",晋陈寿在对他作出评价时不仅说他"长于巧思"而且指出他的"言教书奏多可观,别为一集。"其中无不渗透着他的学术智慧与人生态度。尤其是他那出自于茅庐之中的"隆重对策"更是将他的智慧彰显得淋漓尽致。然而当刘备病危托孤之时,诸葛亮毫不吝惜地将他的一片碧血丹心尽献于先主,他涕泣曰:"臣敢竭股肱之力,效忠贞之节,继之以死!"而这其中所透露出的忠义气节又是多少后人想效仿却又不达的。老子有言曰:"知人者智,知己者明。"诸葛亮自信于自己文能治国,武能安邦,可谓是自知者。然较之于外在物质之富,那富于"报先帝,忠陛下"的德行,"定中原,兴汉室"的功绩,以及那富于"前后《出师表》"的言行,可谓是"立德、立功、立言"之不朽。论其富者,不为过。

论其帅者,晋代陈寿评之曰:"亮少有逸群之才,英霸之气,身长八尺,容貌甚伟,时人异焉"。按《襄阳记》载,身为三国时荆州襄阳沔南的名士黄承彦,委身说自己女儿为丑女,并主动向诸葛亮提亲。乡里为之谚语曰"莫作孔明择妇,正得阿承丑女"。无论黄承彦所言是谦虚之词还是现实情况确实如此,可见诸葛亮在当时虽不及古之潘安,在当时也可以算做是美男子之一了。但仅凭着外部好看的容貌,不足以称之为帅,还要有那种由内而外所散发出来的气质。对此,在诸葛亮的身上并不难看出他的内在气质来,行军的思想,满腹的经纶,效忠的志气,无一不彰显出他内在的神韵来,因而称之为帅者,不为过。

然而纵使诸葛亮虽有治国之才能,安邦之武量,终究逃不脱时间的追逐。建兴十二年(公元234年)八月,诸葛亮病情恶化,在军中去逝。汉献帝"令使使持节左中郎将杜琼,赠君丞相武乡侯印绶,谥君为忠武侯"。追述诸葛亮的一生,无论是在史传资料、文艺著作中,还是在民间传说中,大多记载有关"隆中对策""出使江东""北上伐魏"此三件大事。后人为了表达对诸葛亮的悼念与敬慕之情,陕西、河南、四川等地纷纷修祠立墓以示纪念。由于诸葛亮第五次北上伐魏,未能归蜀,而卒于五丈原军中,诸葛亮"遗命葬汉中定军山,因山为坟,冢足容棺,敛以时服,不须器物。"因此陕西人民在汉中勉县定军山下立祠修墓以示纪念。

诸葛武侯祠

成大事,以小心,一生谨慎;仰风流,于遗迹,万古清高。

——冯玉祥

诸葛武侯祠位于勉县城西3公里处,是诸葛亮在汉中时期的相府所在地,始建于蜀汉景耀六年(公元263年),由后主刘禅下诏修建,是唯一由皇帝下诏修建的祠庙,也是全国最早的武侯祠,"有天下第一武侯祠"之称。每有游人至此,无不肃然起敬,不仅仅是因为这里古朴秀丽的院落景致,也不仅仅是因为三国那个动荡的年代,更是因为在这里彰显的是古朴秀丽的背后那段令人沉重的历史。

武侯祠原在汉江南岸的定军山下,由于每次祭祀要度过汉江,大为不便。至明朝正德八年(1513),都御史兰璋奏请"立侯庙于沔城(今勉县老城),春秋致祭"遂将武侯墓与祠分开。

武侯祠山门由北向南,由隶书写成的"汉丞相诸葛武乡忠武侯祠"巨匾,赫然高悬于牌楼的正中,其背面则悬挂书有"天下第一流"的巨匾。穿过牌楼立于山门和大殿中间是琴楼,石制的琴台与台上的琴,以及琴台边的双龙浮雕,似乎再现"空城计"。而那高挂着的"高山流水"似乎在为游人讲述着诸葛亮与刘备知音相遇的故事。琴楼之东为鼓楼,琴楼之西为钟楼。钟楼上那口余音绕梁的洪钟以及那早已匿迹的铜鼓,似乎预示着历史的延续与光华的流逝。

琴楼正南的戟门,是陈列兵器的地方。通过戟门则是明三暗五式构造的武侯祠建筑群主体,正好映衬了"高山水长"的意境。前三间称为献殿,后五间称为正殿。大殿正中则是羽扇在手、雍容而睿智、温文而俊逸的诸葛武侯坐像。书童、琴童侍立两侧,关兴、张苞庇护左右。坐像上方是堪称为武侯祠镇祠之宝、清嘉庆皇帝所御赐的书有"忠贯云霄"的匾额,这正是对诸葛武侯至高的赞举。

建在祠区东侧的回廊碑林,甚是令人叹为观止,仅岳飞所追书诸葛亮前后《出师表》的刻碑上那铿锵有力的字迹,以及那字迹背后的忠肝义胆之情,就使人为之折服。而那幅由爱国将领冯玉祥于民国18年所题写的楹联遗迹"成大事,以小心,一生谨慎;仰风流,于遗迹,万古清高",既是对诸葛武侯情性的赞举,又引此句告诫于后人。

大殿之后,东西两侧的"六转琴台""径边草庐"以及"望江楼""读书台""雅音阁"等建筑,均不失有肃穆、厚重、雍容、典雅之风。祠内古柏数珠,郁郁葱葱;"爬柏凌霄化",雍容而媚;旱莲一株,逢春娇美,芳香十里;无一不把这武侯祠装点得古色古香。

1956年8月6日,陕西省人民委员会公布武侯祠为第一批省级重点文物保护单位。现为全国重点文物保护单位。

诸葛公墓

定军山下柏蒙茸,旷古精诚在此中。

三尺孤坟犹汉土,一生心事毕秋风。

孙曹未灭成何事？天地无知丧此公。

千载伤情惟杜宇，年年啼血树头红。

清·魏际瑞《诸葛公墓》(《清诗别裁》卷七)

位于勉县城南 4 公里定军山脚下的诸葛武侯墓区肃穆而典雅，庄重而秀丽。起伏的山峦，环绕的绿水，以及苍劲的古木，似乎都在低声讲述着那段惊心动魄的历史。

诸葛武侯墓是有三个并联院落所构成的庙宇，由墙垣护围，占地面积约 45000 平方米。清嘉庆八年重修的山门为进入墓冢区的入口。供奉诸葛亮塑像之处是始建于蜀汉景耀六年的大殿，塑像的左手持卷，右手垂及膝部，丞相官帽底下那双炯炯有神的眼睛似乎能看穿宇宙时空，洞悉世间百态。神态自然可亲，怎能不令人神往！坐像下方，龙骧将军关兴，虎奋将军张苞，威严伫立的造像，庇护左右。然有考证言：此间造像，为明代遗物，是现存武侯庙胜迹造像中历史较长、造型艺术最佳的珍贵文物。大殿门楣上悬挂书有"万古云霄"的匾额。历代官民祭拜诸葛亮的地方在拜殿，拜殿外正上方有一块大清光绪三年当地民间团体集体赠送的一块匾额"三代遗才"。

武侯墓位于大殿之后，汉制"复斗式"墓冢之前建有一座碑亭，亭内立有刻着"汉诸葛忠武侯之墓"的刻碑。青草茵茵的墓冢之后则有两株高大浓郁的古桂，传为"汉桂"，号为"护墓双汉桂"。这也是诸葛武侯虽逝犹生的象征。汉桂之后则是始建于元代至元年间，大修于清嘉庆八年的三间"寝宫"，是供奉历代朝廷对诸葛亮封赠排位的地方。

历史话英雄，文艺话才子，民俗话尽世间之情性。勉县定军山下诸葛武侯祠与诸葛武侯墓，不仅是旅游胜地，更是历史的见证、文艺的承载和民俗的风韵。历代官民对武侯祠与武侯墓的修葺，特别是元明清时代的翻修之举，不仅明示了人们对历史的尊崇、文艺的敬重，更是对历代官民希望"文化名胜，源远流长"的心志的诉说。

第五节　孙思邈与药王山

孙思邈是中华医学发展先河中一颗璀璨夺目的明星，在中外医学史上留下不可磨灭的功勋，千余年来一直受到人们的高度评价和崇拜。唐太宗李世民赞孙思邈"凿开径路，名魁大医。羽翼三圣，调合四时。降龙伏虎，拯衰救危。巍巍堂堂，

— 156 —

百代之师"。宋徽宗敕封为"妙应真人",被后世尊称为"药王"。现今我国各地都有祠堂纪念。陕西耀县药王故里孙原村现存有药王孙思邈诞生遗址、幼读遗址、药王墓及孙氏茔园、药王碑苑和宏伟壮观的药王纪念中心药王祠堂,每年农历二月二开展规模宏大的药王孙思邈文化节纪念活动。

一、孙思邈

孙思邈生于北周大统三年(公元581年),卒于唐永淳元年(公元682年),享年一百零二岁(有的考证活了一百四十一岁),葬于陕西省铜川市耀州区孙塬镇孙塬村。孙思邈幼年体弱多病,汤药之资而罄尽家产。他自幼聪明过人,日诵千言,西魏大将独孤信赞其为"圣童"。他通晓诸子百家,博涉经史学术,精通道教典籍。由于幼年多病,他十八岁立志学医,二十岁即为乡邻治病。他对古典医学有深刻的研究,对民间验方十分重视,一生致力于医学临床研究,对内、外、妇、儿、五官、针灸各科都很精通,有二十四项成果开创了我国医药学史上的先河,特别是论述医德思想,倡导妇科、儿科、针灸穴位等都是先人未有。他一生致力于药物研究,曾上峨眉山、终南山、下江州,隐居太白山等地,边行医,边采集中药,边临床试验,他是继张仲景之后中国第一个全面系统研究中医药的先驱者,为祖国的中医发展建树了不可磨灭的功德。孙思邈医德高尚,他认为,医生须以解除病人痛苦为唯一职责,其他则"无欲无求",对病人一视同仁"皆如至尊","华夷愚智,普同一等"。他身体力行,一心赴救,不慕名利,用毕生精力实现了自己的医德思想,是我国医德思想的创始人,与被西方称之为"医学论之父"的希波克拉底齐名,是中国古代当之无愧的著名科学家和思想家。孙思邈一生淡泊名利,多次推却做官召请。周宣帝时,征召他为国子博士,唐太宗欲授于爵位,唐高宗欲拜谏议大夫,他都固辞不受,一心致力于医学。

孙思邈一生勤于著书,晚年隐居于京兆华原(今陕西铜川市耀州区)五台山(药王山)专心立著,直至白首之年,未尝释卷。他一生著书八十多种,其中以《千金药方》《千金翼方》影响最大,两部巨著60卷,药方论6500首。《千金药方》和《千金翼方》合称为《千金方》,它是唐代以前医药学成就的系统总结,被誉为我国最早的一部临床医学百科全书,对后世医学的发展影响很深远。药王孙思邈对我国医药学贡献的"二十四个第一":

(1)医学巨著《千金方》是我国历史上第一部临床医学百科全书,被国外学者推崇为"人类之至宝";

(2)第一个完整论述医德的人;

（3）第一个倡导建立妇科、儿科的人；

（4）第一个麻风病专家；

（5）第一个发明手指比量取穴法；

（6）第一个创绘彩色《明堂三人图》；

（7）第一个将美容药推向民间；

（8）第一个创立"阿是穴"；

（9）第一个扩大奇穴，选编针灸验方；

（10）第一个提出复方治病；

（11）第一个提出多样化用药外治牙病；

（12）第一个提出用草药喂牛，而使用牛奶治病的人；

（13）第一个提出"针灸会用，针药兼用"和预防"保健灸法"；

（14）系统、全面、具体论述药物种植、采集、收藏的第一人；

（15）第一个提出并试验成功野生药物变家种；

（16）首创地黄炮制和巴豆去毒炮制方法；

（17）首用胎盘粉治病；

（18）最早使用动物肝治眼病，现在证明富含维生素 A；

（19）第一个治疗脚气病并最早用榖树皮煎汤煮粥食用预防脚气病和脚气病的复发，比欧洲人早一千年，现在证明富含维生素 B_1；

（20）首创以砷剂（雄黄等）治疗疟疾病，比英国人用砒霜制成的孚勒氏早一千年；

（21）第一个提出"防重于治"的医疗思想；

（22）首用羊靥（羊甲状腺）治疗甲状腺肿；

（23）第一位深入民间，向群众和同行虚心学习、收集校验秘方的医生；

（24）第一位对良医的诊病方法作了总结："胆欲大而心欲小，智欲圆而行欲方。""胆大"是要有如赳赳武夫般自信而有气质；"心小"是要如同在薄冰上行走，在峭壁边落足一样时时小心谨慎；"智圆"是指遇事圆活机变，不得拘泥，须有制敌机先的能力；"行方"是指不贪名、不夺利，心中自有坦荡天地。

孙氏认为"人命至重，有贵千金，一方济之，德逾于此"，故将他自己的两部著作均冠以"千金"二字，名《千金要方》和《千金翼方》。这两部书的成就在于：首先对张仲景的《伤寒杂病论》有很深的研究，为后世研究《伤寒杂病论》提供了可靠的门径，尤其对广义伤寒增加了更具体的内容。他创立了从方、证、治三方面研究《伤寒杂病论》的方法，开后世以方类证的先河。《千金要方》是我国最早的医学百科全书，从基础理论到临床各科,理、法、方、药齐备,一类是典籍资料,一类是民间单方验方。该书广泛吸收各方面之长,雅俗共赏,缓急相宜,时至今日,很多内容仍起着指导作用,有极高的学术价值,确实是价值千金的中医瑰宝。《千金要方》对方剂学发展贡献巨大,书中收集了从张仲景时代直至孙思邈的临床经验,历数百年的方剂成就,在阅读仲景书方后,再读《千金要方》,真能大开眼界,拓宽思路,特别是源流各异的方剂用药,显示出孙思邈的博极医源和精湛医技,后人称《千金要方》为方书之祖。

由于《千金要方》及《千金翼方》的影响极大,因此这两部著作被誉为我国古代的医学百科全书,起到了上承汉魏,下接宋元的历史作用。两书问世后,倍受世人瞩目,甚至飘洋过海,广为流传。日本在天宝、万治、天明、嘉永及宽政年间,都曾经出版过《千金要方》,其影响可见一斑。孙思邈死后,人们将他隐居过的"五台山"改名为"药王山",并在山上为他建庙塑像,树碑立传。每年农历二月初二,当地群众都要举行庙会,以纪念孙思邈为我国医学所作出的巨大贡献。

二、药王山

药王山位于陕西省铜川市耀州区城东1.5公里处,由5座山峦组成,山峦顶平如台,形如五指。

人们把孙思邈的功绩与天地齐。古人称天为一、地为二,纪念药王的庙会就定在二月初二。当时,民谣传:"二月二,龙抬头,洞门开。"于是,二月二就成庙会开幕之日了。这天,由孙思邈的舅家——孝义坊雷氏家庭——派代表上山,鼓乐鸣炮,设祭施礼,打开一天门,庙会正式开始。会期十天,热闹非凡。二月初八到十一日为盛会期,这几天,更是人流如潮,摩肩接踵,山溪柏阴,庙宇戏场,到处是扶老携幼、熙熙攘攘的人群。有的敬表焚香祈福驱疫,有的畅游圣山喜得灵气,以求药王保佑,万事如意。二月十日,群众称为正会,算是庙会的正高潮。这天,山上山下,龙灯社火舞姿雄壮多彩。通元桥上唱大戏颂药王,五个仙台人群沸腾。这真是,新年都未有芳华,二月初惊拜药王。

新中国成立后,药王山被列为国家重点文物保护单位。各级政府不断投资进行建设,多次大规模地修葺和恢复原有人文景点,已列为陕西旅游北线上的重要风景名胜之一。现在的药王山,道路畅通,场地宽阔,植树种树美化了环境,庙宇复修如故,文物保护完好,药王山名副其实地成为一个文史医哲诸学科的博物馆。

当代著名的剧作家田汉先生游药王山后感慨颇深,遂赋诗一首:"桥上宫墙下戏场,山南山北柏枝香。千金方使万人活,箫鼓年年拜药王。"

第十一章

民风淳朴　文化厚重
——陕西非物质文化遗产

中国是一个有着悠久历史的国家,在长期历史发展过程中,中华民族创造了丰富且弥足珍贵的文化遗产,既有以物质形态为主的"有形"文化遗产,如文物、典籍等,又有主要通过"口传心授"等方式传承下来的非物质文化遗产,包括口头传承、传统表演艺术、民俗活动、礼仪、节庆、传统手工艺技能等。非物质文化遗产是一种与国际上称谓接轨的称呼。这些非物质文化遗产是中国优秀传统文化的重要组成部分。陕西作为历史文化大省,民俗文化源远流长,有着很强的地域性、民间性和深厚的群众基础。无论是布艺、纸艺、蜡艺、木艺、饮食工艺,还是刺绣、剪纸、皮影、泥塑、民歌、腰鼓等,可谓琳琅满目,荟萃一堂,这是陕西省的一个文化优势,也对世界各国人民形成了强烈的吸引力。

第一节　陕西八大怪

一、第一怪:凳子不坐蹲起来

典故一:《史记》中记载荆轲刺秦王,始皇帝就是席地而坐才无法拔剑,逃避中又忘记拔剑,只好绕柱周旋。

典故二:晋朝有个"身无长物"的典故,说的也是席地而坐的风俗。此风尚的转变应在晋以后,关中地区基本保持了"坐"的本意,只是姿势稍有改变,膝盖不着地了,大腿压在小腿肚子上,就变成为蹲姿,于是乎想蹲就蹲,此风尚也就世袭了下来。

"蹲景"成为关中地区特别是农村最有名的亮点,这一怪独步天下,关中人的"蹲景"是地球上的绝版。有的人蹲半天腿不酸腰不痛,实属一种硬功夫。

蹲是讲功夫的,只有长年累月的历练,才能长蹲而心静气闲,不累不乏。现在"蹲"的人已经很少了,但偶尔会在西安、咸阳等站牌前看见部分"蹲"下来等车的关中人。

二、第二怪：房子半边盖

传统的中国家居一般都是"人"字型结构，关中地区把这种房子叫"安间"房，又叫上房。一个院落除了上房还有偏房，在关中叫"厦子"房，房子的结构是"人"字的一片，就是半边盖的"怪"房子。

为什么要把房子盖一半？首要因素就是贫穷。原来这种半边盖的房子都是土木结构，能节约大量的木材，实现了关中人少用木头多用土的理念。传统的关中院落进门有一道叫照壁的墙，往里左右都是厦子房，最里面是安间正房。关中有顺口溜"有钱住北房，避风又向阳"。

关中地区是中华文明的摇篮，文明长大了，摇篮破损了。裸露的黄土地少了绿装，虽有南山秦岭，也无法满足千万居民的家住、厨房、储藏等需求用房。聪明的关中农民因地制宜盖起厦子房，利用黄土垒起三面土墙，朝院子一面留门窗，房顶只需少量的大木头做檩、梁，对做椽子小木头要求也低，这样就节省院落的空间，解决了用房不足的问题。

一般人说"房子半边盖"是取肥水不外流之意，这种房檐水都滴进自家院落，可以解决缺水的问题。但是关中人不用窖水，也没收集雨水的风俗，这种说法只是附托之词，不足为信。

三、第三怪：姑娘不嫁外

"两亩地一头牛，老婆孩子热炕头"是关中男人的写照，它的正面意思是关中男人恋家恋婆娘，在"玩龙玩虎不如玩黄土"的小农时代，这种思想也算正统。既然关中男人还不错，那么，这里的姑娘自然爱嫁当地郎了。配合这一观念的还有这里的地理优势，八百里秦川自古都是自给自足的宝地，风调雨顺，物产丰富，缺灾少害。所以，民殷实而安于现状，不思外出谋生。

在关中地面上，"金窝银窝不如自己的草窝"的观念长期占据主导地位，关中姑娘们生于此，当然不愿意远嫁他乡了。何况从地理位置讲，四边没有匹敌帝王州的地方。东面出潼关就要过黄河，那边的中原虽然好，但过去是三年一小灾，十年一大灾。河南的人都挑担子往陕西逃荒，关中流传着"少不过潼关"的谚语。往西就是阳关了，西出阳关自古都是苦寒之地，王昭君哀怨千年的琵琶声咽依旧回荡。南面是横亘八百里的大山秦岭，历史上交通不便，民少治化，饮食习惯迥异，"老不入四川"就是陕西人不走唐玄宗的老路。北面更是沟大壑深、山秃水缺的陕北。既然四周都不能去,当然嫁个关中郎好,外面的男人免谈。

四、第四怪:帕帕头上戴

在关中风俗中这一怪最容易解释。过去人的生存环境差,黄土高原上风刮尘扬,烈日毒辣。遮阳伞、防晒霜、口罩、墨镜是现代女性的生活必需品,过去的关中女人并没这样的条件,因此需要布手帕来遮阳。走亲戚,回门子(回娘家),下地干活时这个自制的手帕就发挥出大作用,年轻的妇女把手帕戴出许多花样来,成为风情和装饰。

五、第五怪:面条像裤带

关中独特的地理构造和自然环境使得关中道成为一个以面食为主的地区,在以食米为主的地方的人们总是会想,关中人天天吃面条不烦吗?其实,在关中,聪明灵巧的关中妇女们已经把面食发展到一个很高的境界。单是一个简单的面条,关中人做出的花样达几十种,如棍棍面、片片面、汤面、酸汤面、热碗面、扯面等。

六、第六怪:锅盔像锅盖

传说一:当年有场战争,战争的一方来自西域,打到关中的时候,干粮已经没有了,只剩下一些面粉,就把那面粉和水和了,做成饼状,放在那头盔里烙好,做好后皮黄里香,而且持久耐放,就有了"锅盔"这个名字,也就有了锅盔这个面食的花样了。

传说二:相传唐代修乾陵时,因服役的军人工匠人数过多,往往为吃饭而耽误施工进度,受到惩罚。于是,有一士兵在焦急之中便把面团放进头盔里,把头盔放到火中去烤,而烙成饼。现在算起来锅盔在陕西已有上千年的历史了。

由于关中地区以前为了避免浪费,且属于大家庭吃饭的传统,所以,每家每户都用很大的锅做饭,所烙出的大饼和锅底相当,并且由于面体发酵比较好,厚度适中,俗称"锅盔"

七、第七怪:油泼辣子一道菜

关中人对于辣子情有独钟,而且和别的地方吃法不同,不吃干辣面子,而是油泼辣子。

秦椒不但辣味十足,且具有独特的香味。油泼辣子做法很简单,常见的做法是辣子罐里的辣面子不能放满,六成即可,再加上盐、胡椒,用原汁的菜籽油烫出来的味道最好,油温很有讲究,高了,辣子面会焦的,烫出来的味道就会发苦;低了,就没有辣子的香味,油温要控制在八九成热,边倒边搅,直至油把辣子面埋没了就行,这时候独特的香味会四处漂浮,满街都能闻见。

八、第八怪:秦腔不唱吼起来

这里的唱戏指的是秦腔表演。其实秦腔并不是真吼起来的,只不过演员表演起来方式如同嘶吼,俗称"叫破天"。夏天的时候,西安城墙周围会有很多自发的群众团体演唱秦腔,不需要扩音器之类的设备,很远就能听到高亢的曲调。

第二节　　陕西小吃

在一座城市,无论是驻足停留一两天还是在它的土地上奋斗一生,最离不开的便是它最具特色的那些美味,它们不仅是人类生活最依赖的物质,更是当地人心灵的寄托,人格的展现,是这座城市飘香的现实与回味的梦。

一、主食的利用

李渔在《闲情偶寄》里说:"南人饭米,北人饭面,常也。《本草》云:'米能养脾,麦能补心。'各有所裨于人者也。"米麦皆对人的身体有益,而陕西面皮既可用面粉制成,也可用大米加工制作。以大米为食材制作的叫"米皮",又叫"凉皮",以面粉为食材制作的叫"面皮",按口味分为汉中面皮和秦镇面皮。

面皮酸辣香滑,韧性十足,是历代陕西人钟爱的食物。为了把面皮做得更有韧性,需要在做面上大下工夫。将面粉和水揉和,让它们充分相融,之后放置半天,这叫做"醒面",接着开始洗面,把醒好的面拿到清水中反复揉洗,洗成有黏性的面浆,剩下的就是面筋。把面浆一勺一勺放在锣上蒸熟,用刀切成条状,最后淋上醋、调味料、辣椒油,面皮便做好了,酸滑细腻,香辣可口,恰好体现了陕西人直率真实的性格。

当古城人吃着爽滑的面皮沁透心脾时,安康人做的蒸面早已在锣中蒸熟,它与西安面皮的不同在于安康的蒸面要用开水氽过的黄豆芽和芹菜,面的柔软搭配青菜的爽脆,甘甜润口,展现着这片靠近川、渝之地的温润与清丽,它有别于陕北的豪爽大气,更近于南方的温婉与恬静。

陕西人对主食的利用,无论是面皮,还是蒸面,或者是定边县的炉馍和关中的面筋,都力求用最简致的食材做出最有韧性的美味,他们将粗糙溶于水化为细腻,以无色拌于作料予以清雅,这也是这里的一座座城在历史中游走、净化的结果,是一种值得等待时间洗练的积淀与敦实。

二、包容的品性

林语堂在《生活的艺术》一书中提到:"人类所能期望的最高理想,不应是一具德行的陈列箱,而应是只去做一个和蔼可亲、近情理的人。"民间食物不仅体现了当地人的饮食风俗,更值得深味的是其所含着的人文风情、人的品性和这座城的历史与未来。

陕西人率性、厚道、包容,而最能体现"老陕"包容品性的食物莫过于闻名遐迩的肉夹馍。肉夹馍,是"肉夹于馍"之意,省去"于"字,听上去更响亮、干脆。馍是用咸阳产的白吉饼,巴掌大,糯白色,双层,用刀切开,塞入调好料的腊汁肉便可食用。馍硬肉软,馍的麦香淡化了肉的肥腻。柔软包容着令人畏怯的坚硬,闲淡包容着多余的浮华。兼容并包,海纳百川,这也是这里自古以来都能建立无数王朝的原因之一。

"羊肉之为物,最能饱人。""《本草》载羊肉,比人参、黄芪、参芪补气,羊肉补形。"西安的羊肉泡馍是一道人人皆知的美食。掰馍泡于熬好的羊肉汤中,佐以糖蒜,羊肉汤的鲜美泡入馍中,香味四溢,当年慈禧品尝后也连连称赞:"肉软不糜,滋味甜美。"

不仅是肉夹馍和羊肉泡馍,陕西的许多食物都蕴含着包容的品性。如麻食,将面疙瘩和各种蔬菜一起煮成汤,如一盘清泉中的珍珠,富贵里极显清淡;如绥德抿节,煮好的面团浇以素汤,汤内有豆腐、土豆、豆角,再加韭黄、芝麻、辣酱、香菜,辣中微甜,还有一股绵延不绝的静香。

当认真理解林语堂先生所说的"做一个和蔼可亲、近情理的人",这不是说要用心去容纳浮世万物的苍凉与悲壮,而是将心融于世间,与它相互依偎共存,把自我化为简美的自然。

三、点缀的力量

日本武士社会中有句名言:"所谓武士道,就是找到死之所在。"中国人较乐观,能在舌尖上找到生的缤纷和无限,而陕西人不仅讲究把舌尖上的美味创造得更加香辣、够味,他们也注重食物形式上的搭配与点缀。

岐山臊子面,起源于三千年前。民间传说很久以前,岐山有户人家娶了一个美貌勤快的媳妇,她的小叔考中了官职,请好友到家做客,便请嫂子为大家做拿手的面条款待客人,大家吃后都赞不绝口,从此,"嫂子面"就出名了,因为这种面需加上臊子为浇头,所以人们把它称为"臊子面"。岐山本地人有只吃面不喝汤的传统。

臊子面起点缀和配色力量的臊子最为重要,称为五色。木耳、豆腐,讲究黑白分明;鸡蛋象征富贵;红萝卜寓意日子红火;蒜苗代表生机勃发。红黄绿白黑,充满了岐山人对美好生活的期盼。最后用醋和秦椒文火慢炒臊子,缓缓淋在拉好的面条上。溢出的不仅是面香与期盼,更是对生活的多彩创造,对悠远传统的延续继承。

沈复在《浮生六记》里说:"养生之道,莫大于眠食。菜根粗粝,但食之甘美,即胜于珍馐。"人们总是能随处在大街小巷里看到那些平凡却颇有名气的美食,舌尖上的陕西,总归是一个向往简单、平淡、朴实的富饶之地。舍得放弃浮华而追寻有质地的敦实,也许意味着这里还会开出一片葱茏,它的历史的光彩也很有可能成为它未来的实在。

第三节　陕西剪纸

陕西剪纸是中国民间剪纸艺术中的一个重要组成部分。同大部分文化形式一样,中国民间剪纸艺术也由许多不同的分支组成,究其原因,则需从剪纸的形成提起。

我国传统社会是以农耕为主、以农村为主导的社会,这种"乡村中国"则是中国民俗剪纸艺术的孕育地。胡潇先生在《民间艺术的文化寻绎》中提到:"从历史沿革说,乡村社会的出现,至少是以饲养业、种植业、稳定的家庭和固定的住宅建筑的出现为先决条件的。当飘忽不定的狩猎和游牧业逐渐为养殖业所取代,定居和村落建设的问题便成为历史的必然。"定居的确立进一步被发展成"男主外女主内""男耕女织"的家庭分工时,中国民俗剪纸则有了十分适宜的形成环境。妇女在纺纱织布之余促成剪纸的逐步形成,所以,从某种方面来说,中国民俗剪纸是由各民族劳动妇女所创造。

真正意义上的剪纸形成相当晚,因为"剪纸"顾名思义就是用剪刀绞纸,目前可考资料证明剪刀最早出现于黄帝时代(《淮南子》曰:"伯余初作衣。"许慎注云:"皇帝臣也,一云伯余皇帝也。"由此可知,剪制衣服始于黄帝时代,那么,剪刀也应始于此时)。而纸的出现则更晚,汉时的纸张尚不普及而且质量不足以满足剪纸的需求,直到晋时纸才开始大量地用于剪纸。所以真正意义上的剪纸出现于汉以后。但在纸和剪刀之前,冶炼术、纺织术、雕刻术的产生和发展对剪纸的影响也是不可小觑的。冶炼术的进步是促使剪刀出现的前提,纺织术的发明使最初的"类剪纸"出现,这种"类剪纸"艺术对后代民俗剪纸的演变及其他传统造型艺术形式的衍生产生了极其深远的影响。"'类剪纸'在春秋战国时就已成熟,以"剪影镂空"的艺术形式出现,主要有贴花、胜、透雕等。"①所谓贴花即用金属箔片、缣帛、皮革、毛毡等薄片材料剪镂成各种形象的图案花样,用来贴在人面服装、器用等上面作为民俗生活装饰;所谓胜即古代一种用金箔、银箔、铜箔、彩箔、毛毡等材料剪镂成的装饰工艺品;所谓透雕即在浮雕的基础上镂空其背景部分使其成型的工艺品。很显然,这里所说的贴花、胜、透雕都与剪纸有着异曲同工之质。

除物质基础外,民俗剪纸艺术的出现还以浓厚的文化奠基为背景,如图腾崇拜、自然崇拜、祖先崇拜、生殖崇拜、巫术等。这些文化基因在今天的民俗剪纸中依旧可寻其迹。下面就从陕西剪纸中的葫芦形象和猪形象来分析民俗剪纸中蕴含的以上文化基因。

葫芦是陕西剪纸中最普遍的一种形象,它以各种形式出现在剪纸艺术中,如葫芦双喜、葫芦辟邪、万代葫芦、方胜葫芦、八卦葫芦、五毒葫芦、金钱葫芦、葫芦万代等。葫芦又称蒲芦,谐音"福禄",其枝茎称为蔓带,谐音"万代",故蒲芦蔓带谐音"福禄万代",是吉祥的象征。葫芦与它的茎叶一起被称为"子孙万代",是因为葫芦的果实有很多种子,故而又被誉为繁育生育、多子多孙的吉祥物。暗含这一意寓被人们长期追随正体现了人类潜意识中留存的生殖崇拜。众所周知,先民的生存环境极其恶劣,人类的繁衍也极其困难,这种极低的存活率使得生殖崇拜成为人类文化史上的一种普遍信仰。其次,在中华民族的历史中,葫芦被认为是人类的始祖而崇拜。这种祖先崇拜由一系列的神话、故事中可看出,拉祜族的洪水再生神话记载:"大洪水来临,天神厄沙将一对男女放进葫芦里使人类存活下来。"这里葫芦作为保留人类生命的器具一则体现了人类祖先崇拜意识,二则体现了人类对自然灾难的惧怕及希望获得庇佑的心理。葫芦作为大洪水中保护人类的器具在后期的演变中已然成为了庇佑人类的神器,带给人类更多的则是安全感。这一现象在后期的神话、故事中可见。在神话、故事中,葫芦始终与神仙和英雄为伴,被认为是给人类带来福禄、驱魔辟邪的灵物,许多神仙都随身佩戴葫芦,如八仙中的铁拐李、寿星南极翁、济公和尚等。此外,葫芦在中国的传统文化中还有除病之用,只要将其挂在病者的睡床尾或摆放在病者的睡侧就可以吸取人身上的病气,使其快速好起来。如果是健康人,则有保屋内人平安的作用。这些都显然与原始时代的巫术活动

---

① 陈竞.中国民俗剪纸史[M].北京大学出版社,2007:56.

有关。

民俗剪纸中的另一普遍形象——猪——也具有浓厚的文化内涵。猪在民俗剪纸中的亮相千姿百态，但无一不是丰腴肥憨的。如陕西剪纸中的财猪赐福、石榴猪、猪年富贵、肥猪拱门等。猪被人类重视由来已久，在远古先民的图腾崇拜中曾出现过"猪龙"，以龙为图腾的蕴意不言而喻，然而以"猪龙"为图腾又作何解呢？"猪龙"显而易见就是猪与龙的结合体，之所以出现猪与龙结合体是因为猪在远古时代对人类来说极为重要。当稳定的居住形成时，人来开始了圈养动物，此时，猪以繁殖能力强和容易饲养为优势首先成为了家畜。剪纸中猪的蕴意除了图腾文化基因和生殖崇拜文化基因外，还含有祖先崇拜的文化基因。

单陕西剪纸中的两个普通的形象来说就蕴藏着如此浓郁的内涵，整个剪纸艺术就更不容小觑了。陕西剪纸在拥有整个剪纸艺术的共性外，还因其特殊的地域特色、文化特色而彰显着独有的魅力。陕西剪纸艺术表现的内容较为广泛，传统题材除牛、马、羊、猪、犬等生活中常见的内容外，还有骆驼、花果蔬菜及戏曲人物、民间故事等。陕北地区因一段时间内交通不方便，窑洞居民生活简朴，颜料纸张等工具用品缺乏，故剪纸一般尺寸不大，少有大幅彩色剪纸作品。然而民间艺术家们却能去繁就简地突出主题内容，形成了陕西剪纸的艺术特色。在技艺方面，剪出的线纹并非纤柔细弱，而是粗劲有力、简洁明快，显得剪出的形象如家畜、蔬果等更显苗壮有力。

陕西剪纸已有千余年历史，它随着人类文明进步、大众生活水平提高花样不断由简入繁，品种由少渐多，成为中国民间艺术画坛上的一朵奇葩。可随着时代的变化，这种艺术逐渐被人们束之高阁，甚至出现消亡趋势，如若真有一天它彻底成为人类历史上的无可考究之物，那就悔不当初了。所以，在还能保留之际，希望它能被重视并一直延承下去。

第四节 陕西泥塑

泥塑是中国最古老的民间艺术之一，它在我国民族美术史上和民族关系史上都有着重要意义。陕西泥塑作为我国泥塑艺术的重要组成部分，以其生动夸张的造型、艳丽夺目的色彩和丰富的生活气息吸引了无数国内外民间艺术爱好者，其中凤翔泥塑更是在 2006 年与天津泥人张、惠山泥人、浚县泥咕咕等入选我国第一批国家级泥塑类非物质文化遗产。本节主要介绍陕西的凤翔泥塑和榆林泥塑，分别从形式、寓意和色彩三方面对凤翔泥塑艺术进行分析，并以民间艺术家万花的泥塑作品为例,对榆林泥塑进行介绍和展示,旨在为大众展现陕西泥塑艺术文化,呈现陕西艺术特色。

泥土是大自然奉送给人类既廉价又容易获得的一种雕塑材料,这也是民间雕塑中始终以泥塑为大宗的一个主要原因。泥塑是中国最古老的民间艺术之一,它在我国民族美术史上和民族关系史上都有着重要意义。

一、凤翔泥塑

陕西省凤翔县是一个民间艺术荟萃之地,素享"民间工艺美术之乡"的美誉。这里的民间艺术内涵丰富,民间工艺品种类繁多。其中,彩绘泥塑被评为中国民俗文化四大泥塑之一,它以威武可爱的造型、鲜艳明快的色彩、酣畅淋漓的线条和浪漫神奇的纹饰闻名遐迩。其发祥地城关镇六营村是一个拥有约 140 公顷耕地,南北不足 3 公里,东西仅 1 公里的小乡村,全村人口不足 3200 人,然而它已成为凤翔泥塑的主要生产地,被当地人誉为"泥塑村"。2002 年中国马年生肖邮票创造者胡深和 2003 年羊年生肖邮票创造者胡新明就生活在这里。

凤翔泥塑按用途可分为两种:一种是摆设品,用于禳灾避凶、祈福纳祥,有虎面挂片、坐虎、坐狮以及依据戏文故事题材塑造的多种人物形象;另一种是"耍货",有多种动物和各式娃娃。无论是摆设品还是耍货,凤翔泥塑都以其形式之美、寓意之美、色彩之美吸引无数的国内外民间艺术爱好者。

1.形式之美

凤翔泥塑的造型特点中表现最为突出的就是整体概括。其造型上具有汉唐的丰满圆滑与悍猛,又有远古饕餮纹饰、图腾文化的古朴精神。彩绘泥塑集奇异、热烈、大气、憨实为一身,融祥瑞、历史、民俗、文化为一炉。凤翔泥塑以圆雕和浮雕为主要表现形式,其制作先用泥土捏制成模型,再翻制出胎膜,然后以独特的纸筋泥经过脱胎、粘合、整形、挂粉、彩绘、勾线、涂漆等十几套工序制出成品。作品造型表现以正面居多,造型手感圆浑饱满,外轮廓流畅自如,概括凝练、生动、大胆、夸张,色彩浓艳刺激,装饰华丽,形态夸张概括,拙朴可爱,对称与均衡等形式美法则运用其中,散发着勃勃生机。凤翔泥塑的表现语言凝练生动,不会停留在一些动物或者人物的细节上,而是用概括的表现语言捕捉其动态和神韵。

凤翔民间艺人经过长年的民俗文化浸染,众多优秀的传统手艺能够完好保留。比如说挂虎是一种挂片浮雕,凹凸层次分明,为求更加逼真地表现虎的神态,手工艺人一般会作夸张处理——放大虎口比例,而适当缩小脸颊,整个造型饱满圆润。手工艺人在限定的区域内,按照适当的比例,装饰不同的纹饰,对造型进一步丰满,将森林之王——虎——的威猛神态表现得淋漓尽致。同时,独具匠心的额头设计又可以平添几分趣味。这样设计的挂虎与现实当中的虎大不相同,但却在多种形象组合的热烈氛围中,既透出老虎的威猛,又使人感到和善亲切。凤翔泥塑的创造者都是地道的民间艺人,他们从现实生活中汲取素材,根据平时对素材原型的认识,加以改造和升华,通过自己的联想提炼,创作出来的作品具有特殊的印象效果,风格写意而不是纪实,重视感情的传递而不是形象的表达。泥塑作品表达出的淳朴、开朗、明快的民族风情,是民间艺术家们心血和智慧的结晶。

2. 寓意之美

凤翔泥塑中包含了很多吉祥纹样,它们都有着明确的寓意。以泥塑虎为例,在陕西凤翔泥塑作品中,虎的形象主要表现在虎面挂片和坐虎两种主流性作品中。

"阴阳相生,化生万物,万物生生不息"的中国本原哲学是中国民间美术的哲学基础。诞生于中国原始社会的阴阳观和生生观合一的中国本原哲学,是人类生命意识与繁衍意识的哲学升华,即阴阳相合才能繁衍人类万物,而人类万物是永生不息的。凤翔的泥塑虎被赋予镇宅祛凶、祈子增寿、招财纳福等多种内涵。在凤翔及临近地区的庙会上,泥坐虎是婆婆送给儿媳妇求子祈福的吉祥物。传说泥坐虎也有生财的寓意,为了求发财预兆的香客,也会买上几个泥塑坐虎带回家去。凤翔民间风俗是前门拒鬼,后门拒妖。前门贴白虎、门神,后门悬挂虎。如果家人久病不愈,或婚后多年无子,都要悬挂虎面挂片。而人们赋予虎面挂片的这些诸多功能与内涵,却又都具体地凝聚在用五行色绘出的纹样上,如四季花(莲花、海棠、石榴、牡丹)、贯钱、艾草以及以十二生肖、化生童子、辣椒为题材做成的"颤头"等。关于这些纹样的寓意,传统的说法是:莲花,吉祥;海棠、牡丹,荣华富贵;石榴,多子多福;艾草,避邪驱毒;辣椒,威风厉害;贯钱,招财进宝;化生童子,增寿宜子;十二生肖,压胜、祈福纳祥。杨学芹先生认为,挂虎的鼻子象征男根,下巴处画出的花卉图案象征女阴。总之,多种彩绘吉祥纹样的组合与表现,反映出泥塑虎的功用具有多重性或宽泛性的特点。

再以寓意以毒攻毒的蟾蜍造型泥塑为例,这是凤翔泥塑中最具代表性的作品之一。纹饰采用蟾蜍、蜈蚣、蝎子、壁虎和蛇,也就是所谓的五毒,寓意是以毒攻毒。其实,把这五种动物合称五毒是古人的一种误解,因为壁虎本身无毒,但却被认为是剧毒。在中国民间许多地方像山东、山西、陕西等地都喜爱采用"五毒"这样的动物纹样来辟邪驱魔。

凤翔人民赋予五毒各种神奇力量。究其因在于它们都能入药,具有很好的治病功效。蟾蜍一直被人视为主富贵、风调雨顺、多子多福、仕途有望、招财进宝、逢凶化吉、避病镇邪、长生不老的吉祥神物。凤翔泥塑艺人以蟾蜍为主要形象,并将其与四毒绘于蟾蜍身上,从而达到醒目动人的视觉效果。

3.色彩之美

陕西凤翔泥塑色彩善于原色的运用,其中青(蓝)、赤(红)、黄、黑、白等色彩对比是最为常见的色彩搭配,具有很强的装饰性,这正是五色为正色的传统观念的反映。《尚书·益稷》记载,天皇氏尚青,地皇氏尚赤,黄帝尚黄,金天氏尚白,高阳氏尚黑。把金、木、水、火、土五行作为解释宇宙生存及系统存在,这在我国是一种传统意识,而这种传统意识在中国色彩史上沿用了几千年之久。色彩对比鲜明,体现出很强的传统色彩装饰韵味。

凤翔泥塑的色彩是有讲究和有规矩的,不可胡来。比如,上色的顺序必须先上大红、桃红,再上黄。调色的分量也很严格,冬夏用量不同。色彩全部使用五行色,即白、青、黑、红、黄,以象征金、木、水、火、土。对这五种颜色,六营村人在艺术实践中有自己的理解。按胡新明的说法,红为"心",如画中的钟馗(代表正气、正义);黑为"力"(重量、力量),如画中的石;白有"大"的意思,如画中的天和地;绿为"生",如画中的草木,生命兴旺;黄为"熟",如画中的果实,黄也有大联合的作用。很明显,整个含义是反映自然界生生不息的规律和人们扬善、抑恶、颂美的心愿。这五种颜色合理搭配,可产生响亮、饱和、鲜丽的审美效果。这样的彩塑作品放置在乡村灰暗的农舍,自然会增添几分光彩和喜气。

二、榆林泥塑

陕北榆林地区曾有一批民间泥塑家,最著名的是万花。万花原名叫万德雄,"花"是陕北民间艺人对有绝技的手艺人的一种亲昵俗称。万花的技艺直接受爷爷万金元(老万花)的影响,他的泥塑分两部分,一部分属寺观造像,一部分是民间彩塑。陕西省艺术馆藏有他的作品,如《辟邪判官》《鹿鹤同春》《福禄寿三星》等。以《福禄寿三星》为例,作品属于传统吉祥图案,寓意三星高照,鸿运通达。福星,古称木星为岁星,所在有福,故又称福星。禄星,古称人有命有禄,命者富贵贫贱也,禄者盛衰废也。寿者即南极老人星,其星主寿考。阶级社会出现后,人类群体开始派生出物质财富和精神财富聚集的占有者,形成官与民两个社会阶层。物质财富和精神财富相对集中的上层富裕生活,为生存创造了更好的条件,所以在民众的群体中开始出现了"禄(官俸)"的观念。这样,由原来群体的福、寿观作为基本文化内涵的中国民间美术,发展为福、禄、寿三者合一的世俗文化民间美术。在挂片中,还有童子五人,谓五子登科。作品构图饱满,人物主次有别,风格倾向写实,设色艳而古雅,是万花的代表作之一。

泥塑艺人善于运用生命去体验和感悟现实世界,他们将生活认识和社会观念纳入主观意识的次序之中,让客观的自然物和社会关系按照自我的意志和村落的文化语法重新组合构造,从而使泥塑有了不同于现实生活和自然结构的表现性品格。

无论是极具造型、寓意、色彩之美的凤翔泥塑,还是以寺观神祉等人物造型为主的榆林泥塑,陕西泥塑都是以民族传统文化背景为根底的,形式中积淀了社会的价值和内容,同时又不是纯客观地、机械地描模自然,而是对自然高度的凝练与升华,从而使其作品具有高度的实用功能和审美意义,即希望能借此给受惠者带来比一般价值更高、更实用的价值——真诚的祝福与希望。正如宗白华先生在《艺术与中国社会生活》中所说:"中国人的个人人格、社会组织以及日用器皿都希望在美的形式中作为形而上的宇宙秩序与宇宙生命的表现。"

第五节　陕西老腔

王全安导演的电影《白鹿原》,片头曲《征东一场总是空》和插曲《将令一声震山岳》唱得慷慨悲壮,唱得动人心魄。听着来自黄土地的声音,仿佛看到了茫茫的黄土高原,夹带着一些风沙的味道;又仿佛看到了将士行军征战的场面,壮阔悲凉。这独具魅力的艺术,就是三秦大地上的远古遗音——老腔。

一、古老声腔　秦地遗音

老腔是一种板腔体的戏曲剧种,也是中国最古老的戏曲之一,它从西汉滥觞于今已有两千多年的历史。一般认为,老腔是明末清初时期,以当地民间说书艺术为基础发展形成的一种皮影戏曲剧种。在明清两代,在华阴县就有十多个班社,活跃在周边的陕西、山西、河南一带。斗转星移,目前老腔艺术仅限于陕西省华阴市的双泉村,而当时村里最大的人家——张氏家族,就成为这一剧种的唯一传承者。新中国成立后,逐渐扩大到华县、渭南、蒲城以至河南西峡、陕县和宁夏等地,长期以皮影形式演出,1958 年发展为舞台戏剧剧种[①]。

老腔起源于陕西省华阴市的双泉村,史料、碑文中详细记载了此地的特殊地理位置。据村中耸立的碑文记载:"京师仓又名华仓,京师庾仓,遗址一面依山,三面临崖,地势高敞,形势险要,是一座易守难攻的仓城。"险要的华仓中储存着供应京

---

① 苏军.现代文化背景下陕西老腔的传承与发展[J].当代戏剧,2010(06):38.

师无以计数的粮食,繁忙的水运、陆路穿行而过。可以想见,守粮将士和漕河船夫、拽船纤夫在劳动中为了缓解劳作的疲乏,满足自我情感的抒发,在继承前代秦调西音艺术发展的基础上,在生活中创造了属于自己的艺术表现形式,在当地民风民俗的影响下,形成了赋含秦风秦韵、慷慨激昂、雄壮强悍的老腔艺术。老腔戏剧艺术承续西音秦调的基本结构,保留了艺术源发时期的自然形态,在戏剧唱腔、曲式结构、音乐伴奏乐器使用等诸多方面尽显古文化之遗风[1]。

漫长的历史变迁中,老腔逐渐形成了一些异于其他戏剧的特点。

第一,长于生角和净角的表演。老腔艺术的表演风格豪放粗犷,能表现壮阔的场面和境界。加之,表演者多为陕西人,豪迈大气,更能将这种戏剧的魅力表现得淋漓尽致。老腔起源较早,戏剧题材多为历史故事,很少演出新编历史剧和现代题材创作戏,流播方古老而封闭,因而就较多地保留了原始艺术表演方式和说唱音乐的一些遗存模式。由于该剧形式的特殊渊源,因此在老腔戏表演中很少出现有旦角的剧目,多以战斗题材的生角戏为重,这是老腔戏最大特点之一。虽然与其他生旦并重的戏种相比,似乎比较单调,但若让一个如花似玉的姑娘吼出气吞山河的气势,总觉得有失典雅庄重。再说,雄浑大气的老腔表演,也不是一般女性能够胜任的。

老腔长于生角和净角的表演,可以想见,剧中肯定多以武场戏见重,音乐唱腔旋律粗放豪迈,磅薄的气势夺人气魄,当苍劲的老腔响起,似乎就能让人看到古战场上的长枪大戟,刀光剑影,忽而人欢马叫,气吞山河的激战场面跃然脑海之中;忽而鸣金收兵,四顾苍茫的壮阔景象呈现眼前。陕西人的刚强性格、雄强的心态被表现得淋漓尽致。

较长的历史时期,老腔主要依靠皮影的表演方式。而皮影戏较为简短凝练。因此曲牌音乐不宜过长,否则会使过场表演显得繁长,不利于剧情的衔接。所以,老腔戏剧艺术的曲牌音乐为数不多,且主要作为过场音乐。使用老腔戏剧艺术伴奏音乐在发展中常根据剧目对曲牌音乐的需要掐头去尾或用其中某一片断,使曲牌音乐更多地变成了前奏曲,因此,老腔戏过场音乐大多采用前奏曲,有些剧目只保留了极少的曲牌音乐,曲牌的使用是有固定模式的,不同的唱腔用不同的音乐,不同的过场要用早已规定的曲子套路去演奏。过场音乐的有效控制,既省时间,又让音乐的烘托作用得以更大地发挥,使得老腔皮影表演连贯顺畅、意境更加生动形象。

---

① 杨洪冰. 古老声腔艺术的表意性空间[J]. 中国音乐(季刊),2010(03):192.

第二，独有特色的"拉波"。"拉波"，就是一人唱，满台人帮腔，类似于劳动时的号子和喊声。它与伴奏音乐相得益彰，豪迈奔放，极大地体现了陕西人的爽直个性。"拉波"一般用于乐句、乐段末尾处，为情绪渲染的结尾补充。"拉波"根据剧情、唱腔、角色的需要，又有"欢音"和"苦音"之分，它的运用是帮助角色在乐句结束时加重感情的一种外援。当唱到某一乐句或某一乐段的后半句时，全台的人附合，气势壮阔，气氛热烈，喊声绕梁三日，不绝于耳。顾名思义，"欢音"节奏明快，表现的境界雄浑壮阔，表达的情感豪迈；"苦音"节奏晦涩，主要表现凄凉景象和悲苦心境。如《将令一声震山岳》的结尾就是"欢音"，满台人吼声震天，好像战争即将胜利，乘胜追击败军；又像敌城已被攻破，直捣黄龙；还像凯旋而归，欢歌庆祝，留给人丰富的想象和无限的遐想，这种艺术感染力是其他戏剧很难企及的。

第三，音乐的"个性"。从老腔音乐的"个性特征"，陕西人刚强、坚毅、耿直的个性可见一斑。即使只是在戏台上，陕西人仍不失这种秉性，具体体现在乐器的使用上。老腔戏剧艺术主要伴奏乐器有月琴（用牛皮弦）、板胡（用丝弦），管乐有大号、马号，打击乐有枣木拍板、手锣、摞锣、马锣、勾锣、铙钹、板鼓、暴鼓、堂鼓、大锣、梆子、铃铃等。我们发现，虽然老腔戏剧起源较早，但不用唢呐。因为古时俗称吹唢呐的是龟家或乐人，被认为是一种低下的职业，老腔艺人们，为了保存自己的尊严，避免把老腔戏纳入那些人们认为的"下九流"。还有一种说法是老腔创始人德行清高，不给他人歌功颂德。不管怎么说，老腔戏剧的音乐体现了浓浓的地方特色，融入了陕西人刚强、坚毅、耿直的个性特质。

二、皮影、真人，相映生辉

老腔与皮影完美结合后，在很长的历史时期，由于传承的封闭、生产力的低下等原因，表演方式一直以皮影戏为主体。用于老腔表演的皮影材质（牛皮）较贵、色彩鲜艳、人物制形精巧，男性角色刚毅质朴、豹头深目，而女性角色线条柔和、妩媚秀丽，高约 28 厘米左右[①]。正是这些小小的提线皮影，出演了一出出荡气回肠的老腔戏剧。

老腔皮影演出相当便捷，全部演出五个人便可，也叫"五人忙"[②]。外地的皮影表演，往往需要多个人，而老腔皮影五个人就可以上演一出波澜壮阔、精彩纷呈的大戏。但也必须承认这是封闭的传承方式使然。即使这样，我们不得不钦佩老腔艺人高超全面的艺术才智。每个表演的人员必须身兼数职，吹，拉，弹，唱，一一

---

① 杨洪冰.古老声腔艺术的表意性空间[J].中国音乐（季刊），2010(03)：191.

② 苏军.现代文化背景下陕西老腔的传承与发展[J].当代戏剧，2010(06)：38.

精通,这五人分别为前手、扦手、后槽、上挡、下挡。前手,也叫前声,一般坐在戏台左边。前手眼观剧本,怀抱月琴,担任全戏的唱、白、生、丑、净、旦,还掌握鼓板、战鼓、云锣、堂鼓、边鼓、手锣,兼任指挥,是皮影戏的主角。扦手,又名"签子手",也叫"拦门的"。坐在戏台前的亮幕正中,负责用竹签操纵复杂的人、马、景物布置和表演,有时也插空帮几句道白,在皮影戏中非常重要,作用仅次于前手。后槽,也叫后台,坐在扦手的身后,一手打梆子,一手敲碗碗(又名钟铃),还掌握勾锣、大锣、马锣、半个铙钹的敲击,是前手的主要帮腔者。上挡,又名"胡胡手",坐在后槽的左边,除了拉胡琴(二弦琴、板胡)外,还负责铰子、马号、喇叭和半个铙钹的演奏。下挡,也叫"贴挡",或"择扦子的",一般坐在戏台的左边,主要任务是安装皮影任务,协助"签子手"操作,另外还掌握惊木、喇叭,空闲时也要拉二胡。外地的皮影戏,前手和扦手往往需要几个人。前手和扦手由一人身兼,华阴老腔皮影独此一绝。

时代变迁,真人老腔表演的风采,终于得以展露。真人表演,剧目与老腔皮影剧目相同。不同之处在于,表演场地从一方小小的"亮子"变成了大舞台,表演人数增加了,艺人从幕后走到了台前,使表演更加直观,场面更宏大,形象更生动,艺术感染力更强。

三、文明可贵　传承可行

由于老腔戏剧艺术形成的特殊渊源以及封闭的家族传承模式,因此在戏剧流传上一方面保留了戏种的原模原样、原汁原味,另一方面也抑制了老腔戏剧的发展。在剧目表演上老腔戏剧一直继承沿用祖祖辈辈流传下的传统曲目,改革、新编剧目非常少。老腔戏传统剧目有一百多本,流传至今也有八十余本。这些文化的瑰宝、民族的财富,必须引起注意,付诸行动,才能使古老珍贵的艺术得以承传。

2006年2月,华阴老腔被确定为全国第一批国家级非物质文化遗产。流传两千多年的古老艺术终于得到了应有的关注。在众多艺人的努力和有关部门的鼓励下,老腔的传承创新工作颇有成效,前景是可喜的,但需要做的工作还有很多。

第六节　陕西皮影

一、关于皮影

皮影又叫皮影戏,是一种古老而又充满时代气息的艺术形式,它主要是用皮制(或纸制)的平展玩偶演出,借助灯光把由人操纵的玩偶影像投射在半透明的屏幕上,供观众欣赏。"一张牛皮居然喜怒哀乐,半边人脸收尽忠奸贤恶",在中国民间广为流传,享有"中华一绝"的美称。不同地区的皮影有不同的形式,但都以操纵为其表演方法,都具有傀儡艺术的特点。

二、皮影起源三说

关于皮影的起源,可谓是众说纷纭,归结起来,大致有以下三种主要的观点:

1. 影戏源于西汉说

此说由来已久,影响较大。持这种观点的人大都以汉武李夫人事为依据,据《汉书·外戚传》记载:"李氏少而蚤卒……(帝)思念夫人不已,方士齐人少翁,言能致其神。乃夜,张灯烛,高幄帐,陈酒肉,而令上居他帐,遥望见好女李夫人之貌,还幄坐而步,又不得就视,上愈益相思悲戚……"这是见于文字的关于皮影最早的记载。《论衡》《法苑珠林》《搜神记》等也都记述了李夫人之事,都认为关于起源"故老相承,言影戏之源,出于汉武帝,李夫人之亡,齐夫人少翁言能致其魂,上念天人无已,迺使致之。少翁为方帷,张灯炉,帝坐他帐,自帐中望见之,仿佛夫人之像也,不得就视之,由是世间有影戏。历代无所见,宋朝仁宗时,市人有能谈三国事者,或采其说加缘饰作影人,始为魏吴蜀三分战争之像"①。清人左乔林在《海阳竹枝词》中有首描写皮影演出的诗:"张灯作戏调翻新,顾囊徘徊知逼真;环佩姗姗连步稳,帐前活见李夫人。"可见后人所谈影戏始于汉,恐系按史载推论所致。

2. 唐代已有影戏说

有人认为,唐代文化是很昌盛的,故"影戏始于此亦在意中"。《中国影戏略史及其现状》中也说"西安为汉、唐所共都,文化艺术自易相承,更以今日现状推定唐时影戏当已盛行"。此外,日人印南高一谈到"影戏在当时已经存在,在唐太宗时期据说就有由五音六律编成的音乐,来配合演出影戏的事"。经查不见书载,此说系民间传说,不能作为论史的依据。而唐诗、传奇中,亦无一句提及影戏之事,故若定唐代尚缺佐证。

3. 影戏始于北宋说

影戏出现在北宋是宋代多种书籍证明了的。如张耒的《明道杂志》、高承的《事物纪原》、孟元老的《东京梦华录》、灌园耐得翁的《都城纪胜》、吴自牧的《梦粱录》、周密的《武林旧事》以及宋无名氏《百宝总珍》等,都对影戏作了较具体的记述。近代学者周贻白、孙楷第等认为,影戏兴于北宋是可信的。

---

① 高承.事物纪原·影戏[M].北京:中华书局,1989.

三、皮影的制作

由于皮影戏是民间艺术的缘故,制作材料根据当地使用兽皮的情况而定。皮影是采用皮革为材料制成的,出于坚固性和透明性的考虑,又以牛皮和驴皮为佳。上色时主要使用红、黄、青、绿、黑等五种纯色的透明颜料。皮影的制作从选皮到影人成形上戏,有许多工艺技巧。传统的制作工序可分为选皮、制皮、画稿、过稿、镂刻、敷彩、发汗熨平、缀结合成等八个基本步骤。

1.选皮

皮影的艺术创意汲取了中国汉代帛画、画像石、画像砖和唐、宋寺院壁画之手法与风格,一般选用六岁左右的秦川黄牛皮。

2.制皮

牛皮的炮制方法有两种:一是"净皮",另一种是"灰皮"。制皮以新宰的牛皮或驴皮为最佳。先用清水浸泡数日,取出后将皮的两面反复刮制干净,再刮薄至透明。洗净后,于木框上绷紧阴干。

3.画稿

制作皮影时所用的画稿称为"样谱",是历代艺人们相传的设计图稿。

4.过稿

用钢针笔把各部件的轮廓和设计图案纹样分别拷贝、描绘在皮面上。

5.镂刻

对于雕刻刀具,艺人们十分讲究,艺人雕刻的口诀如下:樱花平刀扎,万字平刀推,袖头袄边凿刀上,花朵尖刀刻。雕刻线有虚实之分,还有暗线、绘线之分。虚线为阴刻,即镂空形体线而成,皮影多为这种线法。暗线则用刀划线而不透皮,多在活动关节处。绘线是以笔代之,以表现细致的物体。

6.敷彩

老艺人大都自己用紫铜、银朱、普兰、荔子等矿和植物炮制出大红、大绿、杏黄等颜色着色。

7.发汗熨平

敷色后还要给皮影脱水发汗,这是一项关键性工艺。目的是为了使敷彩经过适当高温吃入牛皮内,并使皮内保留的水分得以挥发。熨平办法有很多,如用薄木板夹住皮影部件,压在热炕的席下;也有的用平布包裹皮影部件,以烙铁或电熨斗烫;另一种办法用土坯或砖块搭成人字形,下面用麦秸烧热,压平皮影等。

8.缀结合成

为了动作灵活无碍,一个完整皮影人物的形体,从头到脚通常有头颅、胸、腹、双腿、双臂、双肘、双手,共计十一个部件。用楔子相连,演出时插入卡口内,不用时则卸下保管。皮影人物各个关节部分都要刻出轮盘式的枢纽,叫做"花轮"或"空花",老艺人则称"骨缝",以避免肢体叠合处出现过多重影。连接骨缝的点叫"骨眼",骨眼的选定关系到影人的造型美感,选择恰当会有精神抖擞之相,反之则显得佝偻垂死,委靡不振。选好骨眼后,用牛皮刻成的枢钉或细牛皮条搓成的线缀结合而成。

为了表演的需要,还要装置三根竹棍作操纵杆,也就是签子。文场人物在胸部的上前部装置一根签子,用铁丝连接,使影人能反转活动,再给双手处各装置一根签子,便于双手舞动。而武场人物胸部签子的装置位置在胸后上部(即后肩上部),以便于武打动作。

四、皮影在陕西

皮影在陕西又叫"影戏""影子戏",几乎遍及陕北、陕南及关中各地。陕西皮影有东、西、南三路,影人形制大小和表演唱腔均不一样。东路一派主要在咸阳以东、华县、华阴、大荔一带,以碗碗腔皮影为代表。每个人物约28厘米左右,男性角色多豹头深目,女性角色则妖媚秀丽。西路一派分布在咸阳以西的宝鸡、陇县一带,以弦板腔皮为代表。影人形制较大,约40厘米,头脸多刻通天鼻梁。南路一派皮影,其影人形制介乎东西路之间,一般约24厘米左右。陕西皮影保留着民间说书的种种痕迹,它是近代陕西多种地方戏曲的前身。陕西皮影造型质朴单纯,富于装饰性,同时又具有精致工巧的艺术特色。陕西皮影人物造型的轮廓整体概括,线条优美生动有力度,有势有韵,在轮廓内部以镂空为主,又适当留实,做到繁简得宜、虚实相生。皮影人物、道具、配景的各个部位,常常饰有不同的图案花纹,整体效果繁丽而不拖沓,简练而不空洞。每一个形象不仅局部耐看,而且整体配合也美,既充实又生动,构成完美的艺术整体。图中的出行图,主体人物突出,无论在色彩上还是造型上都较之仪仗人物醒目,线条的细密繁复、疏密层次以及工艺的细致都可见一斑。

第七节　陕北民歌

东方红

东方红

太阳升

中国出了个毛泽东

他为人民谋幸福

呼儿嗨哟

他是人民大救星

他为人民谋幸福

呼儿嗨哟

他是人民大救星……

在陕西的北部地区黄土高原上,经常会有这样一幅画面:在沟川遍布的山头上,一位老农忘记疲倦深情地歌唱。在弯弯曲曲的山道里,也会传出一阵高亢、悠长的旋律。这种高亢、嘹亮、优美的歌声飘荡在陕北地区每个角落,每一个人民的心田里。像《山丹丹花开红艳艳》这样的歌,在陕北的男女老少都会哼唱,这个独特声调,属于这个沉厚、朴实、苍凉的地方。它——就是陕北民歌。

陕北民歌的这种唱腔是独特的,它的这种高亢的声调,主要还是在于陕北这个地方的特色、地形以及人民的生活。陕北的地形是沟川遍布的一种地貌,陕北人民的性格粗犷、奔放、豪爽。在那个通讯不发达的社会,这座山上的居民和那座山上的居民交流,就是习惯于大声呼喊。所以这种方式后来就发展成了歌曲的旋律,十分自由、奔放的一种声调。

陕北民歌的主题一般都是歌颂生活、爱情、红军革命的,都是一些乐观、美好内容,一般可有以下几大类。

一是在革命时期有大量的歌颂革命红军的歌曲,如《山丹丹花开红艳艳》《东方红》。

山丹丹开花红艳艳

一道道的(那个)山来(呦)一道道水

咱们中央(噢)红军到陕北

咱们中央(噢)红军到陕北

一杆杆的(那个)红旗(哟)一杆杆枪

咱们的队伍势力壮

一杆杆的(那个)红旗(哟)一杆杆枪

咱们的队伍势力壮

千家万户(齐)哎咳哎咳呦

把门开(齐)哎咳哎咳呦

快把咱亲人迎进来

咿儿呀儿来吧呦

热腾腾儿的油糕(齐)哎咳哎咳呦

摆上桌(齐)哎咳哎咳呦

滚滚的米酒捧给亲人喝

咿儿呀儿来吧呦

围定亲人(齐)哎咳哎咳呦

热炕上坐(齐)哎咳哎咳呦

知心的话儿飞出心窝窝

咿儿呀儿来吧呦

满天的乌云(哎咳哎咳呦)

风吹散(哎咳哎咳呦)

毛主席来了晴了天,咿儿呀儿来吧呦

毛主席来了晴了天,咿儿呀儿来吧呦

千里的(那个)雷声(噢)万里的闪

咱们革命的力量大发展

咱们革命的力量大发展

山丹丹的(那个)开花(呦)红艳艳

毛主席领导咱打江山

山丹丹的(那个)开花(呦)红艳艳

毛主席领导咱打江山

毛主席领导咱打江山～～～

　　山丹丹花生长在延安,每一年的春季都是漫山遍野,有着火红艳丽的颜色,成为一道亮丽的风景画。这些歌颂革命的歌曲,大都是在火热的年代中产生的,它鼓舞了中国共产党在艰苦的岁月中,领导人民斗争的历史过程,它具有明亮的色彩和昂扬的气势。这些热情、高亢的歌声,在那个年代极大地鼓舞着人们去战斗,所以在中国共产党的倡导和鼓励下,当时有不少的革命歌曲,都是来歌颂革命、红军的。这首《山丹丹花开红艳艳》传遍了大江南北,也让喜爱它的人多了一份浓烈的革命情感。

二是写男女爱情婚姻的歌曲,如《走西口》《叫你一声哥哥你快回来》。

走西口

哥哥你走西口

小妹妹我实在难留

手拉着哥哥的手

送哥送到大门口

哥哥你出村口

小妹妹我有句话儿留

走路走那大路的口

人马多来解忧愁

紧紧地拉着哥哥的袖

汪汪的泪水肚里流

只恨妹妹我不能跟你一起走

只盼哥哥你早回家门口

哥哥你走西口

小妹妹我苦在心头

这一走要去多少时候

盼你也要白了头

紧紧地拉住哥哥的袖

汪汪的泪水肚里流

虽有千言万语难叫你回头

只盼哥哥你早回家门口

炽热的爱情,通过质朴的曲调唱得有韵有味。像《走西口》这样的爱情歌曲,表达了陕北人民质朴、纯真的性格。在男女互相倾慕的时候,就用歌声来大胆地传递爱意,就如"一把抓住妹妹的手,有两句话儿难开口"。年轻的小伙子把内心的火热情感都传递到了歌声里,歌声里的爱情是率直、纯厚,不带任何功利色彩的纯情都唱尽在了这样的歌声里。

三是写人民日常生活劳动歌曲,如《赶牲灵》《信天游》。

赶牲灵

走头头的那个骡子呦，三盏盏的那个灯，

啊呀带上了那个铃儿呦噢，哇哇得的那个声。

白脖子的那个哈叭呦，朝南得的那个哟，

啊呀赶牲灵的那个人儿呦噢，过呀来

你若是我的哥哥呦，你招一招的那个手，

啊呀你不是我那哥哥呦噢，走你的那个路。

诗经里有这么一句"饥者歌其食，劳者歌其事"，陕北人民也一样用歌声消解疲倦，打发时而枯燥的日子。这样朴实的歌曲，在陕北人民的生活中时常飘扬，这些荡气回肠的歌声，展示了当地人民苦乐酸甜、平淡安逸的生活。在生活中可以一边干活一边哼唱，这些歌曲最重要的是可以成为劳动人民的伴侣，坚定劳动信心，鼓舞劳动热情，真实地反映人民生活和人民的内心世界。

没有任何复杂的旋律，没有华丽的歌词，只有着浓厚的黄土地风情的陕北民歌，为何在今天这个繁华的音乐世界里，仍然可以缓缓流传，那是它具有它独特的特点及魅力所在，主要是以下几个特点：

①主要的口头流传。它可以不借助文本也可以祖辈传唱，经久不衰。口头传播主要是适合广大人民群众要求，也是被人民认可的。口头传播使公众的参与会更广，传播的速度快而明显，更能激发一般劳动人民群众对歌曲的热情。

②从题材上，一般都是贴近实际、贴近生活，以真实性为主，是生活中的小场景，从各方面描述爱情生活，使广大人民更容易靠近，通俗易懂。

③从曲调上，首先声调高亢嘹亮，灵活自由，节奏鲜明，唱起来琅琅上口，悦耳动听，更容易掌握其中的音律。

第八节 安塞腰鼓

陕北地区盛行着一种古老的鼓舞形式——腰鼓，以被称为"天下第一鼓"的安塞腰鼓为代表。"腰鼓"这种形式的出现在古代多作为娱乐性活动、祭祀活动的伴奏乐及战争的辅助武器。例如，屈原《九歌·礼魂》中的"成礼兮会鼓"，这里提到了鼓为君主祭祀活动中的构成部分；李白《塞下曲》的"晓战随金鼓，宵眠抱玉鞍"，阴铿《晚出新亭》中的"远戍唯闻鼓，寒山但见松"，这两首诗当中的鼓都是战争中鼓舞士气的战争武器。此外，曹邺《杏园即席上同年》"枕上数声鼓，衡门已如市"，则说明了鼓在市民日常生活中的作用。

既然鼓担当着如此重要的角色,怎么又称做安塞腰鼓了呢?因其产生在安塞这一特定的区域,这里世世代代都流传着腰鼓风俗,并且风格迥异于其他地区。安塞腰鼓在长期的历史发展过程中形成了其独特的艺术魅力,这不仅在于其源远流长的深厚历史底蕴,还在于它所表现出的黄土高原上各族人民憨厚而悍勇的个性以及朴素而豪放的性格。探究安塞腰鼓的源流、艺术特色以及其中蕴含的古老的鼓文化传统,对于更加深入地了解安塞腰鼓有着重要作用。以下从腰鼓溯流、艺术风格、鼓韵文化等三个方面进行逐一分析。

一、战争娱乐——腰鼓溯源之考证

腰鼓的出现,其中一个重要的原因即是作为战争的辅助武器。据《山海经》载:"东海中有流波山,入海七千里。其上有兽,状如牛,苍身而无角,一足,出入水则必风雨,其光如日月,其声如雷,其名曰夔。黄帝得之,以其皮为鼓,橛以雷兽之骨,声闻五百里,以威天下。"黄帝与蚩尤大战,为了扭转战局,便命人将东海流波山上的"夔"的皮剥去,做成了鼓,以振军威。《帝王世纪》也有类似的记载:"黄帝煞以其皮为鼓。"此后,鼓便发展成鼓舞士气的战争辅助工具。秦以后,安塞历来为兵家重镇。如汉高祖刘邦元年(前 206 年),项羽封秦将董翳为翟王,国都设于高奴县(安塞县域时为高奴县辖地),屯兵防守。"腰鼓同刀矛、弓箭一样作为作战部队的装备,一遭突袭,以鼓报警,传递信息;两军交锋,以鼓助威;战争失利,以鼓告急,请求援助;克敌制胜,以鼓为乐,以示庆贺。"[①]可以想见鼓在一定程度上成为战争之锁钥。

当然,鼓除却战争的功用以外,也作为驱瘟疫的手段之一。如《周礼·夏官》:"掌蒙熊皮,黄金四目,玄衣朱裳,执戈扬盾,率百隶而时难,以索室驱疫。"随着历史的发展,鼓的这种战争功用与驱除瘟疫的功能几近消亡,取而代之的是成为了舞蹈、演唱的伴奏乐器,具有一定的娱乐性。《礼记·明堂位》载:"土鼓蒉桴苇草,伊耆氏之乐也。"可知先秦时期,人们已经用"土鼓"这种形式进行娱乐活动了,但这种"土鼓"可能不同于现代意义上的鼓,使用的范围应该很小,可能仅限于小范围的娱乐性活动,并不像后来在战争中大规模使用的鼓。但这在腰鼓的发展中是一个相对重要的转折点,说明鼓作为娱乐形式及其表现出的精神已然为人们所发掘,并且这种意识在历史长河中演进为生活实践,这是值得一提的。清人吴锡麒著《新年杂咏抄》载:"秧歌,南宋灯宵之《村田乐》也。所扮有耍和尚、耍公子、打花鼓(即腰

---

① 塞县地方志编纂委员会.安塞县志[M].西安:陕西人民出版社,1993:585.

鼓)、拉花姨(秧歌队中男扮女装)、田公(村夫)、渔夫、装态货郎、樵沓灯街以博观这之笑。"这表明在清代,秧歌已杂有腰鼓的伴奏,可能在一定程度上成为了安塞腰鼓的滥觞。安塞腰鼓这一打击乐器,在长期的表演过程中,不断革新,逐渐将武术、舞蹈、体操、打击乐、吹奏乐、民歌等融为一体,从而形成了黄土文化中贯穿古今的一种具有独特风格的民间技艺。鼓的起源及其发展成为后来民间文化中最璀璨的一颗明珠。

二、复杂多变——艺术风格之辨析

黄土高原上的安塞腰鼓在长期的历史发展过程中形成了独特的艺术风格,这是当地古老的文化传统所使然,也是其风土人情的推助。从整体上来说,具有以下几个方面:

1.力贯苍穹的遒劲

安塞腰鼓的流传使其形成了刚劲激昂、威猛有力、舞姿飘逸等特点。鼓手们表演大有挥斥方遒之感。安塞腰鼓在风格上分为"文鼓"与"舞鼓"。"舞鼓"动作剧烈,多以打踢为主,并表现出强烈的整齐度与节奏感。刚健有力、欢快流畅的风格常用在"场地鼓"和"行进鼓"等表演形式中,鼓手一般数量多,场面大,气势壮观,大有排山倒海、力贯苍穹之势。

1984年3月,由著名导演陈凯歌和张艺谋联合执导的影片《黄土地》即动用了150名安塞鼓手组成的鼓队,表演气势如浪,力量十足。"文鼓"可能不如"武鼓"那样壮观,它以扭为主,重扭轻打,动作较娴雅,圆滑细腻,鼓点轻扬,多表现内心的复杂情感,到鼓声高潮时,倒提鼓箭,伴着欢快的唢呐声,也能给人一股力道感。腰鼓的基本动作如三脚不落地、二起脚、鲤鱼跃龙门都要求全身腾空向上跃。这种力道是不言而喻的。如二起脚便要求:"先打缠腰鼓,然后全身腾空向上跃。双脚先右后左猛踢前额。右手打前鼓面后绕双腿下划弧线360度打前鼓面。空中迅速收左腿,蹬向左后方,使两腿拉成180度,平岔落地。"①读者们若是有幸看见了,应该能感受到那种震撼的力度。

2.动感活泼的舞蹈

安塞腰鼓大体上由跑、闪、摇、蹬等要素构成,表现出强烈的动感效果。它在表演过程中,能最大限度地将这些动作融为一体,几近炉火纯青,给人圆融通达之感。鼓手队通常由壮汉组成,这些充满激情的青年人本身就能给人一种活泼、愉快的感

---

① 塞县地方志编纂委员会.安塞县志[M].西安:陕西人民出版社,1993:588.

受。再加上安塞腰鼓自身的特质,活泼灵动之感更是呼之欲出了。"跑时有闪有跳,踮步跑、马步跑,跑得欢快流畅;锋利豪爽,跑起来如同水上漂;大幅度的跳跃性动作有闪跳、跑跳、弹跳、鲤鱼跳龙门等,跳得干净利索,自然流畅。"①且不管安塞腰鼓真的是否动感,单看这些字眼也足使人眼花缭乱了。此外,从腰鼓的行进队列中,如"龙摆尾""卷心菜"之类,这些在实地演出时也能表现出强烈的动感。

3.多维艺术的融合

安塞腰鼓并不是一个单行艺术,它的完满是集舞蹈、武术、民歌、打击乐等于一体的。安塞腰鼓本身就是一种舞蹈,只不过表现略微独特罢了。它的演出不受时间等的限制,具有一定的自由性。同时,腰鼓也融入了武术当中的二起脚、三起脚不落地等。另一方面,腰鼓的表演还融合了多种打击乐及伴奏乐器,深厚庄重、气势磅礴。这是真正意义上的多维度艺术的融合,给人一种美的享受。

三、黄土雄风——鼓韵文化之嚆矢

中华鼓文化源远流长,鼓在古代氏族群居生活中可以用来娱乐、作为战争武器等。鼓之存在与古代人民的生活是息息相关的。这种"鼓"的文明在某种程度上有一种厚积薄发的意味,在古代部落、国家战争中最为明显。可能战争的渊源对鼓文化来说是一种持久的影响,深刻地渗透到鼓韵文化当中去了。上古时期,大禹分天下为九州,安塞属雍州之域。秦时分天下为三十六郡,安塞属上郡,蒙恬常于此驻军。由此,在深厚的历史积淀中,"一鼓作气"的战争意识与鼓文化是分不开的。这也是黄土高原这片土地孕育出迥异于其他鼓文化的原因之一。安塞属黄土高原丘陵沟壑区,这里天气相对干燥,人们豪放不羁的豪爽性格大概就在于此。从这个意义上来讲,以安塞腰鼓为代表的鼓文化所具有的豪放雄风可以作为中华鼓文明的代表,甚至是发端了,在某种程度上成为肇端鼓文化传统的先锋。

延安籍作家刘成章先生在《安塞腰鼓》中说到:"一捶起来就发狠了,忘情了,没命了!百十个斜背腰鼓的后生,如百十块被强震不断击起的石头,狂舞在你的面前。骤雨一样,是急促的鼓点……"安塞腰鼓狂野的气息在这里被表现得淋漓尽致。除安塞腰鼓之外,在鼓文化的体系中还有诸如"威风锣鼓""兰州太平鼓"等,但这些似乎都没有传达出真正的鼓韵。威风锣鼓流传于山西临汾地区,过去多在庙会、祈神等活动中表演。演奏者在敲击大鼓、锣、钹中倾情舞动,只是将生命的律动和祈求丰收的愿望融会于表演之中。如《易·系辞》载"鼓之以雷霆,润之以风雨",

---

① 《全景延安》编委会.腰鼓之乡——安塞县[M].北京:朝华出版社,2008:105.

却并没有那种刚劲的雷霆万钧之势。富察敦崇《燕京岁时记》载："太平鼓者,系铁圈之上蒙以驴皮,形如团扇,柄下缀以铁环,儿童三五成群,以藤杖击之,鼓声冬冬然,环声铮铮然,上下相应,即所谓迎年之鼓也。""兰州太平鼓"的制作及表演情况大体如斯,相较于安塞腰鼓的鼓韵,差异还是极大的。另外,安徽的颍上花鼓也是一种艺术表演形式,只是鼓在这里已经淡化为伴奏乐器,不作为表演形式了。

主要参考书目

[1] 陈国符.道藏源流考[M].北京:中华书局,2012.

[2] (晋)陈寿.三国志[M].北京:中华书局,1959.

[3] 丁原明.黄老学论纲[M].济南:山东大学出版社,1997.

[4] 樊光春.陕西道教两千年[M].西安:三秦出版社,2001.

[5] (南朝·宋)范晔.后汉书[M].北京:中华书局,1965.

[6] 郭武.全真道祖王重阳传[M].北京:中华书局,2001.

[7] 郭武.中国道教思想史[M].北京:人民出版社,2009.

[8] 惠焕章.陕西帝王陵[M].西安:陕西旅游出版社,2000.

[9] 霍彦儒.炎帝志[M].西安:三秦出版社,2009.

[10] 焦文彬,张登第,赵洪,杨春霖,静波.秦腔史稿[M].西安:陕西人民出版社,1987.

[11] 李炳武.长安学丛书[M].西安:陕西师范大学出版社,三秦出版社,2009.

[12] 李国章,马樟根.汉赋揽胜[M].上海古籍出版社,1995.

[13] 牟钟鉴,胡孚琛,王葆玹.道教通论兼论道家学说[M].济南:齐鲁书社,1996.

[14] 牟钟鉴,张践.中国宗教通史[M].北京:中国社会科学出版社,2007.

[15] 钱穆.黄帝[M].北京:三联书店,2004.

[16] 卿希泰.中国道教史[M].成都:四川人民出版社,1996.

[17] 卿希泰.中国道教思想史纲[M].长沙:湖南师范大学出版社,1980.

[18] 任继愈.中国历代帝王陵墓[M].北京:商务印书馆,1998.

[19] 史念海,张岂之,郭琦.陕西通史[M].西安:陕西师范大学出版社,1997.

[20] (西汉)司马迁.史记[M].北京:中华书局,1984.

[21] 汪石满.中华文化精要丛书[M].合肥:安徽出版社,2002.

[22] 王利器.风俗通义校注[M].北京:中华书局,2010.

[23] 徐慕云.中国戏剧史[M].上海:上海古籍出版社,2001.

[24] 杨东晨.陕西古代史[M].西安:陕西人民教育出版社,1994.

[25] 张生三.中华帝陵[M].郑州:中州古籍出版社,1997.

[26] 左洪涛.金元时期道教文学研究[M].北京:人民出版社,2008.

[27] 黄高才.陕西文化概观[M].北京:北京大学出版社,2012.

[28] 夏居宪,郭燕.秦兵马俑[M].北京:中国旅游出版社,2009.

[29] 高益荣.二十世纪秦腔史[M].西安:陕西师范大学出版社,2014.